● 本著作出版得到解州关帝庙文管所、山西省互联网+与旅游产业升级协同创新中心、国家一流专业历史学建设项目资助

● 国家哲学社会科学一般项目"山西民间信仰壁画调查与研究"阶段性成果，项目编号：22BZJ049

● 山西省社科联重点课题"山西关帝题材壁画调查与研究"成果，项目编号：SSKLZDKT2020052

● 黄河文化生态研究院项目"山西沿黄地区壁画调查与研究"成果

关公文化研究院系列丛书

晋南地区关帝壁画调查与研究

侯慧明 侯雪 /著

JINNANDIQUGUANDIBIHUA
DIAOCHAYUYANJIU

山西出版传媒集团
山西人民出版社

图书在版编目（CIP）数据

晋南地区关帝壁画调查与研究／侯慧明，侯雪著．
—太原：山西人民出版社，2023.5
ISBN 978-7-203-12535-8

Ⅰ．①晋… Ⅱ．①侯…②侯… Ⅲ．①寺庙壁画–研
究–山西②关羽（160–219）–人物研究 Ⅳ．① K879.414
② K825.2

中国国家版本馆 CIP 数据核字（2023）第 073805 号

晋南地区关帝壁画调查与研究

著　　者：侯慧明　侯　雪
责任编辑：傅晓红
复　　审：崔人杰
终　　审：梁晋华
装帧设计：陈　婷

出 版 者：山西出版传媒集团·山西人民出版社
地　　址：太原市建设南路 21 号
邮　　编：030012
发行营销：0351 – 4922220　4955996　4956039　4922127（传真）
天猫官网：https://sxrmcbs.tmall.com　电话：0351 – 4922159
E — mail：sxskcb@163.com　发行部
　　　　　sxskcb@126.com　总编室
网　　址：www.sxskcb.com

经 销 者：山西出版传媒集团·山西人民出版社
承 印 厂：山西出版传媒集团·山西新华印业有限公司

开　　本：720mm×1020mm　　1/16
印　　张：15
字　　数：270 千字
版　　次：2023 年 5 月　第 1 版
印　　次：2023 年 5 月　第 1 次印刷
书　　号：ISBN 978-7-203-12535-8
定　　价：86.00 元

目
录

绪 论

一、研究背景及意义

关羽（160—220年），本字长生，后改字云长，河东郡解县（今山西运城）人，东汉末年名将。他南征北战，忠义仁智，勇武威猛，被历代皇家和世人追崇，被民间尊为"关公"。关羽，儒称圣，道称天尊，释称佛，三教尽尊奉。汉封侯，宋封王，明封大帝，历朝加尊号。关帝信仰自魏晋南北朝萌芽，至清代达到顶峰。晋南解州地区作为关公故里，由于得天独厚的地域优势以及旺盛的民众崇拜，历史上修建和重建了大量的关帝庙，屡废屡修，绵延不断。作为关帝庙附属物的关帝壁画也非常丰富，关帝壁画是关帝民间信仰在基层社会发展的重要载体和表现形式，最能生动形象地反映民间信仰发展的主旨、思想、形式和途径，亦能集中反映民众的精神生活状态。因此，本课题对于山西区域传统社会民众精神生活研究也具有重要的学术价值。

古代壁画附着于庙宇墙壁的泥皮之上，很容易受潮损毁或者因墙体损坏而损毁，是异常稀有的、不可再生的、特别珍贵的文化遗产。在当前快速现代化进程中，随着古代庙宇的破败或重修，壁画正在加速消失，调查、研究、保护刻不容缓。对壁画进行地毯式调研，数字化存录，建立资料库不失为退而求其次之举。

关公信仰中忠、义、勇、智、信的精神，是中华民族宝贵的精神财富，弘扬关公精神就是弘扬中国传统优秀文化，对于提升民众思想道德素养，和谐人际关系，具有现实的社会教化意义。关公信仰也是华夏儿女、炎黄子孙的共同精神信仰，尤其对于身在海外的中华儿女更加具有强烈的信仰向心力，海外华侨普遍供奉关公，因此对于团结海外华侨，培育华侨热爱中华文化、培植血浓于水的血脉亲情，加强华夏子孙的身份认同和心灵认同具有重要的现实意义。

二、研究现状

当前对于关帝壁画的研究比较多，但多为以某个关帝庙的个案的研究，系统性区域性的研究比较少。

（一）关帝信仰方面

关帝研究最早开始于国外，百奇早在1840年《解析中国之四：关帝保佑》中记录了其在中国传教过程中对于中国文化的所见所闻，以及关公信仰在民间的影响。其后影响较大的作品主要是俄国学者李福清在《关公传说与关帝崇拜》①一文中，对民间的关公传说进行了收集和解读，如青龙刀与赤兔马、关公出世、关帝显灵、关帝庙宇以及少数民族与邻国关帝信仰的状况，并对这些传说和现象加以分析。美国华裔学者杨庆堃的专著《中国社会中的宗教：宗教的现代社会功能与其历史因素之研究》②设有关公信仰研究专题，书中涉及关公庙数量众多，几乎遍布全国等内容。他认为关公信仰在当时中国的人格神崇拜中最具代表性，究其原因一方面是由于关公信仰起到了支持普遍和特殊价值观的作用，另一方面由于各类的故事和传说以及定期的活动和仪式，使得百姓对关公虔诚的信仰愈演愈烈，即使历经千年依然维持其在民间的巨大影响力。

国内学者关于关公信仰的研究虽然稍晚于国外，但研究范围更广，研究更加深入。最早是1929年容肇祖在广州《民俗周刊》上发表的《关帝显身图说》③，对关公信仰进行现代意义上的学术研究，认为关公信仰在民间信仰中具有很重要的地位，信仰范围很广。胡小伟的《中国文化史研究：关公信仰研究系列》④主要是从历史的角度，详细地解析了关公信仰的起源和发展，并考述自宋代到清代关公信仰发展的历程，同时也分析了各个时期关公信仰的发展特点和变化。郑土有的《关公信仰》⑤分析关帝精神，论析关帝作为多阶层的保护神、关帝信仰盛行的原因，指出关羽通过南北朝至唐宋元明清，经历从人到神、侯到王、王到帝，帝到圣，圣而天的演变历程。任义国《关公故里的关帝信仰研究》⑥以关公

---

① （俄）李福清著，李明滨编选：《古典小说与传说（李福清汉学论集）》，中华书局，2003年。
② （美）杨庆堃：《中国社会中的宗教：宗教的现代社会功能与其历史因素之研究》，范丽珠译，四川人民出版社，2016年。
③ 容肇祖：《关帝显身图说》，《民俗周刊》，1929年第41期。
④ 胡小伟：《中国文化史研究：关公信仰研究系列》，科华图书出版公司，2005年。
⑤ 郑土有：《关公信仰》，学苑出版社，1995年。
⑥ 任义国：《关公故里的关帝信仰研究》，山西师范大学2010年硕士学位论文。

故里为切入点，阐述关帝信仰的发展历程，重视碑刻文献的使用，探究常平关帝庙、运城关王庙以及解州关帝庙的关帝信仰状况。还通过实地田野调研和访问，对关帝作为保护神、生育神、祖先神、武财神等多职能作用进行了深入的分析。闫爱萍的《关公信仰与地方社会生活：以山西解州为中心的个案研究》①从社会学、民俗学、人类学等多个学科角度出发，通过田野调查取得第一手资料，阐释现代关公信仰的习俗特色，集中论述了地方的区域社会中关公信仰和当地社会之间的种种联系和影响。金晨《关公信仰研究——以关公楹联解读为例》②以关公楹联为切入点，分析关公信仰在不同时期的特点，对国内国外关公楹联进行地域解析。

（二）关帝形象方面

关公形象研究一直与关公信仰研究密不可分，刘海燕《从民间到经典——关羽形象与关羽崇拜的生成演变史论》③中，上编论述了关羽形象从三国到隋唐宋元时期以至到小说《三国演义》诞生的发展演变过程，并分析了关羽形象与关公崇拜在少数民族以及域外的传播情况。下编从雅文学、俗文学、泛文学三个方面分析关羽形象。田福生《关羽传》④以关羽一生活动轨迹为研究对象，从关羽青年时期写起，至败走麦城，再到身亡，从关羽的生平中分析其军事、政治思想。王锋旗《关羽形象：从历史到艺术演变的研究》⑤对文献中的关羽形象，诗歌小说戏曲等文学作品中的关羽形象进行研究，分析关羽从历史人物走向文学作品的过程之原因，主要从民众、统治者、当时社会文化消费的需要三个方面进行比较深入的分析。

（三）关帝庙建筑与壁画方面

研究关帝壁画首先须分析其庙宇建筑环境。张强《关帝庙建筑的布局及其空间形态分析——以山西省境内现存的关帝庙为例》⑥探讨了山西省关帝庙建筑的起源与发展，并以文献研读和实例调研为基础，分析了庙宇的选址、分布与建筑特点，总结分析了关帝庙的地域性特点。张麒《浅析宋金祭祀建筑装饰文化特

①　闫爱萍：《关公信仰与地方社会生活：以山西解州为中心的个案研究》，山西人民出版社，2012年。
②　金　晨：《关公信仰研究——以关公楹联解读为例》，南京师范大学2017年硕士论文。
③　刘海燕：《从民间到经典——关羽形象与关羽崇拜的生成演变史论》，上海三联书店，2004年。
④　田福生：《关羽传》，中国文史出版社，2007年。
⑤　王锋旗：《关羽形象：从历史到艺术演变的研究》，南昌大学2008年硕士论文。
⑥　张　强：《关帝庙建筑的布局及其空间形态分析——以山西省境内现存的关帝庙为例》，太原理工大学，2006年硕士学位论文。

征——两例关王庙的调研与分析》①以"营造法式"为理论基础，对宋金时期山西地区关王庙建筑的自然与人文环境展开调研，并通过比较分析各地庙宇在建筑装饰构件与造型艺术方面的特点，总结了祭祀建筑装饰风格的地域差异性。赵恒《山西省忻州市代县县市保级古建筑及其反映的民间信仰调查研究》②详述了阳明堡镇上沙河村、雁门关乡陈家庄两处关帝庙的院落布局、建筑结构和保存情况。

较早论及关帝壁画的是安英新《祖国最西端的"关帝庙"》③，该庙位于我国西部边陲新疆察布查尔锡伯自治县纳达齐牛录乡，由少数民族锡伯族建造，文章附录了庙内正殿东西两殿上关于《三国演义》的壁画。东西各12幅，东边自下至上自右至左依次是桃园结义，招兵买马，关、张斩杀程志远、邓茂，大破黄巾军，子龙磐河救公孙瓒，虎牢关三英战吕布，关云长温酒斩华雄，张翼德怒鞭督邮，陶恭祖三让徐州，屯土山关公约三事，曹操送关羽赤兔马，关公诛颜良；西壁小图分别是关公卧牛山收周仓、水淹七军、杀蔡阳兄弟释疑、单刀赴会、华容道义释曹操、黄河渡口斩秦琪、关公教育郭常之子、关公秉烛达旦、关云长挂印封金、关公汜水关斩卞喜、孟德送锦袍、刘备三顾茅庐。每幅画右上方都有锡伯文题记，该文仅对这些壁画予以载录，但没有进行详细的研究。

山西地区关帝壁画研究主要是个案性的研究。如张麒《浅析宋金祭祀建筑装饰文化特征——两例关王庙的调研与分析》详述了阳泉、定襄关王庙传记式连环壁画的构图特点与人物造型，辨析其绘图技法源流，并结合明以后民间文艺的发展，分析其蕴含的民俗元素。张强《关帝庙建筑的布局及其空间形态分析》提到山西关帝庙建筑装饰及其构造艺术，认为壁画是关帝庙的装饰，一般彩绘于殿堂内壁墙上，多用工笔线描，粉彩浓重，题材广泛，但大多还是集中描述关公故事，也有一些反映当时社会生活、风土人情的内容。谷东方《山西高平西郭庄关帝庙壁画考察》④调查了关帝庙壁画的保存情况，考证了关帝庙绘制壁画约在道光五年，并与小说进行比较研究，对关羽形象进行了解读。赵恒《山西省忻州市代县县市保级古建筑及其反映的民间信仰调查研究》提出上沙河关帝庙壁画以连

---

① 张麒：《浅析宋金祭祀建筑装饰文化特征——两例关王庙的调研与分析》，太原理工大学，2012年硕士学位论文。
② 赵恒：《山西省忻州市代县县市保级古建筑及其反映的民间信仰调查研究》，浙江大学，2019年硕士学位论文。
③ 安英新：《祖国最西端的"关帝庙"》，《东南文化》，2000年第6期。
④ 谷东方：《山西高平西郭庄关帝庙壁画考察》，《山西档案》，2016年第3期。

环画形式绘制的特点，并分析了雁门关乡陈家庄关帝庙壁画的榜题、色彩、构图和颜料成分等内容。

对河北地区关帝壁画研究有郝建斌、赵善君《蔚县古堡中民间建筑壁画的设计与保护》①，提到对关帝壁画的保护与修复。王文丽《清末关帝庙壁画技法分析——以崇礼县上窝村为例》②，郝建文、王文丽《河北省民间寺庙壁画挖掘与保护研究——以崇礼关帝庙为例》③，牛晓云《张家口市崇礼县清代关帝庙壁画中国画元素的研究》④都以崇礼关帝庙为中心，主要是对崇礼关帝庙的调查研究，论析了壁画的绘画技巧、构图色彩等，考证关帝庙于清嘉庆八年修建，东西两壁壁画较完整，北壁仅有少量的壁画残存，廊壁在"文化大革命"时期被铲除。

赵凤燕等《西安周至胡家堡关帝庙壁画颜料分析研究》⑤通过粉末偏光显微分析和便携式 X 射线荧光光谱分析，西安周至胡家堡关帝庙壁画颜料种类为 10 种，根据人造氯铜矿和翡翠色使用情况、重修碑记、壁画题记、重层壁画等证据推测出该庙建于清雍正八年，光绪七年增建献殿三间，同时重绘正殿壁画。

综上所述，学者对于关帝信仰的研究已经做了很多工作，关帝形象研究方面也已经取得了一些成果，但是对于关帝壁画方面的研究主要是针对个案关帝壁画的调查与研究，系统性的研究较少。

对于晋南地区界定，关公故里有狭义和广义之分。狭义的关公故里为今运城市盐湖区董家庄以东、曲村以西的范围，包括常平村、曲村、蚕坊村。广义的关公故里是河东郡，《关羽传》记载："关羽字云长，本字长生，河东解人也。"⑥河东郡，战国时秦国置 36 郡之一，郡治在安邑（今山西夏县一带）。西汉时为三河之一，领安邑、大阳、猗氏、解、蒲反、河北、左邑、汾阴、闻喜、濩泽、端氏、临汾、垣、皮氏、长脩、平阳、襄陵、彘、杨、北屈、蒲子、绛、狐讘、骐二十四县。王莽改河东为兆阳。东汉初，省左邑、长脩、狐讘、骐四县，属司

---

① 郝建斌、赵善君：《蔚县古堡中民间建筑壁画的设计与保护》，《旅游纵览》，2015年第8期。

② 王文丽：《清末关帝庙壁画技法分析——以崇礼县上窝村为例》，《大众文艺》，2015年第7期。

③ 郝建文、王文丽：《河北省民间寺庙壁画挖掘与保护研究——以崇礼关帝庙为例》，《中国文化遗产》2015年第1期。

④ 牛晓云：《张家口市崇礼县清代关帝庙壁画中国画元素的研究》，河北师范大学，2016年硕士学位论文。

⑤ 赵凤燕、冯健、孙满利、吴晨、郭瑞：《西安周至胡家堡关帝庙壁画颜料分析研究》，《文博》，2017年第4期。

⑥（西晋）陈寿：《三国志》卷三十六，中华书局，1982年，第939页。

州。汉顺帝阳嘉二年（133），改彘县为永安县。三国魏时分平阳、杨、端氏、永安、蒲子、襄陵、绛、濩泽、临汾、北屈、皮氏诸县置平阳郡。西晋太康中，河东郡领安邑、闻喜、垣、汾阳、大阳、猗氏、解、蒲坂、河北九县。东晋于武陵郡侨置河东郡，领八县。北周于河东置蒲州。唐代以后泛指山西，因黄河流经山西省的西南境，则山西在黄河以东，故这块地方古称河东，通俗点说，古代所称"河东"即河东地区，大指山西地区，小指运城、临汾一带。

元代晋南地区短暂统归晋宁路，明代平阳府与汉代河东郡大体相当，清代再次析分。如今的运城、临汾两市辖地，大体上仍与汉代河东郡南北两部的划分相合，界限略微向北推移，说明两地的划分是有历史渊源的。故将晋南地区作为关公故里作为研究关帝壁画的划定区域。目前运城市辖1个市辖区、10个县，代管2个县级市。即盐湖区、万荣县、绛县、夏县、新绛县、稷山县、芮城县、临猗县、闻喜县、垣曲县、平陆县、永济市、河津市。

临汾市辖区为尧都区、侯马市（县级市）、霍州市（县级市）、洪洞县、翼城县、隰县、汾西县、安泽县、永和县、古县、浮山县、曲沃县、襄汾县、吉县、乡宁县、大宁县、蒲县。

第一章　关帝信仰的形成与发展

生前有功于民，死后为神，这是中国奉神的准则。中国古代宗教以天神崇拜和祖先崇拜为核心，以社稷、日月、山川等自然崇拜为羽翼，以其他鬼神崇拜为补充，形成了相对固定的郊社、宗庙及其他祭祀信仰制度，成为维系古代社会秩序和宗法家族体制的根本力量。

山西因其境内广布名山大河，环境清幽，历来是世外仙侪仰慕修行之地，它又与长安、洛阳、北京等历史上的政治中心毗邻，具地利之便。自古以来山西地区神灵信仰之风甚为浓厚，井邑聚落之间皆有神祠，岁时致享其神，非伏羲、神农、尧、舜、禹、汤，则山川之望也。"从来立庙祀神处处有之，而为土地山神为尤多，盖无处不有人，即无处不有土地山神也。"①山西民间信仰根植于传统的自给自足的自然经济和雨养农业生产方式，由此扩展至对于太阳、月亮、星辰、风雨以及土地、山川、河流、湖泊、树木、动物等自然物的浓烈情感，由此又衍生出对于人造之各方面主宰和功能神乃至祖先神、英雄神、圣贤神的强烈情感和信仰。历史上浓厚的神仙信仰之风也为各类神灵信仰在山西境内发展提供了信仰基础。

山西供祀的祖先神、英雄神、民俗神大多是与山西有密切关系，时代跨度大，神灵数量众多，分布非常广泛。如运城舜帝庙村舜帝庙，奉舜帝；河津县禹门口、芮城大禹渡建有禹王庙，供奉大禹；万荣县稷王庙祭祀禹的大臣后稷，在晋南，奉后稷为神农祖师；规制宏大的尧庙，奉唐尧；浮山县南王村有禹汤庙，祀夏禹、成汤，并有伯益、伊尹配享；沁水县端氏村、阳城下交村建有规模宏大的汤王庙。晋祠为纪念周成王胞弟唐叔虞而建，其内主祠圣母殿为叔虞母后姜

①（清）薛敦:《重建土地庙碑序》,《三晋石刻大全·汾西卷》,三晋出版社,2019年,第243页。

邑，成为山西著名的神祀；介休县绵山介子祠，祭祀晋文公忠士介子推；太原市上兰村窦大夫祠，祭祀开渠济民的晋国窦大夫；清徐县西马峪村狐突庙（又称糊涂庙），祭祀晋献公大夫狐突；盂县藏山据传为赵氏孤儿藏匿地，奉祀赵武、程婴、韩厥、公孙杵臼；忻州市逯家庄有公孙杵臼祠；代县天台山建赵杲观，祭祀代王丞相赵杲；定襄县七岩山惠应圣母祠，祭祀赵襄子的姐姐、代王妻磨笄夫人，宋朝被封为圣母，俗呼七岩娘娘；定襄县李庄北山称漆郎山，建祠祭祀晋国义士豫让；解州关帝庙供奉武圣关帝；唐宋以来，太原市南郊有祭祀后汉开国皇帝的刘智远祠；浮山县建有唐太宗庙；朔州市有尉迟公庙；文水有武则天庙；太原市狄村有狄仁杰祠；代县鹿蹄洞有杨家祠堂，供奉杨业、佘太君和他们的八个儿子及杨宗保、穆桂英等；忻州市韩岩村有元遗山祠，祭祀金代著名文人元好问；宁武县有周遇吉祠，祭祀明末在此抗击李自成起义军被杀的山西总兵周遇吉；陵川南神头二仙庙、小会岭二仙庙，供奉晋东南地区特有的二仙；壶关三嵕庙、高平市三王村三嵕庙，供奉三嵕神；长子县和陵川县的崔府君庙供奉崔府君等也都属于山西特有的民间信仰。

关公信仰起源于魏晋，产生于隋唐，发展于宋元，鼎盛于明清，流演于现代。在人神信仰中，关公信仰从隋唐以来，上至君王，下及黎庶，大江南北，远及海外，信仰之盛，可为众神之翘楚。"帝在季汉时，天秉忠直，独具卓识，一遇昭烈，患难相从，春秋大义了了心目。虽曹瞒奸雄，本初、仲谋辈百方招致，莫能回惑。其孟氏所谓富贵不淫，贫贱不移，威武不屈者欤！故当其奉命守荆也，赫赫神威，远震华夷，荆襄万姓既已绘像裡祀，又圣人所谓地天戴之、神明奉之、著蔡尊之者乎！"[1]"历唐宋元明以迄于今，至大至刚之正气充塞两间，抑且泥刀挥欧亲逆子流，马回万里穷军显像，解临清之围忠魂破，虽尤之崇，照照英灵，捉发难纪。宜乎普天率土高其栋宇，大其闳阌，立专庙以将享，写尊形而妥佑，俎豆苾芬，存没一致。"[2]

《憨休禅师敲空遗响》卷七评价关公曰："关帝像以须弥为笔，以大海为墨，极丹青之巧绘而描邈者，徒肖其公之形。以虚空为口，以万窍为舌，极世人之称颂而赞美者，徒羡其公之名。庸讵知夫，日月丽天，风雨雷霆，与四时流行而不息者，乃公之心。肖公之形，须彷彿其为人。羡公之名，当慕义以忠贞。唯公之

---

①（清）柴士登：《新建关帝庙记》，《三晋石刻大全·曲沃卷》，三晋出版社，2011年，第212页。
②（清）柴士登：《新建关帝庙记》，《三晋石刻大全·曲沃卷》，三晋出版社，2011年，第212页。

心，有不可得而思议者，强名之曰神。是故尽天地之中，凡有血气者，莫不尊亲。"[1]"其祠宇遍天下，人无不凛凛崇奉，而在解者更巍峨宏丽，解人士尤崇奉笃挚，盖解属钟灵之地云。"[2]"帝之庙宇遍天下，而解州常平为发祥故里，根本所在，礼尤宜崇。"[3]

关公也是现代中国民间信仰中信仰人数最多的俗神信仰，也是中国最具代表性的民间信仰之一，关公信仰在中国传统信俗"儒释道"三大教派中都备受尊崇，儒家尊其为"武圣"，道家推其为"真君"，佛教崇其为"伽蓝菩萨"，影响遍及海外华人圈。

乡土情深的山西人对关公崇信有加，关帝庙遍及山西南北城镇乡村，在晋南地区崇奉尤盛，更有全国规模最为宏大的关帝庙之本庙——解州关帝庙以及家庙常平关帝庙。

第一节　关羽生平

关羽，字云长，本字长生，河东解人（山西解州人），约生于汉桓帝延熹三年（160），早年因在家乡抱打不平而远走涿郡，结识了刘备和张飞。初平元年（190），随刘备投奔公孙瓒。刘备领平原相，关羽为别部司马。兴平元年（194），刘备救援陶谦以抗曹操，陶谦病故后，刘备领徐州牧，关羽协助刘备镇守徐州，后被袁术、吕布夹攻，退出徐州，跟随曹操回到许昌。曹操任命车胄为徐州刺史。后袁术北上投奔袁绍，曹操命刘备于徐州拦截，刘备命关羽袭杀车胄，夺回徐州，关羽驻守下邳。建安五年（202），曹操东征刘备，刘备投奔袁绍，关羽被困下邳，被迫投降了曹操，拜偏将军。关羽在白马于万军丛中取颜良首级，被封为汉寿亭侯，但关羽不受，挂印封金，修书辞曹，回到了刘备身边。建安六年（201），曹操于汝南击败刘备，刘备投奔荆州刘表，关羽驻扎新野七年。建安十三年（208）曹操征刘表，关羽率领水军阻击曹军，之后和刘备共赴夏口驻扎。十一月，孙、刘联军在赤壁大败曹军，关羽也参与了赤壁之战，并被派遣断绝曹操北退之路。刘备乘势夺取了荆州大部分地区，关羽被封为襄阳太守、荡寇将

---

①（清）如乾说，张恂编阅、继尧校订：《憨休禅师敲空遗响》卷7，《嘉兴藏》第37册，第282页。
②（明）张九州：《新创莲池记》，《三晋石刻大全·运城市盐湖区卷》，三晋出版社，2010年，第196页。
③（清）陈中孚：《重修常平关帝庙记》，《三晋石刻大全·运城市盐湖区卷》，三晋出版社，2010年，第331页。

军。建安十四年（209），关羽奉命屯兵江陵。建安十六年（211），刘备应益州牧刘璋之邀入蜀抵挡张鲁，关羽同诸葛亮等驻守荆州。建安十八年（213），诸葛亮入蜀协助刘备，关羽独守荆州。建安二十年（215），孙权向刘备讨要荆州，关羽领军与鲁肃对峙。之后刘备、孙权以湘水划界，平分了荆州，同时关羽驻守江陵并统领荆州三郡。建安二十四年（219）七月，刘备自立为汉中王，封关羽为前将军、假节钺。八月，关羽发动了襄樊之役，夺取襄阳，兵临樊城之下。曹操为拒关羽，派遣于禁、庞德率领七军支援樊城的曹仁，关羽水淹七军，斩庞德，擒于禁，威震华夏。十月，孙权联合曹操，派遣吕蒙乘关羽进攻樊城时偷袭了荆州，曹操也派遣大将徐晃领兵攻打关羽，关羽腹背受敌，导致战败而退守麦城，之后关羽在临沮章乡遭遇孙权伏兵，被潘璋部将马忠所擒，最终和长子关平在临沮遇害。关羽被杀之后，孙权怕刘备报复，遂欲嫁祸于曹操，将关羽首级送往了洛阳，曹操将计就计以诸侯之礼将关羽厚葬于洛阳，而孙权也以诸侯之礼将关羽的身躯安葬于湖北当阳，刘备为表彰关羽的功劳则在成都为关羽建立衣冠冢，用以招魂祭祀，因此民间常称关羽"头枕洛阳，身卧当阳，魂归故里"。

第二节　关公信仰的发展历程

《三国志》五虎大将合传中关羽被列为首传，陈寿评价"善待卒伍而骄于士大夫""关羽、张飞皆称万人之敌，为世虎臣。羽报效曹公，飞义释严颜，并有国士之风。"[1]关羽作为勇武忠义之士的英雄形象在流传的过程中逐渐突出。魏晋南北朝时期，关羽的勇武忠义精神被广泛传颂。《魏书·杨大眼传》曰："当世推其骁果，皆以为关、张弗之过也。"[2]

一、南北朝到隋唐时期关公信仰萌发

民间祭拜关羽起源于关羽故里河东解梁县，即今山西解州。关公早年在家乡行侠仗义，除暴安良，深得民心，当关羽被害的噩耗传来时，乡民为了感谢关公以前的义举，应该是对关公进行了祭祀，甚至在汉代已经立庙。这一推测从常平关帝庙现存树龄1800年左右的柏树可兹为证。历史上有据可查的关公神话传说则

---

①（西晋）陈寿：《三国志》卷三十六，中华书局，1982年，第951页。

②（北魏）魏收：《魏书》卷七十三，中华书局，1982年，第1635页。

开始于南北朝，南朝陈国皇帝陈伯宗托言"关羽显灵成神"，于光大年间（567—568年）在关公被害之地当阳县东三十里的玉泉寺西北为关公立庙，并在玉泉山为关公建冢，这也是有史记载的第一座关公庙。到了隋朝，随着关公"显灵"以及庇护百姓的神话传说越来越多，其影响也越来越大，关公庙的新建也随之增多。隋文帝开皇九年（589）在关公的家乡解州为关公修建了一座现今最大的关庙，即解州关帝庙。唐朝初年，朝廷敬奉周朝开国功臣姜子牙，并于开元年间在全国各州建立太公庙。唐肃宗上元元年（760）加封姜子牙为"武成王"，享受国家祭祀，64位历史名将从祀，关公在列。"建中三年（782），礼仪使颜真卿奏：'治武成庙，请如月令春、秋释奠。其追封以王，宜用诸侯之数，乐奏轩县。'诏史馆考定可配享者，列古今名将凡六十四人图形焉：越相国范蠡，齐将孙膑，赵信平君廉颇，秦将王翦，汉相国平阳侯曹参，左丞相绛侯周勃，前将军北平太守李广，大司马冠军侯霍去病，后汉……蜀前将军汉寿亭侯关羽……"[1]可见，唐朝武成王庙中的关羽地位并不突出，只是64位从祀名将之一。

关公信仰形成还有一个重要的因素就是佛教的推崇，其中以"玉泉显圣"的传说流传最广，讲的是关公于湖北当阳玉泉山显灵，索要自己的人头，僧人普静用禅理点化关羽亡魂的神话，并成功使其皈依佛门云云。唐董侹于贞元十八年（802）《贞元重建庙记》载：

"寺西北三百步，有蜀将军都督荆州事关公遗庙存焉，将军姓关名羽，字云长，河东解人。公族功绩，详于国史。先是，陈光大中智顗禅师者，至自天台，宴坐乔木之下，夜分忽与神遇，云愿舍此地为僧坊，请师出山，以观其用。指期之夕，万壑震动，风号雷虩，前劈巨岭，下埋澄潭，坏材丛仆，周匝其上，轮奂之用，则无乏焉。惟将军当三国之时，负万人之敌。孟德且避其锐，孔明谓之绝伦。其于徇义感恩，死生一致。斩良擒禁，此其效也。呜呼！生为英贤，没为神明。精灵所托，此山之下，邦之兴废，岁之丰荒，于是乎系。"[2]

又《佛祖统纪》卷六载：智顗禅师于开皇十二年（592）"乃于当阳玉泉山创立精舍，及重修十住寺，道俗禀戒听讲者，至五千余人。初至当阳，望沮漳山色堆蓝，欲卜清溪以为道场，意嫌迫隘，遂上金龙。池北百余步有一大木，婆娑偃盖，中虚如菴，乃于其处跌坐入定。一日，天地晦冥，风雨号怒，妖怪殊形，倏

①（宋）欧阳修：《新唐书》卷十五，中华书局，1975年，第377—378页。
②（清）张镇著，宋万忠、武建华标点注释：《解梁关帝志》卷三，山西人民出版社，1992年，第168页。

忽千变。有巨蟒长十余丈，张口内向，阴魔列陈，砲矢如雨。经一七日，了无惧色。师闵之曰：汝所为者生死众业，贪着余福不自悲悔。言讫，象妖俱灭。其夕，云开月明，见二人威仪如王，长者美髯而丰厚，少者冠帽而秀发。前致敬曰：予即关羽，汉末纷乱九州瓜裂。曹操不仁，孙权自保，予义臣蜀汉，期复帝室，时事相违，有志不遂。死有余烈，故王此山，大德圣师何枉神足？师曰：欲于此地建立道场，以报生身之德耳。神曰：愿哀闵我愚，特垂摄受，此去一舍，山如覆船，其土深厚，弟子当与子平建寺化供，护持佛法，愿师安禅七日，以须其成。师既出定，见湫潭千丈，化为平址，栋宇焕丽，巧夺人目。神运鬼工，其速若是，师领众入居，昼夜演法。一日神白师曰：弟子今日获闻出世间法，愿洗心易念求受戒，永为菩提之本。师即秉炉授以五戒，于是神之威德昭布千里，远近瞻祷莫不肃敬。"[1]

关公于玉泉山显灵受戒的传说，应该是出自佛教徒的杜撰，目的是借助关公信仰的盛行，扩大佛教的信仰，同时抬高佛教的地位。唐代道宣《续高僧传》中也载述了智顗禅师于开皇十二年在当阳玉泉山修建佛教道场的事迹，但并未言及关公受戒故事，"遂于当阳县玉泉山立精舍，敕给寺额，名为'一音'。其地昔惟荒险，神兽蛇暴。创寺之后，快无忧患。是春亢旱，百姓咸谓神怒，顗到泉源，帅众转经，便感云兴雨注，虚谣自灭。"[2]宋代志磐增加此类神异故事，一方面说明在民间可能已经有这样的传说，另一方面可以增加佛教的吸引力。

隋唐时期，在民间信仰和佛教的双重推动下，关公的宗教形象已初步形成，逐渐由传统的猛将形象演变成了具有强大影响力和神秘神威力的神灵，但此时的关公信仰主要流行于民间，尚未受到统治者的重视。

二、宋金元时期关公信仰迅速兴盛

宋金元时期关公信仰得到官方的广泛重视。宋代大肆崇奉民间神灵，为民间神灵广封名号，《宋史》载："诸祠庙自开宝、皇祐以来，凡天下名在地志，功及生民，宫观陵庙，名山大川能兴云雨者，并加崇饰，增入祀典。熙宁复诏应祠庙祈祷灵验，而未有爵号，并以名闻。于是太常博士王古请：'自今诸神祠无爵号者赐庙额，已赐额者加封爵，初封侯，再封公，次封王，生有爵位者从其本封。

---

[1]（宋）志磐：《佛祖统纪》卷六，《大正藏》第49册，第183页。
[2]（唐）道宣：《续高僧传》卷十七，《大正藏》第50册，第566页。

妇人之神封夫人，再封妃。其封号者初二字，再加四字。如此，则锡命驭神，恩礼有序。欲更增神仙封号，初真人，次真君。'大观中，尚书省言，神祠加封爵等，未有定制，乃并给告、赐额、降敕。……凡祠庙赐额、封号，多在熙宁、元祐、崇宁、宣和之时。"①宋元对于关羽的敕封，使关羽的地位逐步提升。北宋崇宁元年（1102），宋徽宗追封关公为"忠惠公"，使关公由侯正式晋升为公；崇宁三年（1104），将关公拉入道家体系并赐号为"崇宁真君"；大观二年（1108），加封关公为"武安王"；宣和五年（1123），宋徽宗又在武安王的基础上添加了"义勇"二字为"义勇武安王"。靖康之难后宋室南移，但统治者给关公加封的习惯却得以延续，建炎二年（1128），宋高宗在"义勇武安王"的基础上添了"壮缪"二字为"壮缪义勇武安王"；淳熙十四年（1187），宋孝宗又添加了"英济"二字为"壮缪义勇武安英济王"。不仅是汉族政权不断对关公进行加封，少数民族政权似乎也热衷于加封关公。元天历元年（1328），元文宗图帖睦尔在南宋封号的基础上改关公封号中的"壮缪"为"显灵"，称"显灵义勇武安英济王"②。宋元时期，官方对关公的加封，从侯爵到公爵，从公爵到王爵，持续加封，尊号字数也越来越多。这是官方对关公加封的第一个高潮。正是由于官方的大力推崇和弘扬，使得关公信仰得到了进一步的发展。

从北宋开始，关公庙被大规模修建，据清康熙四年（1665）《解州志·寺观祠庙》载，宋代或者扩建，或者新建关公庙遍布于解州、常平、安邑、夏县、闻喜、平陆、芮城等地。宋郑咸《元祐重修庙记》载：

"侯讳某，姓关氏……侯本解人，庙于郡城之西。庙久不治，里中父老相与经营，加完新焉。时维太守张公、别乘张公相与为雍容镇静之政，而解民熙然乐之，日有余暇，可以致力于神矣。"③

到了南宋再次重修，宋南涛《绍兴重修庙记》载：

"王之行事，载于史册，若皎日之明，如高山之耸，历千余载，不与时而兴废。王之祠，成自宋政和之乙未年，迄今越五十年，殿宇疏漏，在将诸老宿，请于管军范公，愿再为完葺。范公欣然，首出己俸鸠材募工，不阅旬而工告成。神

①（元）脱脱：《宋史》卷一百零五，中华书局，1977年，第2561页。
②（清）张镇著，宋万忠、武建华标点注释：《解梁关帝志》卷一，山西人民出版社，1992年，第65—66页。
③（清）张镇著，宋万忠、武建华标点注释：《解梁关帝志》卷三，山西人民出版社，1992年，第168页。

既能安人多受福，仆泰乡关，聊书厥实。"①

临猗《重修关帝庙并创建影壁石桥碑记》载："而吾城之庙坐落学宫之东，宋开宝以来规模已备，而添修改葺不知凡几。"②古县《重修关帝庙碑记》载："……帝庙一座，创自宋元，自明至清，历代继□□□□□□□□公纠合社人。"③万荣《荣河县志》载："关帝庙，在旧城内崇教坊，宋崇宁三年建，元至元二年重修。"④虽然宋代修建关帝庙的数量无法与清代相比，但比之前，已经是大大提升，这与关公在宋代成为正祀神灵密切相关。除了修建关帝庙的数量增多之外，解州关帝庙在宋代也有较大重修。

大中祥符七年（1014），宋真宗为解决解州盐池减产而请张天师作法，据说张天师手画符咒，请来天神关公降服蚩尤变化的毒龙，修复了解州盐池。之后，真宗下令全国大量修建关公庙，并且对解州关公庙进行了大规模的重建，敕令道士驻守关公庙来主持庙宇祭祀活动。

金代解州关帝庙又有重修，金田德秀《嘉泰重修庙记》载：

"……解，实公之故里，庙在郡城之西。春秋祈祀，送迎奔走，四远之人，惟恐其后。本朝虑公之庙，岁久将弊，特降明命，而完新之。"⑤

常平关帝祖庙也于金大定十七年（1177）创建，此后多次重修。元郝经在《重建庙记》载：

"王讳羽，字云长，姓关氏，解梁人。起义涿郡战争于徐兖奔走于冀豫，立功于江淮，而投于荆楚，其英灵义烈遍天下，故所在有庙祀，福善祸恶，神威赫然，人咸畏而敬之，而燕赵荆楚为尤笃，郡国州县乡邑间并皆有庙。"⑥

稷山西位村三义庙内碑文"三义庙居中，其庙皆自大德七年创建，至大清康熙二十七年重修"，透露出在元代运城地区的穷乡僻壤已经开始修建关帝庙宇。

关公信仰的传播也受到宋元说唱文学的推动，宋代瓦子"说三分"盛行，"京师有富家子，少孤专财，群无赖百方诱导之。而此子甚好看弄影戏，每弄至斩关圣，辄为之泣下，嘱弄者且缓之。一日，弄者曰：'关圣古猛将，今斩之，

①（清）张镇著，宋万忠、武建华标点注释：《解梁关帝志》卷三，山西人民出版社，1992年，第169页。
②（清）王追湛：《重修关帝庙并创建影壁石桥碑记》，《三晋石刻大全·临猗卷》，三晋出版社，2016年，第116页。
③（清）赵德奎：《重修关帝庙碑记》，《三晋石刻大全·古县卷》，三晋出版社，2012年，第382页。
④民国《荣河县志》卷十二，成文出版社，2005年影印本，第264页。
⑤（清）张镇著，宋万忠、武建华标点注释：《解梁关帝志》卷三，山西人民出版社，1992年，第173页。
⑥（清）张镇著，宋万忠、武建华标点注释：《解梁关帝志》卷三，山西人民出版社，1992年，第177页。

其鬼或能祟，请既斩而祭之。'此子闻甚喜。弄者乃求酒肉之费，此子出银器数十。至日，斩罢，大陈饮食如祭者。群无赖聚享之，乃白此子：'请遂散此器'。此子不敢逆，于是共分焉。旧闻此事不信，近见事有类是事，聊记之，以发异日之笑。"①宋黄茂才《武安王赞》载：关羽"气盖世，勇而强。万众中刺颜良。身归汉，义益彰。位上将，威莫当。吴人诈，失不防。质诸心，吾何伤？严庙貌，爵封王。祚我宋，司雨旸。祷而应，弥灾荒。名与泽，蒙泉长。"②宋洪迈《容斋续笔》卷十一载："自古威名之将，立盖世之勋，而晚谬不克终者，多失于恃功矜能而轻敌也。关羽手杀袁绍二将颜良、文丑于万众之中。及攻曹仁于樊，于禁等七军皆没，羽威震华夏，曹操议徙许都以避其锐，其功名盛矣。而不悟吕蒙、陆逊之诈，竟堕孙权计中，父子成禽，以败大事。"③《容斋续笔》卷八《寿亭侯印》还记载了关公封侯印的事迹等。宋代开始，不管诗词还是文学作品，都开始将关羽的经典故事记述其中。

宋元有关关羽的故事主要出现在两种类型的俗文学中，一是说唱文学，以《三国志平话》为代表，一种是元杂剧的三国戏。《三国志平话》的创作和流传使得三国历史故事在市民阶层中广泛流传，关公信仰也由此得到兴盛传播，其故事轮廓逐渐明晰。讲史话本《至元新刊全相三分事略》《至治新刊全相平话三国志》亦先后刊行，流传较广。此类话本演述三国兴废故事，底本较为粗略，仅以史实粗简构建故事的整体框架，具体情节则大量虚构，人物多有杜撰，诸如时间、地点、政制、官名等亦多随艺人自由评说。④

宋元时期也创作了大量以关公为主角的戏曲杂剧，其中以关羽为主角的曲目如《关大王独赴单刀会》《关大王古城会》《斩蔡阳》《关张双赴西蜀梦》《关大王三捉红衣怪》《关云长千里独行》《虎牢关三战吕布》等。⑤说唱文学和杂剧将关羽的故事以一种简单易晓的形式表达出来，更容易得到民众的接受，尤其是对于目不识丁的民众能明了接受。另一方面，关公神灵化形象愈益浓厚，如元刊《诸葛亮博望烧屯》杂剧预言"他生的高耸耸俊英鼻，长挽挽卧蚕眉，红馥馥面皮有

①（宋）张耒：《明道杂志》，朱一玄、刘毓忱编《三国演义资料汇编》，南开大学出版社，2003年，第113页。

②《全宋诗》卷一百八十八，北京大学出版社，1999年，第2149页。

③（宋）洪迈：《容斋随笔》卷二，朱一玄、刘毓忱主编《三国演义资料汇编》，南开大学出版社，2012年，第121页。

④（明）罗贯中著，毛宗岗评：《三国演义·前言》（评注本），上海古籍出版社，2014年，第2页。

⑤朱伟明、孙向锋：《关公戏与三国文化的传播》，《华中师范大学学报》，2008年第5期。

似胭脂般赤，黑蓁蓁三绺美髯垂。这将军内藏着君子气，外显出渗人威。这将军生前为将相，他若是死后做神祇。"①《刘关张桃园三结义》描述关羽外貌"那个人生的异相，三络美髯，过其胸腹……看了他身凛凛，貌堂堂，恰似个活神道一般。"《洞玄升仙》和《锁白猿》中关羽由人间征战的将军变成"四大天将"之一，保护天界太平。元人郝经《汉义勇武安王庙碑》评论关羽"起义于涿郡，战争于徐、兖，奔走于冀、豫，立功于江、淮，而殁于荆、楚。其英灵义烈遍天下，故在所庙祀，福善祸恶，神威赫然，人咸畏而敬之，而燕、赵、荆、楚为尤笃，郡国州县、乡邑间井皆有庙。夏五月十有三日，秋九月十有三日，则大为祈赛，整仗盛仪，旌甲旗鼓，长刀赤骥，俨如王生。千载之下，景仰向慕而犹若是，况汉季之遗民乎！"②关公庙的修建逐渐得到了社会各个阶层的认可，随着关公庙数量的增多，信众日增，香火旺盛。

三、明清时期关公信仰极盛

明朝统治者对关公信仰也非常推崇，关公封帝始于明代。明太祖曾于洪武元年（1368）将关公的封号"显灵义勇武安英济王"复原为汉前将军汉寿亭侯，明洪武二十七年（1394），在南京的鸡笼山建关公庙。③永乐帝又提出"庙祭于京师"。④正德四年（1509），武宗赐庙额曰"忠武"；万历十年（1582），神宗敕封关公为"协天大帝"，万历十八年（1590），再封关公为"协天护国忠义大帝"，万历四十二年（1614），再封关公为"三界伏魔大帝神威远震天尊关圣帝君"。⑤明成化十三年（1477），朝廷把地安门西的关帝庙作为太常寺官祭场所。关公由侯王而上升为帝，敕封的封号突出忠义又强调协天护国，道出了明初统治者崇祀关公的用心所在。

从明朝中期开始，将关公由"从祀"升级为"专祀"，取代姜子牙的武神地位，祀典仪式及供奉祭品日益隆重，祀典制度趋于成型。⑥赵翼也曾在《关壮缪》

---

① 隋树森编：《元曲选外编》，中华书局，1959年，第728页。

② （元）郝经：《汉义勇武安王庙碑》，李修生主编《全元文》，凤凰出版社，1998年，第385页。

③ （清）张镇著，宋万忠、武建华标点校注：《解梁关帝志》卷三，山西人民出版社，1992年，第72页。

④ （明）孙承泽：《汉寿亭侯庙》，《天府广记》卷九，北京古籍出版社，1984年，第101页。

⑤ （清）张镇著，宋万忠、武建华标点注释：《解梁关帝志》卷三，山西人民出版社，1992年，第67页。

⑥ 闫爱萍：《关公信仰与地方社会生活——以山西解州为中心的个案研究》，山西人民出版社，2012年，第51页。

中提出"关壮缪在三国、六朝、唐宋皆未有禋祀"①。据清张镇《解梁关帝志》卷一《祀典》："明世宗嘉靖年间（1522—1566），朝廷祭祀仪礼开始形成定制。对关公的祭祀规定：'每岁四季及岁暮，遣应天府官祭。五月十三日，关羽诞辰，'又遣南京太常寺官祭……明嘉靖年间，定京师祀典，每岁五月十三日遇关公生辰，用牛一、羊一、猪一、果品五、帛一，遣太常官行礼。四孟及岁暮，遣官祭，国有大事则告。凡祭，先期题请，遣官行礼。"②明代对于关公的祭祀时间、祭品都进行了明确规定。

关公信仰在明清的极盛，也与小说《三国演义》的推助密切相关。元末明初，山西太原人罗贯中创作《三国志通俗演义》吸收了《三国志》及各类野史杂记、杂集《博物志》《搜神记》等志怪小说，对三国时期纷繁复杂的天下大势、人物故事、家国征战的故事情节加以戏剧性渲染，成功塑造出一系列个性鲜明的人物形象。③《三国志通俗演义》使关公形象更加饱满鲜明，更加富有传奇色彩，民间流传达至极盛。

清初，毛纶、毛宗岗父子评改罗本，《三国演义》实现了官方意识形态和民众思想的微妙融合，此为小说自明初以来三百余年久盛不衰的根源。④通俗的三国故事和脸谱化的三国人物形象在民间广泛流传，产生了极为深远的社会影响

《三国演义》在明清时期风靡海内外，商品属性令其具有"愉人"的特性。⑤小说记述虽"征实为多"⑥"无来历者希"⑦，但"添设敷演"，亦实亦虚，仍"不脱稗官窠臼"⑧，因而"可以悦里巷小儿，而不足为士君子道也"⑨，然而"事太实则近腐"⑩，又会令小说的读者主力——市民群体难以接受。《三国演义》处在"羽翼信史而不违"的主流评价标准和"热闹""精彩"的主流消费倾向的

①（清）赵翼：《陔余丛考》卷三十五，河北人民出版社，2003年，第762页。

②（清）张镇著，宋万忠、武建华标点注释：《解梁关帝志》卷一，山西人民出版社，1992年，第78页。

③（明）罗贯中著，毛宗岗评：《三国演义·前言》（评注本），上海古籍出版社，2014年，第3页。

④（明）罗贯中著，毛宗岗评：《三国演义·前言》（评注本），上海古籍出版社，2014年，第8页。

⑤郑增乐：《"真实"及"正统"论：毛本〈三国〉的文体焦虑》，《九江学院学报》2021年第1期。

⑥（清）黄叔瑛：《第一才子书三国志序》，朱一玄、刘毓忱编《三国演义资料汇编》，南开大学出版社，2003年，第422页。

⑦（清）徐时栋：《烟屿楼笔记》，朱一玄、刘毓忱编《三国演义资料汇编》，南开大学出版社，2003年，第424页。

⑧（清）刘廷玑撰，张守谦点校：《在园杂志》，中华书局，2005年，第83页。

⑨（明）谢肇淛：《五杂俎》，中华书局，1959年，第447页。

⑩（明）谢肇淛：《五杂俎》，中华书局，1959年，第447页。

夹缝中，形成一套维护文体地位和社会影响的有效策略即在故事情节中多有增添各类超现实因素，营造离奇虚幻之感，例如，左慈戏曹，关公显圣等，又强调"据实指陈，非属臆造"的创作真实性，宣称其"堪与经史相表里"之"奇"。①《三国演义》在小说的评价和阅读体系出现较大错位的情况下，以攀附史传来获取存在的合法性，通过诠释作品对民众的历史认知和评判发挥着较为深远的影响。正如章学诚所言："唯《三国演义》则七分实事，三分虚构，以致观者往往为所惑乱。"②除以记述之"真"来建立与史传的联系以外，《三国演义》还通过传递"圣贤"所认可的价值理念向正史靠拢，③主要表现在两方面：其一，宣扬忠、义、信、仁、礼等传统道德观，实现"导愚"的社会教化功能；其二，树立正统，借鉴春秋笔法，尊刘贬曹，建立蜀汉正统史观，实现与《资治通鉴》等"官方史观"在政治思想层面的高度一致性。

明清时期，关公庙遍及华夏，关公崇拜形式丰富多样，普通民众因各种故事传说则把关公当作消灾祛病、抗旱降雨、送子赐福的保护神；商人因关公重信讲义，将关公奉为财神；军人因关公的威猛英勇将之尊为战神；文人雅士因关公喜读《春秋》明了大义而奉关公为"文衡帝君"即考试神；衙役因为关公的公正无私而将关公奉为司法神；许多地方将关公奉为当地抵御灾难的守卫神；很多民间结社，如帮会和行会则把关公尊为结拜关系的监督和见证者以及结社利益的监督神和保护神；还有许多行业将关公奉为本行的始祖或庇护神。总而言之，明清时期的关公已变成全民的全职"守护神"，成了众多俗神中的典范，真正意义上做到了"三教尽皈依，九州隆享祀"。

现当代，关公信仰遍布世界各地，无论是城市还是农村，对关公的崇拜几乎成为一种普遍现象。在日本和东南亚许多国家以及欧美的华人圈，几乎各大公司各家商号、店铺均敬奉有关公的神像。信徒们认为关公不但忠义感人，而且还能招财进宝。据不完全统计，仅台湾地区就有关公庙宇千余座。在美国、日本、新加坡、泰国、越南、缅甸、澳大利亚等30多个国家和地区也有4万多座关公庙宇，可见关公信仰影响之大。这也显示出关公文化精神财富不仅是中国独有，它也是属于全人类，属于全世界的。

---

① (明)罗贯中著，(清)毛宗岗评：《三国演义·附录·序》(评注本)，上海古籍出版社，2014年，第1151页。

② (清)章学诚：《学术笔记丛刊·乙卯札记·丙辰札记·知非日札》，中华书局，1986年，第90页。

③ 陈文新：《传统小说与小说传统》，武汉大学出版社，2005年，第171页。

忠、孝、诚、信、礼、义、廉、耻是中华民族的传统美德，更是中国传统文化的核心。关公信仰的神化从一开始就是因为他的"忠义"品德，这符合中国民众的心理需求，他是维护正义和维系宗族的精神纽带。经过千百年的历史积淀，关公已由原来单纯的历史人物升华为整个中华民族的道德楷模。他的理想人格就是对国忠诚、护国护民，处世仁爱、待人义气的思想和行为，他恰好体现了中华民族的优秀传统美德。千百年来，民众对关公的崇拜正是对他高洁道德品质和高尚行为世范的崇拜，这种崇拜不仅在历史时期需要，在如今更是有重要意义。国家积极倡导建设社会主义精神文明，它的核心是道德建设的问题，因而推崇关公信仰就是弘扬中华民族优秀传统文化，也是社会主义精神文明建设的重要组成部分。

另一方面，推崇关公信仰有利于凝聚传统文化的力量，为实现中华民族伟大复兴提供精神动力。关公信仰作为一种特殊的文化符号，是中华传统文化的具体体现，具有强大的凝聚力和向心力，可以起到凝聚全球华人心向中华的积极作用，成为联系全球华人的感情桥梁和纽带。我们应该积极引导和利用这种"润物思无声"而又磅礴持久的凝聚力，为实现中华民族伟大复兴贡献一份力量。

第三节 关公故事的发展

三国"关羽"的历史形象生成于西晋陈寿的《三国志》，南朝裴松之对《三国志》进行增补注释，形成《三国志注》，此后三国历史依托这两部史传作品得以传播。南北朝著作中有关关羽的内容较少，唐诗中少有提及，宋朝"说三分"使得三国故事进一步被润色创新，文学化倾向逐渐浓厚。元代《三国志平话》将三国故事系统化，并深入民间，到《三国演义》出现，三国故事则完成了比较全面的定型。

一、关羽故事的发展过程

陈寿（233—297年）《三国志》关羽本传中载有关羽亡命涿郡、追随刘备、关羽被擒、斩颜良、辞曹归刘、书问马超、刮骨疗毒、拒婚东吴、水淹七军、斩庞德、兵败麦城、临沮被杀等事迹。《三国志》中，除了关羽本传，还在其他人物传记中零星记载了一些关羽的事迹。

《华阳国志》成书时间在永和四年（348）至永和十年（354）之间，基本依据《三国志》。裴松之（372—451年）注《三国志》中有乞纳秦妻、劝备杀操等事迹的记载。

北魏郦道元在《水经注》卷五《河水》中提及关羽斩颜良之地；卷二十八《沔水中》提及关羽水淹七军之地，大战庞德之处；卷三十二《沮水》提及关羽诈败樊城之地；卷三十四《江水》中写到关羽败走麦城之地、诛吕蒙之地等，此类关羽事迹俱来自于《三国志》中。

南朝梁沈约撰《宋书·薛安都传》载："谭金先薄之，不能入，安都望见爽，便跃马大呼，直往刺之，应手而倒，左右范双斩爽首。爽累世枭猛，生习战陈，咸云万人敌。安都单骑直入，斩之而反，时人皆云关羽之斩颜良，不是过也。晋爵为侯，增邑五百户，并前千户。"[1]薛安都，河东汾阴人（今山西万荣），非常勇猛，斩杀鲁爽，时人将其与关羽比肩。北齐魏收撰《魏书·长孙道生传》载："子彦少常坠马折臂，肘上骨起寸余，乃命开肉锯骨，流血数升，言戏自若。时以为踰于关羽。"[2]长孙子彦"开肉锯骨"比翼关羽"刮骨疗伤"之忍耐力。《魏书·杨大眼传》载："当世推其骁果，皆以为关、张弗之过也。"[3]赞扬杨大眼骁勇善战甚至超越关羽。《魏书·崔延伯传》载："崔公，古之关张也。"[4]赞扬崔延伯善战勇猛，也是与关羽、张飞作比较。可见，南北朝时期关羽的勇猛刚毅、能征善战仍是其主要的人物特点。另一方面，关羽的"忠义"也明显受到人们的推崇，成为当时人们传颂之佳话。唐初房玄龄等人合著《晋书·慕容德传》载："德以思闲习典故，将任之。思曰：关羽见重曹公，犹不忘先主之恩。思虽刑余贱隶，荷国宠灵，犬马有心，而况人乎！乞还就上，以明微节。"[5]慕容德建立南燕，准备重用赵思，赵思以关羽之思旧主的忠贞不贰精神为榜样，拒不投降，最终被杀。这一故事彰显了十六国时期一些将领对于关羽"忠义"精神已经深为折服，这种对关羽忠义精神的赞扬可能已经深入一般民众之中。

唐诗中歌咏魏、蜀、吴三方英雄人物之诗歌皆有，就蜀方来讲，歌咏刘备、诸葛亮的诗最多，关羽并不十分突出。关羽和张飞一样，是作为蜀国武将的身份

---

①（梁）沈约：《宋书》卷八十八，中华书局，1974年，第2217页。

②（北齐）魏收：《魏书》卷二十五，中华书局，1974年，649页。

③（北齐）魏收：《魏书》卷七十三，中华书局，1974年，1635页。

④（北齐）魏收：《魏书》卷七十三，中华书局，1974年，1638页。

⑤（唐）房玄龄：《晋书》卷一百二十七，中华书局，1974年，3165页。

而被歌咏。唐诗中真正咏关羽的只有一首，即郎士元的《关羽祠送高员外还荆州》。郎士元，字君胄，唐代诗人，中山（今河北定县）人。天宝十五载（756）登进士第。安史之乱后，避难江南。宝应元年（762）补渭南尉，历任拾遗、补阙、校书等职，官至郢州刺史。《关羽祠送高员外还荆州》曰："将军禀天姿，义勇冠今昔。走马百战场，一剑万人敌。虽为感恩者，竟是思归客。流落荆巫间，徘徊故乡隔。离筵对祠宇，洒酒暮天碧。去去勿复言，衔悲向陈迹。"①郎士元借关羽身殒荆州之事，表达自己思念北方、思念故国家园的心情。除此之外，还有几首提及关羽，如岑参的《东归留题太常徐卿草堂（在蜀）》②、杜甫的《奉寄章十侍御》③等，但总体数量还是比较少。

宋元时期，随着社会的发展，三国故事有了新的发展，关羽的正面高大形象更加凸显。南宋郑樵《通志》引用裴注《江表传》中记载关羽喜读《左氏春秋》一事，以及《傅子》中关羽辞曹一事，突出了关羽深明春秋大义、正气凛然的形象；南宋萧常《续后汉书》则插入裴注《蜀记》中许田射猎一段，说明关羽早就对曹操加以戒心，侧面表现出关羽富于谋略的一面。

南宋时期，女真政权占据北方国土，仁人志士都妄图恢复，对于安国定边、忠贞勇毅之武将更为渴求，因而借古讽今，对于关羽更加推崇，如南宋著名诗人陆游作《读史》两首诗词，表达了对于武将的羡慕钦佩之情，"萧相守关成汉业，穆之一死宋班师。赫连拓跋非难取，天意从来未易知。"又"颜良文丑知何益，关羽张飞死可伤。等是人间号骁将，太山宁比一毫芒。"④陆游两首诗分别表达了对安国定策之文臣和骁勇善战之武将的赞赏和期盼之情。陆游的思想情怀具有一定的代表性，在北宋、南宋时期，国家面对强悍外敌，渴求能护国安民之栋梁人才，结束战乱，护国安邦，因而文人以古喻今，借古讽今。三国乱世出英雄，豪杰并起，人才济济。两宋国家内忧外患，也希望有能臣武将应时而行，乘势而起，为国分忧，这种思想文化风气也助长了"说三分"故事的兴盛，进而使得三国人物故事逐渐异彩纷呈，关羽忠义仁勇的形象受到统治者和民众的广泛认可和推崇。

南宋人专门撰《劝勇文》，鼓励普通民众向关羽学习，"先是有撰《劝勇文》

①《全唐诗》，卷二百四十八，第8册，中华书局，1960年，第2782页。
②《全唐诗》，卷一百九十八，第6册，中华书局，1960年，第2041页。
③《全唐诗》，卷二百二十八，第7册，中华书局，1960年，第2472页。
④（宋）陆游：《剑南诗稿》卷八十一，《陆游诗全校注》，浙江古籍出版社，2015年，第306页。

者，揭于关羽庙中。论牧兵有五事易杀，连年战辛苦，易杀；马倒便不能起，易杀；深入重地，力孤，易杀；多带金银，易杀；作虚声吓人，易杀。各宜齐心协力，共保今岁无虞。既得而上之，诏兵部镂板散示诸路。"①《劝勇文》主要是鼓励南宋百姓鼓足勇气，奋勇抗击来犯之敌，并且张贴于关羽庙中，寄寓了希望民众向忠义勇武的关羽学习的情怀，同时可能也暗含了祈愿"关羽"神灵护佑之意。

到了元朝，郝经的《续后汉书》卷十六中也有一篇《关羽传》，此传仍以《三国志》本传为基础，插入一些裴注，对关羽事迹的加工主要体现在后半段。例如，吴、蜀荆州之争时，加入关羽驱逐吴三郡长吏一事，揭示出关羽和吴的矛盾根源。关羽死后，插入关羽出征时梦猪啮足之事，预事俨若神人。

元代话本《三国志平话》是在宋代平话基础上发展而来，作为一种讲唱文学，是民间讲史艺人汲取历代史书对三国史事进行通俗性加工和创造的说话底本。《三国志平话》的早期版本有元代至治年间（1321—1323）刊行的《全相平话五种》本以及《至元新刊全相三分事略》本两种，后者的刊行年代尚存争议。大部分史事已被不同程度地加工改造。关公义勇的性格特点是《三国志平话》塑造关羽形象的主要着力点。另一方面，平话对"关公自小读书，看《春秋左氏传》，曾应贤良举"，"喜看《春秋左传》，观乱臣贼子传，便生怒恶"的描述则体现出关羽儒雅知礼的一面。《三国志平话》中关羽故事情节比《三国志》历史故事已经大大丰富，主要有奔涿州、桃园结义、征黄巾、讨董卓、战吕布、袭车胄、降曹操、护二嫂、斩颜良、诛文丑、曹公赐袍、千里走单骑、斩蔡阳、古城聚义、单刀会、斩庞德、水淹七军、走麦城、关羽归天等情节。至此关羽一些比较著名的典故基本都已出现。其中，大部分史事已被不同程度地加工改造。

宋元戏曲、元杂剧以及戏曲的发展为之后的《三国演义》提供了更多的素材。以关羽为主角的曲目有《独赴单刀会》《关大王古城会》《斩蔡阳》《关张双赴西蜀梦》《关大王三捉红衣怪》《关云长千里独行》，还有《也是园书目》中著录的《寿亭侯五关斩将》《关大王月下斩貂蝉》《关云长单刀劈四寇》《关云长大破蚩尤》等。还有《录鬼簿》著录的《刘玄德襄阳会》《虎牢关三战吕布》《刘玄德醉走黄鹤楼》等。杂剧戏曲关羽剧目的传播为《三国演义》的成书提供了丰富的民间智慧素材。

---

① （宋）李心传：《建炎以来系年要录》卷十二，中华书局，1988年，第263页。

《三国演义》中关公故事无疑是诸多三国故事中是最为精彩和引人入胜的部分，《三国演义》中关羽故事占十六回以上。后世关公壁画内容的故事情节也基本由此而来。

二、关羽故事的构成分类

累积著成的历史演义小说《三国演义》与史传《三国志》有着本质的差异。《三国志》对关羽的记载较为客观，指出其虽勇而义，亦存在"强梁"[①]"护前"[②]"刚而自矜"[③]等缺点，表明羽"以短取败，理数之常也"[④]。关羽的外貌特点在《三国志》中仅以"美须髯"三字概括，而《三国演义》则从身形、肤色、眉眼、服饰和兵器等方面详尽描绘其英武，增添浩然之气，令读者凛然生畏。

《三国志》具有"文约而事丰"[⑤]"辞浅而意深"[⑥]的史传特点，虽"精核谨严，凤称良史"，但"行文太简，事实多遗"。[⑦]这恰恰为历史演义小说的创作提供了广阔的发挥空间。《三国演义》则"七分事实，三分虚构"[⑧]，糅合诸多史料、话本、小说、杂剧、戏曲材料，迎合民众的阅读趣味，融入一定的道德观念、政治思想和审美理想，将"宜于说讲"[⑨]的三国故事加以渲染烘托，成就了明清"第一才子书"。《三国演义》塑造的关公形象具青灯读史之儒雅，单刀赴会之神威，千里聚义之赤诚，华容酬恩之高义，无论外貌抑或品质，均符合中华民族的传统审美和文化理念即刚毅勇武之男子汉大丈夫气质。正如金圣叹所言："绝伦超群者，莫如云长。"[⑩]关公在凝聚至德至上的精神品质过程中已然被神化，从历史人物演变为至善至美至高至圣的民族精神的化身。

1.在基本史实基础上添加、扩展详细的故事情节

刮骨疗毒、封金挂印、单刀赴会典故就是在史传故事简单情节基础上被详细

---

① (晋)陈寿撰，(宋)裴松之注：《三国志》，中华书局，1959年，第440页。

② (晋)陈寿撰，(宋)裴松之注：《三国志》，中华书局，1959年，第940页。

③ (晋)陈寿撰，(宋)裴松之注：《三国志》，中华书局，1959年，第951页。

④ (晋)陈寿撰，(宋)裴松之注：《三国志》，中华书局，1959年，第951页。

⑤ (唐)刘知几著，刘占召评注：《史通评注》，中央编译出版社，2010年，第181页。

⑥ (唐)刘知几著，刘占召评注：《史通评注》，中央编译出版社，2010年，第186页。

⑦ 梁启超：《中国近三百年学术史》，天津古籍出版社，2003年，第313页。

⑧ (清)章学诚：《丙辰札记》，《学术笔记丛刊》，中华书局，1986年，第90页。

⑨ 鲁迅：《中国小说史略》，商务印书馆，2011年，第120页。

⑩ (明)罗贯中著，(清)毛宗岗评：《三国演义·附录·读三国志法》(评注本)，上海古籍出版社，2014年，第1156页。

扩展而来，甚至无中生有地增添一些情节。《三国志》卷三十六《关羽传》记载：
"羽尝为流矢所中，贯其左臂，后创虽愈，每至阴雨，骨常疼痛。医曰：矢镞有
毒，毒入于骨，当破臂作创，刮骨去毒，然后此患乃除耳。'羽便伸臂令医劈之。
时羽适请诸将饮食相对，臂血流离，盈手于盘器，而羽割炙引酒，言笑自若。"①
历史上的华佗逝世于建安十三年（208），不可能为关羽刮骨疗毒。此处将那位不
知名的医生变成大名鼎鼎的华佗以神医的奇术衬托关羽坚毅无畏的神勇精神。

《关羽传》又载："及羽杀颜良，曹公知其必去，重加赏赐。羽尽封其所赐，
拜书告辞，而奔先主于袁军。"②这里没有明确载述"封金挂印"，后人在赞扬关
公的过程中，将此事进行了具体详细的情景化描述。

单刀赴会故事在《三国志》卷五十四《鲁肃传》载："及羽与肃邻界，数生
狐疑，疆场纷错，肃常以欢好抚之。备既定益州，权求长沙、零、桂，备不承
旨，权遣吕蒙率众进取。备闻，自还公安，遣羽争三郡。肃住益阳，与羽相拒。
肃邀羽相见，各驻兵马百步上，但请将军单刀俱会。肃因责数羽曰：'国家区区
本以土地借卿家者，卿家军败远来，无以为资故也。今已得益州，既无奉还之
意，但求三郡，又不从命。'语未究竟，坐有一人曰：'夫土地者，惟德所在耳，
何常之有！'肃厉声呵之，辞色甚切。羽操刀起谓曰：'此自国家事，是人何知！'
目使之去。备遂割湘水为界，于是罢军。"③

胡应麟在《少室山房笔丛》曰："盖《吴书》乃自尊其国，非实录也。"④认
为，《鲁肃传》中虽然提及"单刀俱会"，但关羽并无上乘表现，是吴国人自我回
护。但在平话中关羽被塑造成一举挫败鲁肃阴谋的孤胆英雄，表现出他的刚勇之
气。

在史传中故事叙述极为简单或者只有蛛丝马迹，进而被详细化和渲染化，诸
如桃园结义、义释曹操就属于这样的情况。

桃园结义之故事源于《三国志》卷三十六《关羽传》载："先主与二人寝则
同床，恩若兄弟。而稠人广坐，侍立终日，随先主周旋，不避艰险。"⑤《三国
志》卷十四《刘晔传》亦载："且关羽与备，义为君臣，恩犹父子。羽死不能为

---

①（西晋）陈寿：《三国志》卷三十六，中华书局，1982年，第941页。
②（西晋）陈寿：《三国志》卷三十六，中华书局，1982年，第939页。
③（西晋）陈寿：《三国志》卷五十四，中华书局，1982年，第1272页。
④（明）胡应麟：《少室山房笔丛》，辛部卷四十一《庄岳委谈下》，上海书店出版社，2001年，第433页。
⑤（西晋）陈寿：《三国志》卷三十六，中华书局，1982年，第939页。

兴军报敌，于终始之分不足矣。"①《三国志》卷十四《董昭传》中董昭曰："备勇而志大，关羽、张飞为之羽翼，恐备之心未可得论也。"②《三国志》卷三十五《诸葛亮传》引《袁子》曰："张飞、关羽与刘备俱起，爪牙腹心之臣，而武人也。"③《三国志》卷三十六《张飞传》："张飞字翼德，涿郡人也，少与关羽俱事先主。羽年长数岁，飞兄事之。"④《三国志》卷三十七《法正传》曰："先主既称尊号，将东征孙权以复关羽之耻，群臣多谏，一不从。"⑤可以看出刘关张三人情深义重，关系紧密，但"恩若兄弟""恩犹父子""爪牙腹心之臣""为之死用"等这些叙述体现的还是君臣之分，并非"义结金兰"关系。但关羽死后，刘备为关羽报仇之事却是真实存在，后人在简单情节的基础上，将以引申创设为桃园三结义，使得三人关系在"情义"上更进一步，故事更加感人，体现出浓厚的江湖义气，为民间众多底层社会群体所钦羡效仿。

"义释曹操"故事在史传中并无记载，但与此有关的记载有《三国志》卷一《武帝纪》载："公至赤壁，与备战，不利。于是大疫，吏士多死者，乃引军还。备遂有荆州、江南诸郡。"⑥裴注引《山阳公载记》曰："公船舰为备所烧，引军从华容道步归，遇泥泞，道不通，天又大风，悉使羸兵负草填之，骑乃得过。羸兵为人马所蹈藉，陷泥中，死者甚众。军既得出，公大喜，诸将问之，公曰：'刘备，吾俦也。但得计少晚；向使早放火，吾徒无类矣。'备寻亦放火而无所及。"⑦史传中关于赤壁之战中曹操从华容逃归的过程中并没有遇到关羽，但小说情节中为了让关羽报曹操之前的恩德，故而增添了故事情节，使得关羽"知恩必报""义薄云天"的性格特点和人格魅力得以彰显。

总之，史传与后世平话、小说故事叙写之封金挂印、单刀赴会等故事虽然确有史实，但具体的故事情节、人物形象以及对话等都被重新改编。"桃园结义""义释曹操"类故事则属于在蛛丝马迹中捕风捉影后加以详细渲染创造，使故事更加生动，情节更加复杂，总的倾向性是将关羽的形象塑造得更加忠义勇健、正气凛然。

---

①（西晋）陈寿：《三国志》卷十四，中华书局，1982年，第446页。
②（西晋）陈寿：《三国志》卷十四，中华书局，1982年，第432页。
③（西晋）陈寿：《三国志》卷三十五，中华书局，1982年，第946页。
④（西晋）陈寿：《三国志》卷三十六，中华书局，1982年，第943页。
⑤（西晋）陈寿：《三国志》卷三十七，中华书局，1982年，第961页。
⑥（西晋）陈寿：《三国志》卷一，中华书局，1982年，第31页。
⑦（西晋）陈寿：《三国志》卷一，中华书局，1982年，第31页。

2.在史传原有故事情节上移花接木

斩华雄、袭车胄、斩文丑、斩蔡阳等故事都不是很明确是关羽作为，但后之小说为展现关羽之骁勇善战，将这些事迹都移花接木于关羽之身。

《三国志》卷四十六《孙坚传》载："坚复相收兵，合战于阳人，大破卓军，枭其都督华雄等。"①华雄是孙坚所杀，非常明确。《三国演义》则先述鲍忠、祖茂、俞涉、潘凤之死，以及孙坚折弓，脱帻换盔方得逃脱，描述华雄之威武勇猛。后描述关羽立军状，其声势"如天摧地塌、岳撼山崩，众皆失惊。"未及帐中诸将探听，已提"华雄之头，掷于地上，其酒尚温"②，突显关羽之骁勇善战。

《三国志》卷六《关羽传》载："先主之袭杀徐州刺史车胄，使羽守下邳城，行太守事。"③按照字面理解是刘备斩杀了车胄，但关羽追随刘备，因此也有可能是关羽为之。在《三国演义》中则明确渲染是关羽斩杀了车胄。

《三国志》卷一《武帝纪》载："公乃引军兼行，趣白马。未至十余里，良大惊，来逆战。使张辽、关羽前登，击破斩良，遂解白马围，徙其民循河而西。……绍于是渡河追公军，至延津南。公勒兵驻营南阪下，使登垒望之，曰：'可五六百骑。'有顷，复白：'骑稍多，步兵不可胜数。'公曰：'勿复白。'乃令骑解鞍放马。是时，白马辎重就道。诸将以为敌骑多，不如还保营。荀攸曰：'此所以饵敌，如何去之！'绍骑将文丑与刘备将五六千骑前后至。诸将复白：'可上马。'公曰：'未也。'有顷，骑至稍多，或分趣辎重。公曰：'可矣。'乃皆上马。时骑不满六百，遂纵兵击，大破之，斩丑。"④

从文中可见，"斩文丑"者并未明确指向关羽。《三国演义》则先述文丑之骁勇，兵溃之际独战曹军仍箭无虚发，直射张辽簪缨及面颊，徐晃亦被战退。后写关羽战无三回合，脑后一刀将其斩落马下。前后文形成鲜明的对比，衬托关羽之锐不可当。

《三国志》卷三十二《先主传》载："曹公遣蔡阳击之，为先主所杀。"⑤这种情况，从字面理解是刘备杀了蔡阳，但其时关羽追随，因此也可能是被关羽手刃。后人为了塑造关羽勇猛善战的形象，把这些故事都转接在关羽身上，丰富关

①（西晋）陈寿：《三国志》卷四十六，中华书局，1982年，第1096页。
②（明）罗贯中著，（清）毛宗岗评：《三国演义》（评注本），上海古籍出版社，2014年，第43—46页。
③（西晋）陈寿：《三国志》卷三十六，中华书局，1982年，第939页。
④（西晋）陈寿：《三国志》卷一，中华书局，1982年，第19页。
⑤（西晋）陈寿：《三国志》卷三十二，中华书局，1982年，第867页。

羽的勇猛善战形象。

3.没有史传来源的情况下编造创新

秉烛达旦、灞桥挑袍、千里独行、五关斩将、古城聚义等故事就是后人增色创新编撰之故事。"过五关斩六将"作为关羽军事生涯中最浓墨重彩的一笔，《三国志》仅记述关羽遗书辞曹后"左右欲追之，曹公曰：'彼各为其主，勿追也。'"之后并无"灞桥挑袍"等情节。"灞桥挑袍"在元至治年间刊行的《三国志平话》中初次出现，但此本并无"过五关斩六将"的文字描述，插图也仅描绘了《曹公赠云长袍》和《云长千里独行》。明初罗贯中著《三国志通俗演义》生动形象地描绘了关羽"过五关斩六将"的神武事迹，渲染了关羽忠贞不贰的品质和所向披靡的勇武精神。此后，"过五关斩六将"成为关公故事最为经典的情节。

总之，在《三国志》之后，历代文人俗士依据社会环境的变化需要和各自人生际遇的深切体会，并顾及家国统治需要和民众喜好而不断增色关羽之人物故事和形象，使其更加伟岸卓异，成为中华第一大丈夫。

第二章　晋南地区关帝庙的修建与遗存

　　关帝庙是民众为了供奉关公而修建的庙宇，是传统物质文化的一部分，是一种文化现象，也属于一种文化建筑。关帝庙宇修建可以反映出一个地区关帝信仰的兴盛程度。"祠庙对于神祇的作用，就像房屋对于人类一样，因此人们认为居住条件的好坏不仅影响着神祇的福气，还影响者神祇的威灵。祠庙簇新壮观，位于庙中的神祇也就能够现实灵迹。若住所破旧颓败，说明此中神祇已经被人们所忽视，他就无法再为人们降雨、治病。"①"由于神祇被认为寄宿于像身，寓居于祠庙，当人们需要神祇帮助的时候，就会去装饰神像，修理祠庙。"②关帝庙宇的大量修建则是关帝信仰顶峰最好的体现，关帝庙作为一种特殊的文化载体，特别是在中国古代文盲占大多数、交通不便、信息闭塞的社会中，在关公信仰的传播过程中更是功不可没。③文中所指关帝庙主要是指专门供奉关帝的庙宇，而在佛教寺庙之内设置关帝殿，在其他道教和民间信仰庙宇设置关帝殿或者以关帝配祀的情况则更加数量庞大。

第一节　运城地区关帝庙宇分布情况

　　运城地区是关公故里，更是关帝庙宇的聚集之地。"昔关圣帝君浩气塞天地，精忠贯日月，事迹之载在史册者，凛然日在人心，历代以来，本圣神文武之德，御灾捍患，扶持子君兴民者尤荡荡乎，无能名焉，故屡加封典，上自朝廷下及间

①［美］韩森著，包伟民译，《变迁之神——南宋时期的民间信仰》，中西书局，2016年，第54页。
②［美］韩森著，包伟民译，《变迁之神——南宋时期的民间信仰》，中西书局，2016年，第54页。
③赵世瑜：《狂欢与日常——明清以来的庙会与民间社会》，上海三联书店，2002年，第58—87页。

巷，虽愚夫愚妇，莫不尊敬，建庙宇以伸将享良有以也。"①关帝的精神与功德能御灾捍患，职能广泛，故有"关圣帝君，祠遍天下，厥声厥灵，盖赫濯哉！以故穷乡僻壤，无不肖像以事而立庙献享"②之盛况。根据《三晋石刻大全》、各县县志所记载资料以及实地考察等，对运城地区存在的关帝庙宇进行了汇总。

表1—1　运城地区关帝庙分布情况表

县	序号	庙宇	地点	建立时间	重修时间	资料来源
运城	1	关圣庙	在城西门外	陈隋	宋大中年间 宋元祐七年(1092) 金大定三年(1163) 元泰定元年(1324) 元至正二十五年(1365) 明洪熙元年(1425) 明成化十四年(1478) 明正德五年(1510) 明嘉靖年间 明嘉靖三十七年(1558) 清康熙四年(1665) 清乾隆十八年(1753) 清乾隆二十七年(1762) 清嘉庆十四年(1809) 清咸丰十一年(1861) 清光绪元年(1875) 清光绪三年(1877) 清光绪九年(1883)	民国《解县志》卷十二第216、217、218页，《三晋石刻大全·盐湖区卷》第208页《重贴关帝庙寝殿金身碑记》、289页《重建春秋楼并刀楼四方布施碑记》、290页《重修关帝庙记》、292页《重修结义园记》、293页《重修解州关圣庙记》、307页《重新大庙增修结义园记》、323页《重新解州关帝庙碑》、346页《重修关帝庙碑记》、381页《关帝庙重建春秋楼碑记》、436页《重建关帝庙大门乐楼暨东西角门东华西华各门钟楼内外廊房崇圣祠大门工程碑记》。

---

①此碑现存稷山县宝泉村关帝庙内。
②(清)王大成：《创建关帝庙碑记》，《三晋石刻大全·临猗卷》，三晋出版社，2016年，第121页。

续表

县	序号	庙宇	地点	建立时间	重修时间	资料来源
	2	关帝庙	常平	金大定十七年(1177)	明成化十二年(1476) 明嘉靖二年(1523) 明嘉靖九年(1530) 明嘉靖三十四年(1555) 明嘉靖四十四年(1565) 明隆庆二年(1568) 明万历四十五年(1617) 明崇祯十三年(1640) 清康熙二十三年(1684) 清康熙四十九年(1710) 清雍正三年(1725) 清乾隆二十五年(1760) 清乾隆二十七年(1762) 清乾隆二十八年(1763) 清乾隆四十二年(1777) 清嘉庆十四年(1809) 清道光五年(1825) 清道光十五年(1835) 清道光二十九年(1849) 清同治六年(1867)	《三晋石刻大全·盐湖区卷》第94页《重修关王祖庙塔茔施银碑》、109页《解州常平里重修汉义勇武安王庙记》、120页《重修解州常平义勇武安王庙记》、126页《重修常平安王庙记》、189页《重修常平关帝庙记》、236页《创塑关圣父母金身碑》、264页《重建解州关侯庙碑记》、276页《重修常平关公庙碑记》、296页《常平里创建关圣祖庙记》、352页《重修关帝家庙暨祖茔陵寝碑记》、364页《重修关帝祖茔家庙碑记》。
	3	义勇武安王庙	在运城关王庙	不详	明嘉靖五年(1526) 清康熙十二年(1673) 清咸丰七年(1857)	《三晋石刻大全·盐湖区卷》第93页《重修义勇武安王庙记》、225页《重修运城关帝庙碑记》、374页《重修关王庙捐款碑记》。
	4	关帝庙	在县南门外会馆	清道光八年(1828)	不详	光绪《安邑县续志》卷一第409页。
	5	关帝庙	在县治东	不详	清道光十二年(1832)	乾隆《解州安邑县志》卷三第277页,光绪《安邑县续志》卷一第409页。
	6	关帝庙	在县西北留驾庄西名圪塔庙	不详	清咸丰九年(1859)	乾隆《解州安邑县志》卷三第277页,光绪《安邑县续志》卷一第409页。

续表

县	序号	庙宇	地点	建立时间	重修时间	资料来源
	7	关帝庙	不详	不详	清咸丰至同治年间	光绪《虞乡县志》卷五第82页。
	8	关王庙	在城西喜安庄	不详	不详	乾隆《解州夏县志》卷三第247页。
临猗	9	关帝庙	在临晋镇临晋县街	宋开宝年间	清乾隆四十八年(1783) 清嘉庆二十三年(1818)	《三晋石刻大全·临猗卷》第116页《重修关帝庙并创建影壁石桥碑记》、139页《重修关帝庙观止楼记》。
	10	关帝庙	在北景乡尉庄	不详	明万历十一年(1583) 清乾隆十五年(1750) 清道光二十八年(1848)	《三晋石刻大全·临猗卷》第182页《关帝庙重修碑记》。
	11	关帝庙	在庙上乡称村村口果库内	不详	明万历四十七年(1619) 清嘉庆十八年(1813)	《三晋石刻大全·临猗卷》第123页《重修关帝庙碑记》、134页《创建关帝庙享殿碑记》。
	12	关帝庙	在卓里工贸区寺后老村中心	乾隆五十一年(1786)	不详	《三晋石刻大全·临猗卷》第143页《关帝庙记》。
	13	关帝庙	在庙上乡渠下村	清乾隆五十三年(1788)	清乾隆六十年(1795)	《三晋石刻大全·临猗卷》第121页《创建关帝庙碑记》。
	14	关帝庙	在北辛乡岭后村	清嘉庆二十年(1815)	清光绪二十一年(1895)	《三晋石刻大全·临猗卷》第228页《重修关帝庙碑记》。
	15	结义庙	在耽子镇柳家卓村	不详	清道光二十四年(1844)	《三晋石刻大全·临猗卷》第179页《重修结义庙碑记》。
	16	关帝庙	在卓里镇福寿屯村	不详	清道光二十四年(1844)	《三晋石刻大全·临猗卷》第246页《重修结义庙序》。

续表

县	序号	庙宇	地点	建立时间	重修时间	资料来源
	17	关帝庙	在孙吉镇北赵村关帝庙	清道光二十九年（1849）	不详	《三晋石刻大全·临猗卷》第191页《北赵关帝庙创建碑》。
	18	关帝庙	在北辛乡左家庄村	不详	清咸丰十一年（1861）	《三晋石刻大全·临猗卷》第206页《重修关帝庙功德碑》。
	19	关帝庙	在三管镇吉家庄村	不详	不详	《三晋石刻大全·临猗卷》第240页《关帝庙捐资碑》。
新绛	20	三结义庙	在城东北十里	元大德元年（1297）	明洪武十年（1377）清乾隆四年（1739）	民国《新绛县志》卷八第581页。
	21	关圣庙	在城东	元	清光绪年间	民国《新绛县志》卷八第581页。
	22	关帝庙	在阳王镇裴社村	清康熙三十六年（1697）	清道光八年（1828）	《三晋石刻大全·新绛卷》第119页《创建关圣庙碑记》、228页《关帝神驾銮仪新建卷棚碑》。
	23	关帝庙	在泽掌镇吴岭庄	不详	清康熙五十八年（1719）	《三晋石刻大全·新绛卷》第132页《补修关圣庙东殿记》。
	24	关帝庙	在泽掌镇北范庄	清雍正元年（1723）	清嘉庆十三年（1808）	《三晋石刻大全·新绛卷》第199页《补盖关帝庙序》。
	25	关帝庙	在龙兴镇站里村	不详	清乾隆九年（1744）清嘉庆十八年（1813）	《三晋石刻大全·新绛卷》第148页《重修关帝庙碑记》、203页《重建关帝庙碑记》。
	26	关帝庙	在三泉镇蒲城庄	不详	清乾隆十一年（1746）清嘉庆十四年（1809）	《三晋石刻大全·新绛卷》第151页《重修关帝庙金装神像碑记》、196页《重修关帝庙碑记》。

续表

县	序号	庙宇	地点	建立时间	重修时间	资料来源
	27	关帝庙	在三泉镇富有庄	清乾隆二十四年（1759）	清咸丰三年（1853）清光绪三十三年（1907）	《三晋石刻大全·新绛卷》第253页《重修关帝庙并创建土地堂暨戏楼耳房碑记》、293页《重修关帝土地财神子孙圣母诸庙暨两戏楼牌楼碑记》。
	28	关帝庙	在古交乡永丰庄	清道光元年（1821）	清光绪十二年（1886）	《三晋石刻大全·新绛卷》第211页《永丰庄创建关帝庙记》。
	29	关帝庙	在泉掌镇南张村	不详	清道光十一年（1831）	《三晋石刻大全·新绛卷》第226页《重建关帝庙碑记》。
	30	关帝庙	在北张乡西庄村	清道光九年（1829）	清道光二十九年（1849）清光绪十三年（1887）	《三晋石刻大全·新绛卷》第240页《重修关帝庙碑记》、241页《创建关帝庙碑记》、279页《重修关帝庙碑记》。
	31	关帝庙	在古交乡上院村	清	不详	《三晋石刻大全·新绛卷》第299页《上院关帝庙施银碑》。
	32	关帝庙	在北张乡北董庄	不详	不详	王国杰《三晋石刻大全·新绛卷》第260页《北董庄关帝庙石狮题记》。
	33	关圣庙	在孝义坊大街西	不详	不详	民国《新绛县志》卷八第581页，光绪《直隶绛州志》卷三第45页。
	34	关圣庙	在南门外	不详	不详	民国《新绛县志》卷八第581页，光绪《直隶绛州志》卷三第45页。
	35	关圣庙	在三林桥东	不详	不详	民国《新绛县志》卷八第581页，光绪《直隶绛州志》卷三第45页。

续表

县	序号	庙宇	地点	建立时间	重修时间	资料来源
	36	三结义庙	在北燕村	不详	不详	民国《新绛县志》卷八第581页。
	37	关帝庙	在城东正平坊	不详	不详	民国《新绛县志》卷八第583页。
	38	关帝庙	在安元坊	不详	不详	民国《新绛县志》卷八第583页。
	39	关帝庙	在尉家圪塔	不详	不详	民国《新绛县志》卷八第583页。
永济	40	武庙	不详	清乾隆二十三年（1758）	清乾隆二十八年（1763）	民国《虞乡县志》卷八第415页。
	41	三义庙	在典史署	清乾隆二十四年（1759）	清乾隆四十七年（1782）清光绪九年（1883）	光绪《永济县志》卷十二第257页。
	42	关帝庙	在东门内即明襄垣菲邸	不详	不详	光绪《永济县志》卷十二第256页。
绛县	43	关圣庙	在故绛镇北步康村	不详	明弘治年间明嘉靖年间清顺治十二年（1655）	《三晋石刻大全·绛县卷》第169页《重修关圣庙碑记》。
	44	关圣庙	在治西街	明万历二十年（1592）	明崇祯八年（1635）清乾隆十八年（1753）清乾隆三十一年（1766）清道光三年（1823）清咸丰六年（1856）	乾隆《绛县志》卷三第279页，光绪《绛县志》卷十四第515页。

续表

县	序号	庙宇	地点	建立时间	重修时间	资料来源
	45	关圣庙	在城东门外	清乾隆十九年（1754）	清道光同治年间	乾隆《绛县志》卷三第279页，光绪《绛县志》卷十四第515页。
	46	关帝庙	在故绛镇路村	明崇祯七年（1634）	清顺治十一年（1654）	《三晋石刻大全·绛县卷》第155页《创建关帝庙碑记》。
	47	关帝庙	在横水镇东下吕村	不详	清乾隆二十二年（1757）	《三晋石刻大全·绛县卷》第253页《重修关帝庙碑记》。
	48	关帝庙	在安峪镇丁家凹村	不详	清乾隆二十四年（1759）清道光十年（1830）	《三晋石刻大全·绛县卷》第395页《重建关帝龙王庙碑记》。
	49	关帝庙	在陈村镇东荆下村	不详	清乾隆四十一年（1776）	《三晋石刻大全·绛县卷》第297页《创建关帝庙碑记》。
	50	关帝庙	在卫庄镇下村	清嘉庆五年（1800）	不详	《三晋石刻大全·绛县卷》第316页《创建关帝庙序》。
	51	关帝庙	在冷口乡大虎峪村	不详	清嘉庆十三年（1808）清道光三十年（1850）	《三晋石刻大全·绛县卷》第354页《重修关帝庙并建圣母堂财神庙碑记》。
	52	关帝庙	在郝庄乡北永清村	不详	清道光八年（1828）	《三晋石刻大全·绛县卷》第390页《重修关帝庙碑记》。
	53	关帝庙	在冷口乡宋中村	不详	清道光二十六年（1846）	《三晋石刻大全·绛县卷》第424页《宋庄重修关帝庙碑》。

续表

县	序号	庙宇	地点	建立时间	重修时间	资料来源
	54	关帝庙	在横水镇西坡村	不详	清道光二十九年（1849）	《三晋石刻大全·绛县卷》第427页《重修关帝庙碑记》。
	55	关圣庙	在治东三十里郑柴镇	不详	不详	乾隆《绛县志》卷三第279页。
	56	结义庙	在横水镇西仇张村	不详	不详	《三晋石刻大全·绛县卷》第98页《创建结义庙记》。
河津	57	关帝庙	在县治西南	明洪武年间	明嘉靖二十六年（1547）清康熙四十年（1701）清乾隆二十九年（1764）清乾隆三十二年（1767）	光绪《河津县志》卷三第46页、卷十二第253页《重修关帝庙记》。
稷山	58	关帝庙	在翟店镇西位村	元大德七年（1303）	清康熙二十四年（1685）	实地考察。
	59	关帝庙	在翟店镇宝泉村	明万历年间	清道光十九年（1839）	实地考察。
	60	关帝庙	在下迪乡关家窑村	清乾隆五十一年（1786）	不详	实地考察。
	61	关圣庙	在县西南隅	不详	不详	同治《稷山县志》卷二第345页。
	62	关圣庙	在大北门外	不详	不详	同治《稷山县志》卷二第345页。
	63	关圣庙	在按察司东	不详	不详	同治《稷山县志》卷二第345页。
夏县	64	武圣庙	在城内南街	明万历年间	明崇祯十四年（1641）清顺治十年（1653）清康熙十五年（1676）清乾隆三十四年（1769）清道光元年（1821）	光绪《夏县志》卷三第48页。

续表

县	序号	庙宇	地点	建立时间	重修时间	资料来源
	65	关王庙	在城内	不详	不详	康熙《夏县志·祠祀志》第112页、《艺文志》第202页《重修汉义勇武安王庙记》。
闻喜	66	忠义祠	在明伦堂大门内	清雍正五年（1727）	清乾隆二十八年（1763）	乾隆《闻喜县志》卷二第28页。
	67	结义庙	在城东关	不详	不详	乾隆《闻喜县志》卷二第28页。
平陆	68	关圣庙	在城内西北隅	元至元年间	明永乐三年（1405） 明嘉靖三十三年（1554） 清康熙十一年（1672） 清乾隆二十六年（1761） 清雍正五年（1727） 清道光八年（1828） 清咸丰四年（1854） 清同治四年（1865）	乾隆《解州平陆县志》卷三第341页，光绪《平陆县续志》卷之上第467页。
芮城	69	关岳庙	在城北门内	元至正年间	清康熙九年（1670） 清嘉庆二十五年（1820） 清道光十四年（1834） 清道光二十四年（1844）	民国《芮城县志》卷十二第191页、卷十五第239页《增修关帝庙碑记》。
万荣	70	关帝庙	在旧城内崇教坊	宋崇宁三年（1104）	元至元二年（1265） 明嘉靖三十五年（1556） 明万历二十七年（1599） 清康熙八年（1669）	民国《荣河县志》卷十二第264页。
	71	三结义殿	在旧城北门楼上	清道光十一年（1831）	清咸丰十一年（1861）	民国《荣河县志》卷十二第265页。
	72	关岳庙	在北门外	不详	不详	民国《万泉县志》卷二第41页。
垣曲	73	关圣庙	在进贤坊	明洪武年间	清顺治五年（1648） 清顺治七年（1650） 清顺治九年（1652） 清康熙六年（1667）	光绪《垣曲县志》卷三第48页。

通过对各县县志、碑刻资料、其他资料以及实地考察等现有资料进行整理统计，运城地区在清代修建或重修的关帝庙宇达73座，其中规模最大的当数解州关帝庙、常平关帝庙，自修建以来，历代均有重修。除此之外，还有部分庙宇由于年久失修或损毁殆尽未被记录，此处略去不表。

表1—2　运城地区清代各个县关帝庙宇占比简表

县名	运城	临猗	新绛	永济	绛县	河津	稷山	夏县	闻喜	平陆	芮城	万荣	垣曲
数量	8	11	20	3	14	1	6	2	2	1	1	3	1

图1—1　运城地区清代关帝庙宇数量总览图

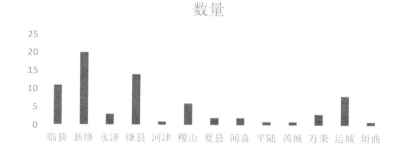

依据现有资料汇总的运城地区清代关帝庙分布情况表，运城地区清代关帝庙共73座，创建修建在清代都达到顶峰，"从来庙宇之设，所以妥神灵，即所以隆祀典，要必巍焕其制，崇高其形，为一方之保障，一墟之阿护耳"[1]，关帝庙是神灵的栖所。运城地区关帝庙修建新绛20座，绛县次之14座，临猗11座，运城8座，稷山6座，永济、万荣各3座，夏县、闻喜各2座，河津、平陆、芮城、垣曲较少，各1座。除去年代记载不详的19座庙宇，已知清代创建关帝庙宇19座，清代重修次数达95次，数据仅是在现有资料基础上进行的统计，实际存在数量应大于现有数据。运城地区关帝庙宇的修建或重修次数是关帝信仰盛行的重要表现。

依据表1—1、1—2，图1—1可知，关帝庙在各个县均有分布，并呈现分布不

---

① (清) 张世哲：《重修关帝庙记》，《三晋石刻大全·乡宁县卷》，三晋出版社，2014年，第186页。

均匀的特点。解州作为关公故里，修建关帝庙数量虽然不多，但规模宏大的解州关帝庙和常平关帝庙，是任何地方都不可以超越的。解州关帝庙自陈隋建立，常平关帝庙自金大定十七年创建，历代皆有重修，依据表1—1可知，重修次数最多当属清代。新绛、绛县、临猗关帝庙数量所占比例较大，分布相对集中。其中尤以新绛为最，究其原因，新绛是清代绛州治所，位于州治中心，在清代官方多次对关帝的加封的大背景下，又有"汾河，在南门外"①，交通便利等原因，故关帝庙所占比重大；绛县所占比次之，虽不是治所，但西紧邻治所，雍正《山西通志》载："绛县，国朝，隶平阳府。雍正七年改隶绛州。"②又有乾隆《绛县志》载"绛县，西北距绛州九十里"③，紧邻涑水河发源地，地理位置优越，故绛县修建关帝庙较多；临猗虽然不是紧挨治所，但"疆域东至安邑县张岳村界一十八里，南至解州小侯村界三十五里"④，靠近关公故里解州，紧靠涑水河，靠近盐池，经济发达，这都是修建关帝庙的推动因素。

其余垣曲、平陆、芮城、永济、万荣、河津等地关帝庙数量所占比例都很小，几乎都是一座或者两座，依据上图，可以看出最主要的原因就是地理位置，这几个县都位于运城地区的边缘位置，也是山西省的边缘，与陕西、河南相邻。

第二节　临汾地区关帝庙宇分布情况

临汾地区，地大物博，同属晋南地区，亦是关帝庙宇的聚集之地。"恭惟我义勇武安王之神，精忠昭乎日月，大义振于古今，四海之内，虽五尺之神童皆知尊崇敬仰，神像庙宇在在有之。"⑤根据《三晋石刻大全》临汾卷、临汾各县县志、实地考察等，对临汾地区存在的关帝庙宇进行了汇总。

---

① 雍正《山西通志》卷五,中华书局,2005年,第663页。
② 雍正《山西通志》卷五,中华书局,2005年,第176页。
③ 乾隆《绛县志》卷一,凤凰出版社,2005年影印本,263页。
④ 雍正《猗氏县志》卷一,凤凰出版社,2005年影印本,223页。
⑤ (清)王九皋:《汾州里铁炉庄重修关帝庙碑记》,《三晋石刻大全·洪洞县卷》,三晋出版社,2009年,第354页。

表1—3　临汾地区关帝庙分布情况表

县	序号	庙宇	地点	建立时间	重修时间	资料来源
浮山	1	关帝庙	在南关	宋	元、明均有重修 清康熙五十五年（1716）	同治《浮山县志》卷三十二第207页。
	2	关帝庙	在县南街	明万历年间	清顺治十六年（1659） 清乾隆四年（1739）	同治《浮山县志》卷三十二第207页。
	3	关帝庙	在北门外	明崇祯十三年（1640）	不详	同治《浮山县志》卷三十二第207页。
	4	关帝庙	在县南十里梁村沟	清康熙五十八年（1719）	不详	同治《浮山县志》卷三十二第207页。
	5	关圣庙	在天坛镇杏林庄村	不详	清康熙三十年（1691）	《三晋石刻大全·浮山卷》第122页《重修关圣庙碑记》。
乡宁	6	三义庙	在县城西关外	明嘉靖二十七年（1548）	清康熙十四年（1675） 清乾隆三十八年（1773）	民国《乡宁县志》卷五第254页。
	7	关帝庙	在西交口乡黄花峪	明崇祯年间	清乾隆七年（1742） 清光绪十六年（1890）	实地考察。
	8	关帝庙	在光华镇官水村	不详	清康熙四年（1665）	《三晋石刻大全·乡宁卷》第617页《重修关帝殿题记》。
	9	关圣帝君庙	在西交口乡	不详	清康熙二十五年（1686）	《三晋石刻大全·乡宁卷》第77页《重修关圣帝君庙碑记》。
	10	关帝庙祠	在西交口乡涧底沟村	不详	清康熙五十三年（1714）	《三晋石刻大全·乡宁卷》第137页《重修关帝庙祠》。
	11	武庙	在县治东	清康熙三十七年（1698）	清乾隆四十三年（1778）	乾隆《乡宁县志》卷三第22页。
	12	关圣庙	在光华镇峪口村	清乾隆八年（1743）	清同治十二年（1873）	《三晋石刻大全·乡宁卷》第621页《关圣庙碑记》、641页《重建关帝庙碑记》。

续表

县	序号	庙宇	地点	建立时间	重修时间	资料来源
	13	关帝庙	在西交口乡念家岭村	清乾隆四十一年(1776)	清道光二十三年(1843)	《三晋石刻大全·乡宁卷》第194页《重修关帝庙碑记》。
	14	关圣帝君神庙	在西交口乡念家岭村	清乾隆四十二年(1777)	不详	《三晋石刻大全·乡宁卷》第130页《创建关圣帝君神庙募序》。
	15	关帝庙	在尉庄乡韩家河村	不详	清雍正三年(1725)	《三晋石刻大全·乡宁卷》第99页《重修关帝庙碑记》。
	16	关帝庙	在西交口乡大坪村	不详	清道光三年(1823)	《三晋石刻大全·乡宁卷》第181页《重修关帝庙碑记》。
	17	关帝庙	在光华镇前土壑村	不详	清咸丰五年(1855)	《三晋石刻大全·乡宁卷》第635页《重饰关帝庙碑记》。
	18	关圣庙	在西交口乡窑子窑村	不详	清同治元年(1862)	《三晋石刻大全·乡宁卷》第218页《重建关圣庙记》。
	19	关帝庙	在县治西四十余里淹平村	不详	清同治十二年(1873)	《三晋石刻大全·乡宁卷》第227页《关帝庙碑记》。
	20	关帝庙	在云丘山	不详	清光绪三十年(1904)	《三晋石刻大全·乡宁卷》第251页《重修关帝殿叙》。
	21	三义庙	在南桑峪观音庙	不详	不详	民国《乡宁县志》卷五第263页。
	22	三义庙	在北桑峪	不详	不详	民国《乡宁县志》卷五第263页。
大宁	23	关帝庙	在西关	清同治二年(1863)	不详	光绪《大宁县志》卷二第381页。
	24	关帝庙	在县治前	不详	清同治四年(1865)	光绪《大宁县志》卷二第381页。

续表

县	序号	庙宇	地点	建立时间	重修时间	资料来源
	25	结义庙	在西关	不详	不详	光绪《大宁县志》卷二第381页
洪洞	26	关帝庙	在邑治之西北恒德坊	不详	元大德十年(1306) 明嘉靖十年(1531) 明万历十三年(1585) 清顺治二年(1645) 清康熙四十九年(1710) 清乾隆年间(1736—1795) 清道光二十年(1840) 清光绪二年(1876)	民国《洪洞县志》卷八第115页,汪学文《三晋石刻大全·洪洞卷》第1023页《重修关帝庙记》、1038页《重修关帝庙记》。
	27	关帝庙	不详	不详	明崇祯十六年(1643)	《三晋石刻大全·洪洞卷》第228页《关帝庙碣》。
	28	关帝庙	在北门内路东	明崇祯五年(1632)	清嘉庆十二年(1807) 清嘉庆十八年(1813) 清道光元年(1821) 清道光二年(1822)	道光《赵城县志》卷二十七第107页。
	29	三义庙	在县大北门外	明	不详	民国《洪洞县志》卷八第117页。
	30	关帝庙	在城北门内	不详	清嘉庆十八年(1813)	《三晋石刻大全·洪洞卷》第445页《重修关帝庙记》。
	31	关帝庙	在赵城镇北街	不详	清道光二十八年(1848)	《三晋石刻大全·洪洞卷》第520页《关帝庙重立旗杆碑》。
	32	关帝庙	在万安镇	不详	清咸丰六年(1856)	《三晋石刻大全·洪洞卷》第544页《重修关帝庙碣》。
	33	三义庙	在龙马乡景村	不详	清光绪八年(1882)	《三晋石刻大全·洪洞卷》第573页《重修三义庙碑记》。

续表

县	序号	庙宇	地点	建立时间	重修时间	资料来源
	34	关帝庙	在广胜寺	不详	清光绪十五年(1889)	《三晋石刻大全·洪洞卷》第576页《重修关圣帝殿碑》。
	35	东关帝庙	在朝贤坊	不详	不详	民国《洪洞县志》卷八第117页。
	36	三义庙	在县治前路南	不详	不详	民国《洪洞县志》卷八第117页。
	37	关帝庙	不详	不详	不详	《三晋石刻大全·洪洞卷》第372页《本村关帝庙古柏记并诗》。
永和	38	关岳庙	在治东前	不详	清光绪二十一年(1895)	民国《永和县志》卷十二第121页。
翼城	39	樊店关帝庙	在南唐乡樊店村	元	明清均有重修	山西省翼城县委员会编《翼城古建图鉴》第25页
	40	旌忠庙	在唐城坊	明	不详	光绪《翼城县志》卷二十四第449页。
	41	开化关帝庙	在里砦镇开化村	清顺治十三年(1656)	不详	山西省翼城县委员会编《翼城古建图鉴》第65页
	42	堡子关圣庙	在西阎镇堡子村	清顺治年间	清康熙三年(1664)清嘉庆三年(1798)	山西省翼城县委员会编《翼城古建图鉴》第185页。
	43	沟东关帝庙	在隆化镇沟东村	清康熙四十二年(1703)	清乾隆四十二年(1777)清乾隆四十五年(1780)清乾隆四十八年(1783)	山西省翼城县委员会编《翼城古建图鉴》第87页。
	44	十河关帝庙	在西阎镇十河村	不详	清康熙四十九年(1710)	山西省翼城县委员会编《翼城古建图鉴》第95页。
	45	宋家腰关帝庙	在隆化镇宋家腰村	清康熙五十年(1711)	清乾隆年间(1736—1795)清咸丰三年(1853)	山西省翼城县委员会编《翼城古建图鉴》第96页。

续表

县	序号	庙宇	地点	建立时间	重修时间	资料来源
	46	石坡关帝庙	在南梁镇石坡村	清康熙五十三年(1714)	清光绪二十四年(1898)	山西省翼城县委员会编《翼城古建图鉴》第100页。
	47	洞儿洼关帝庙	在里砦镇洞儿洼村	清康熙五十五年(1716)	清乾隆元年(1736)清乾隆三十八年(1773)清道光元年(1821)	山西省翼城县委员会编《翼城古建图鉴》第102页。
	48	关帝启圣祠	在县署西北	清雍正八年(1730)	不详	光绪《翼城县志》卷二十四第448页。
	49	中窑庄关帝庙	在南梁镇中窑庄村	清雍正十一年(1733)	不详	山西省翼城县委员会编《翼城古建图鉴》第112页。
	50	侯家坡关帝庙	在西阎镇侯家坡村	清雍正十一年(1733)	不详	山西省翼城县委员会编《翼城古建图鉴》第113页。
	51	杨家河关帝庙	在隆化镇杨家河村	清乾隆十年(1745)	清乾隆五十一年(1786)	山西省翼城县委员会编《翼城古建图鉴》第141页。
	52	城内关帝庙	在唐兴镇城内村	清乾隆七年(1742)	不详	山西省翼城县委员会编《翼城古建图鉴》第115页。
	53	郭家坡关帝庙	在南梁镇郭家坡村	清乾隆三十三年(1768)	不详	山西省翼城县委员会编《翼城古建图鉴》第127页。
	54	东化坡关帝庙	在桥上镇东化坡村	清乾隆四十八年(1783)	不详	山西省翼城县委员会编《翼城古建图鉴》第135页。
	55	后张峪关帝庙	在西阎镇后张峪村	清乾隆五十年(1785)	不详	山西省翼城县委员会编《翼城古建图鉴》第138页。
	56	冶中关帝庙	在王庄乡冶中村	不详	清乾隆五十三年(1788)	山西省翼城县委员会编《翼城古建图鉴》第143页。
	57	北张庄关帝庙	在隆化镇北张庄村	清乾隆五十三年(1788)之前	不详	山西省翼城县委员会编《翼城古建图鉴》第144页。

续表

县	序号	庙宇	地点	建立时间	重修时间	资料来源
	58	下阳关帝庙	在南唐乡下阳旧村	清乾隆五十五年(1790)	清道光十八年(1838)	山西省翼城县委员会编《翼城古建图鉴》第150页。
	59	小庙结义庙	在南梁镇小庙村	不详	清乾隆五十六年(1791) 清道光元年(1821)	山西省翼城县委员会编《翼城古建图鉴》第151页。
	60	四望关帝庙	在中卫乡四望村	清乾隆五十七年(1792)	清道光十八年(1838)	山西省翼城县委员会编《翼城古建图鉴》第152页。
	61	湾里关帝庙	在桥上镇湾里村	清嘉庆六年(1801)	清道光二十九年(1849)	山西省翼城县委员会编《翼城古建图鉴》第154页。
	62	张汶关帝庙	在南梁镇张汶村	清嘉庆九年(1804)至十三年(1808)	清光绪十五年(1889)	山西省翼城县委员会编《翼城古建图鉴》第155页。
	63	上河关帝庙	在西阎镇上河村	不详	清嘉庆十三年(1808)	山西省翼城县委员会编《翼城古建图鉴》第156页。
	64	朱村关帝庙	在王庄乡朱村	不详	清道光二年(1822)	山西省翼城县委员会编《翼城古建图鉴》第165页。
	65	武池关帝庙	在南梁镇武池村	清道光八年(1828)	清道光十三年(1833)	山西省翼城县委员会编《翼城古建图鉴》第171页。
	66	北坡关帝庙	在南梁镇北坡村	不详	清道光十七年(1837)	山西省翼城县委员会编《翼城古建图鉴》第172页。
	67	西化坡关帝庙	在桥上镇西化坡村	不详	清咸丰四年(1854)	山西省翼城县委员会编《翼城古建图鉴》第177页。
	68	唐村关帝庙	在浇底乡唐村	不详	不详	山西省翼城县委员会编《翼城古建图鉴》第186页。
	69	东庄关帝庙	在王庄乡东庄村	不详	不详	山西省翼城县委员会编《翼城古建图鉴》第190页。

续表

县	序号	庙宇	地点	建立时间	重修时间	资料来源
	70	北唐关帝庙	在南唐乡北唐村	不详	不详	山西省翼城县委员会编《翼城古建图鉴》第190页。
	71	燕家庄关帝庙	在隆化镇燕家庄村	不详	不详	山西省翼城县委员会编《翼城古建图鉴》第157页。
	72	关帝庙	在颖坊	不详	不详	光绪《翼城县志》卷二十四第449页。
	73	关帝庙	在剪桐坊	不详	不详	光绪《翼城县志》卷二十四第449页。
	74	关帝庙	在西阎乡古桃园村	不详	不详	实地考察。
安泽	75	关岳庙	在南关	不详	清康熙五十年（1711）	民国《重修安泽县志》卷三第62页。
	76	关帝后殿	不详	清雍正六年（1728）	不详	民国《重修安泽县志》卷三第62页。
	77	关王庙	在岳阳县清泉乡□村	不详	清乾隆年间（1736—1795）	《三晋石刻大全·安泽卷》第74页《重建关王庙记》。
	78	关帝庙	在和川镇南	不详	清乾隆五十八年（1793）	《三晋石刻大全·安泽卷》第318页《重修关帝庙碑记》。
曲沃	79	关帝庙	在北董乡西闫村	不详	明弘治十一年（1498）清顺治六年（1649）清康熙三十四年（1695）	《三晋石刻大全·曲沃卷》第117页《重修关帝庙碑记》。
	80	关帝庙	在大东关	不详	清康熙三十四年（1695）清乾隆十九年（1754）清乾隆五十九年（1794）	乾隆《新修曲沃县志》卷十一第70页，光绪《续修曲沃县志》卷二第432页。
	81	三结义祠	在里村镇新城村	清康熙四十二年（1703）	清雍正十一年（1733）清道光元年（1821）	《三晋石刻大全·曲沃卷》第201页《重修三结义祠并魁星楼碑记》。

续表

县	序号	庙宇	地点	建立时间	重修时间	资料来源
	82	关帝庙	在城主字约	不详	清乾隆二十二年（1757）	乾隆《新修曲沃县志》卷十一第70页，乾隆《续修曲沃县志》卷二第432页。
	83	武庙	在县治北关演武厅后	清乾隆二十二年（1757）	不详	乾隆《新修曲沃县志》卷十一第71页，乾隆《续修曲沃县志》卷二第433页，光绪《续修曲沃县志》卷十第78页。
	84	关帝庙	在杨谈乡下院村赤石峪	清乾隆三十年间	清道光十一年（1831）	《三晋石刻大全·曲沃卷》第239页《创建关帝庙碑记》、322页《重修关帝庙碑记》。
	85	关圣帝君庙	在乐昌镇小吉村	不详	清嘉庆八年（1803）清咸丰四年（1854）	《三晋石刻大全·曲沃卷》第186页《关圣帝君暨诸神重修碑志》、286页《关圣帝君大庙重修并新建后土殿大王殿碑序》。
	86	关帝庙	在高显镇上太许村	清道光七年（1827）	不详	《三晋石刻大全·曲沃卷》第212页《新建关帝庙记》。
	87	关圣帝君庙	在史村镇	不详	清光绪三十二年（1906）	《三晋石刻大全·曲沃卷》第311页《重修关圣帝君庙增福财神庙敕赐广福院碑记》。
	88	关帝庙	在下西门内	不详	不详	乾隆《新修曲沃县志》卷十一第70页，乾隆《续修曲沃县志》卷二第432页。
	89	关帝庙	在小西关东	不详	不详	乾隆《新修曲沃县志》卷十一第70页，乾隆《续修曲沃县志》卷二第432页。

续表

县	序号	庙宇	地点	建立时间	重修时间	资料来源
	90	关帝庙	在小南关	不详	不详	乾隆《新修曲沃县志》卷十一第70页,乾隆《续修曲沃县志》卷二第432页。
	91	关帝庙	在小东关	不详	不详	乾隆《新修曲沃县志》卷十一第70页,乾隆《续修曲沃县志》卷二第432页。
	92	关帝庙	在大李村	不详	不详	乾隆《新修曲沃县志》卷十一第70页,乾隆《续修曲沃县志》卷二第432页。
	93	关帝庙	在侯马镇	不详	不详	乾隆《新修曲沃县志》卷十一第70页,乾隆《续修曲沃县志》卷二第432页。
	94	关帝庙	在汾上村	不详	不详	乾隆《新修曲沃县志》卷十一第70页,乾隆《续修曲沃县志》卷二第432页。
	95	关帝庙	在隘口镇	不详	不详	乾隆《新修曲沃县志》卷十一第70页。
	96	关帝庙	在小李村	不详	不详	乾隆《新修曲沃县志》卷十一第70页,乾隆《续修曲沃县志》卷二第433页。
	97	关帝庙	在乔村堡东	不详	不详	乾隆《新修曲沃县志》卷十一第70页,乾隆《续修曲沃县志》卷二第433页。
	98	关帝庙	在东张寨	不详	不详	乾隆《新修曲沃县志》卷十一第70页,乾隆《续修曲沃县志》卷二第433页。
	99	关帝庙	在东许村	不详	不详	乾隆《新修曲沃县志》卷十一第70页,乾隆《续修曲沃县志》卷二第433页。

续表

县	序号	庙宇	地点	建立时间	重修时间	资料来源
	100	关帝庙	在南韩村	不详	不详	乾隆《新修曲沃县志》卷十一第70页，乾隆《续修曲沃县志》卷二第433页。
	101	关帝庙	在高县	不详	不详	乾隆《新修曲沃县志》卷十一第70页，乾隆《续修曲沃县志》卷二第433页。
	102	关帝庙	在东周	不详	不详	乾隆《新修曲沃县志》卷十一第70页，乾隆《续修曲沃县志》卷二第433页。
	103	关帝庙	在义门	不详	不详	乾隆《新修曲沃县志》卷十一第70页，乾隆《续修曲沃县志》卷二第433页。
	104	关帝庙	在林交	不详	不详	乾隆《新修曲沃县志》卷十一第70页，乾隆《续修曲沃县志》卷二第433页。
	105	关帝庙	在下裴庄	不详	不详	乾隆《新修曲沃县志》卷十一第70页，乾隆《续修曲沃县志》卷二第433页。
	106	关帝庙	在交桥北	不详	不详	乾隆《新修曲沃县志》卷十一第70页，乾隆《续修曲沃县志》卷二第433页。
	107	关帝庙	在小吉村	不详	不详	乾隆《新修曲沃县志》卷十一第70页，乾隆《续修曲沃县志》卷二第433页。
	108	关帝庙	在东马庄	不详	不详	乾隆《新修曲沃县志》卷十一第70页，乾隆《续修曲沃县志》卷二第433页。
	109	关帝庙	在史村	不详	不详	乾隆《新修曲沃县志》卷十一第71页，乾隆《续修曲沃县志》卷二第433页。

续表

县	序号	庙宇	地点	建立时间	重修时间	资料来源
	110	三结义庙	在上马庄	不详	不详	乾隆《新修曲沃县志》卷十一第72页，光绪《续修曲沃县志》卷十第80页。
	111	关帝庙	在泰华庙东	不详	不详	乾隆《续修曲沃县志》卷二第432页。
	112	三结义庙	在大东关	不详	不详	光绪《续修曲沃县志》卷十第80页。
	113	三结义庙	在二郎庙	不详	不详	光绪《续修曲沃县志》卷十第80页。
汾西	114	关帝庙	在县北街	不详	清道光二十五年（1845）	光绪《汾西县志》卷二第24页。
吉县	115	关帝庙	壶口镇留村	不详	清咸丰六年（1856）	《三晋石刻大全·吉县卷》第313页《重修关帝庙碑记序》。
	116	关帝庙	在锦屏山之麓	不详	不详	光绪《吉州全志》卷一第480页。
	117	关帝庙	在城内西街	不详	不详	光绪《吉州全志》卷一第480页。
古县	118	关王庙	在古阳镇	不详	明正德十六年（1521）明隆庆三年（1569）清道光十三年（1833）清光绪二十年（1894）	《三晋石刻大全·古县卷》第23、24页《重修关王庙碣》，99页《关帝庙重修碑记》，147页《重修关帝庙碑记》。
	119	关帝庙	在旧县镇西堡村	明万历年间	清咸丰七年（1857）	《三晋石刻大全·古县卷》第119页《重修关帝庙碑记》。
	120	关帝庙	在岳阳镇	清乾隆六年（1741）	不详	《三晋石刻大全·古县卷》第51页《创建关帝庙碑记》。
	121	关帝庙	在石壁乡高城村	不详	清道光三年（1823）	《三晋石刻大全·古县卷》第416页《重修关帝庙碑记》。

续表

县	序号	庙宇	地点	建立时间	重修时间	资料来源
	122	关帝庙	在石壁乡三合村徐村	不详	清道光十六年(1836)	《三晋石刻大全·古县卷》第103页《重修关帝庙碑记》。
侯马	123	关圣帝庙	不详	不详	清康熙三十六年(1697)	《三晋石刻大全·侯马卷》第53页《重修关圣帝庙施财芳名碑记》。
	124	关帝庙	在凤城乡东城村	不详	清嘉庆十年(1805)	《三晋石刻大全·侯马卷》第117页《重建关帝庙舞庭两耳台唐太宗殿并戏楼暨重修福庆院佛殿东西禅房碑记》。
	125	关圣殿	在褚村庄县西	不详	清光绪二十九年(1903)	《三晋石刻大全·侯马卷》第151页《修筑关圣殿后崖碑记》。
临汾	126	关帝庙	在普佑坊	不详	明万历年间清同治元年(1862)清光绪二年(1876)	乾隆《临汾县志》卷四第62页,民国《临汾县志》卷四第430页。
	127	关帝庙	在贾得乡苏村	不详	清嘉庆十七年(1812)	《三晋石刻大全·尧都区卷》第187页《重修关王庙庑亭院戏楼暨大庙殿廊□□□□碑记》。
	128	关帝庙	在县底镇王村	不详	清道光十三年(1833)	《三晋石刻大全·尧都区卷》第198页《重建关帝庙舞亭暨修诸庙碑记》。
	129	关帝庙	在平河郡城	不详	清咸丰六年(1856)	《三晋石刻大全·尧都区卷》第220页《重建关帝庙记》。
蒲县	130	关帝庙	在克城镇夏柏村	不详	清嘉庆十七年(1812)	《三晋石刻大全·蒲县卷》第221页《夏柏村关帝庙石碣》。
	131	关帝庙	在黑龙关镇屯里村	不详	清嘉庆十七年(1812)	《三晋石刻大全·蒲县卷》第222页《碑志》。

续表

县	序号	庙宇	地点	建立时间	重修时间	资料来源
	132	关帝庙	在乔家湾乡野峪村	不详	清道光十一年(1831)	《三晋石刻大全·蒲县卷》第258页《重修关帝庙碑记》。
	133	关帝庙	在黑龙关镇屯里村	不详	清咸丰三年(1853)	实地考察。
	134	关帝三代庙	在西关社稷坛北	不详	不详	乾隆《蒲县志》卷五第453页。
	135	关帝庙	在黑龙关镇杜家河村	不详	民国三十二年(1943)	实地考察。
襄汾	136	三结义庙	在兴义坊街西	元至正五年(1345)	明隆庆五年(1571)	民国《襄陵县志》卷二十第197页。
	137	关帝庙	在陶寺乡陶寺村	元至正二十六年(1366)	清康熙二十六年(1687)	《三晋石刻大全·襄汾卷》第48页《新修关公行祠记》、198页《重修关圣庙碑记》。
	138	三结义庙	在丁村	元至正二年(1342)	清顺治十三年(1656)清康熙五十九年(1720)清光绪二十四年(1898)	《三晋石刻大全·襄汾卷》第168页《重修三结义庙碑记》、235页《重建三结义殿碑记》、538页《重修三义祠碑记》。
	139	关帝庙	在古城镇京安村	不详	清顺治八年(1651)	《三晋石刻大全·襄汾卷》第165页《京安村重修关帝庙碣》。
	140	关帝庙	在古城镇	不详	清康熙二十六年(1687)	《三晋石刻大全·襄汾卷》第197页《重修庙宇序》。
	141	关圣三代庙	在广智街西	清雍正八年(1730)	不详	民国《襄陵县志》卷二十第197页。
	142	关夫子庙	在龟山	不详	清乾隆四十年(1775)	《三晋石刻大全·襄汾卷》第308页《重修关夫子庙宇补妆圣像并建门楼记》。

续表

县	序号	庙宇	地点	建立时间	重修时间	资料来源
	143	关帝庙	在陶寺乡青阳村	不详	清嘉庆二十二年（1817）	《三晋石刻大全·襄汾卷》第373页《重修关帝伯王龙王三圣殿宇碑记》。
	144	关帝庙	在汾城镇北贾岗村	不详	清道光四年（1824）	《三晋石刻大全·襄汾卷》第386页《创建关帝庙碑记》。
	145	关帝庙	在南辛店乡新民村	不详	清道光九年（1829）	《三晋石刻大全·襄汾卷》第395页《重修关帝庙碑记》。
	146	关圣庙	在赵曲镇南桥	不详	不详	民国《襄陵县志》卷二十第197页。
	147	关圣庙	在广智坊街西	不详	不详	民国《襄陵县志》卷二十第197页。
霍州	148	关王庙	在开元街赵家庄	明嘉靖十九年（1540）至二十二年（1543）	不详	《三晋石刻大全·霍州卷》第46页《赵家庄起建关王庙碑记》。
	149	关帝阁	在开元街东关村	不详	清康熙三十年（1691）清乾隆五十一年（1786）	《三晋石刻大全·霍州卷》第78页《东关村重修关帝阁碑记》、166页《东关村重修关帝阁碑记》。
	150	关帝庙	在李曹镇柏乐村	不详	清乾隆元年（1736）清嘉庆二十一年（1786）	《三晋石刻大全·霍州卷》第94页《柏乐村重修关帝土地庙碑记》、204页《柏乐村重修关帝土地山神庙碑志》。
	151	关帝庙	在辛置镇下马窊村	不详	清乾隆十八年（1753）清乾隆三十一年（1766）清乾隆五十七年（1792）清嘉庆十六年（1811）	《三晋石刻大全·霍州卷》第111页《重修庙宇碑记》、131页《重修庙宇碑记》、167页《重修庙宇碑记》、198页《下马窊重修关帝庙碑记》。

续表

县	序号	庙宇	地点	建立时间	重修时间	资料来源
	152	结义庙	在陶唐峪乡南李庄村	不详	清乾隆二十五年(1760)至二十八年(1763)	《三晋石刻大全·霍州卷》第126页《南李庄村重修庙宇碣记》。
	153	关帝庙	在三教乡杜庄村	明	清乾隆三十二年(1767)	《三晋石刻大全·霍州卷》第135页《杜庄村重修关帝庙殿宇碑记》。
	154	三义庙	在退沙街道姚村	不详	清嘉庆二十二年(1817)	《三晋石刻大全·霍州卷》第208页《重修三义庙碑记》。
	155	关帝庙	在辛置镇北泉村	不详	清道光四年(1824)	《三晋石刻大全·霍州卷》第216页《北泉村补修关帝庙碑记》。
	156	关帝庙	在师庄乡老张湾村	不详	清光绪十年(1884)	《三晋石刻大全·霍州卷》第302页《重修碑记》。
	157	关帝庙	在辛置镇宋村	不详	民国十二年(1923)	实地考察。
	158	关帝祠	在城南辛一里名八里茶房	不详	不详	道光《直隶霍州志》卷十四第118页。
	159	三结义庙	在南门外	不详	不详	道光《直隶霍州志》卷十四第118页。
	160	关帝庙	在州治西南旧为关王庙	不详	不详	道光《直隶霍州志》卷十四第112页。
隰县	161	三义庙	在西门外	明嘉靖年间	清康熙二十年(1681)清道光十一年(1831)清同治三年(1864)清同治十三年(1874)	康熙《隰州志》卷十第183页、光绪《续修隰州志》卷二第312页。
	162	关帝庙	在郡城北门外瓦窑坡村	明	清乾隆二十七年(1762)清嘉庆九年(1804)清嘉庆二十二年(1817)清道光三十年(1850)至咸丰元年(1851)	光绪《续修隰州志》卷二第312页。

续表

县	序号	庙宇	地点	建立时间	重修时间	资料来源
	163	关帝庙	在城隍庙东	不详	不详	康熙《隰州志》卷十第183页。
	164	关帝庙	在南门外	不详	不详	康熙《隰州志》卷十第183页。

表1—4　临汾地区关帝庙宇数量简表

县名	浮山	乡宁	大宁	洪洞	永和	安泽	翼城	曲沃	汾西	吉县	古县	侯马	临汾	蒲县	襄汾	霍州	隰县
数量	5	17	3	12	1	4	36	35	1	3	5	3	4	6	12	13	4

图1—2　临汾地区清代关帝庙宇数量总览图

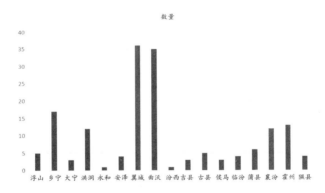

　　通过对各县县志、碑刻资料、其他资料以及实地考察等资料的整理统计，临汾地区在清代修建或重修的关帝庙宇达164座，其中较多的是翼城和曲沃，分别是36座和35座，其次是乡宁17座，霍州13座，襄汾、洪洞各12座，蒲县6座，浮山、古县各5座，安泽、临汾、隰县各4座，大宁、吉县、侯马各3座，汾西、永和各1座。除去年代记载不详的49座庙宇，清代创建关帝庙宇33座，重修次数达128次。与运城不同的是，临汾庙宇众多，但没有像解州庙这样规模巨大的。

　　依据表1—3、1—4，图1—2可知，临汾地区关帝庙的分布亦呈现不均匀的特点。自曲沃、翼城至永和、汾西，距运城越远，关帝庙修建数量越少，但浮山、安泽、吉县、古县靠近晋南地区边缘位置的县也是关帝庙数量较少。翼城、曲沃、乡宁关帝庙分布相对集中,所占比重较大。《曲沃县志》载:"曲沃,西至绛州狄庄村五十里,由县至绛州治六十里。南至绛县高池界五十里"[1];《翼城县志》载:"翼城,南至绛县大交镇二十里"[2];《乡宁县志》载:"乡宁,南至稷山界一百一十里"[3],依据县志资料,这三个县与运城紧邻,尤其是曲沃、翼城距离最近,故修建关帝庙数量最多,乡宁稍远,数量稍少于翼城、曲沃。襄汾、洪洞、霍州所占比重次之,距离运城地区稍远于前三县。与运城地区一样,永和、汾西、隰县、大宁、吉县等地方靠近晋南地区边缘位置,故修建关帝庙较少。

关帝庙宇的修建是最能体现关帝信仰的表现,运城地区与临汾地区关帝庙宇的创建和重修数量在清代达237座。关帝庙总体分布不均匀,越靠近关帝故里且靠近官方统治中心的地方,修建的关帝庙越多;越靠近晋南地区边缘位置的地方,修建的关帝庙越少;水利交通便利、经济比较发达的地方,修建的关帝庙越多。

---

①乾隆《新修曲沃县志》卷四,凤凰出版社,2005年影印本,第34页。
②光绪《翼城县志》卷四,凤凰出版社,2005年影印本,第232页。
③乾隆《乡宁县志》卷一,凤凰出版社,2005年影印本,第12页。

第三章　关帝祖庙的重修及其重要地位

　　历史上有据可查的关公神话传说开始于南北朝时期，**据说南朝陈国皇帝陈伯宗托言"关羽显灵成神"，于光大年间（567—568）在关公被害之地当阳县东三十里的玉泉寺西北为关公立庙，并在玉泉山为关公建冢，这也是有史记载的第一座关公庙**。到了隋朝，随着关公"显灵"以及庇护百姓的神话传说越来越多，**其影响也越来越大，关公庙的新建也随之变多**。解州关公庙据可靠史料是**建于宋代，"解为帝故里，宋祥符年间创建祠宇于州城之西门外，历金元明，接时增修，庙貌辉煌甲天下。"**①经历代修葺，影响广泛而深远。

第一节　解州关帝庙建立与历次重修

　　解州关帝庙据比较可靠的史料是建于宋大中祥符年间（1008—1016），**元祐七年（1092）重修，"侯本解人，庙于郡城之西，庙久不治，里中父老相与经营，加完新焉。时维太守张公，别乘张公，相与为雍容镇静之政，而解民熙然乐之。日有余暇，可以致力于神矣。"**②这次重修属于官民共同营修，根据最早的关公庙出现在陈隋时代推测，解州关帝庙建立时间应该早于宋代，在陈隋时代已经建立的可能性也比较大。

　　解州关帝庙在金代曾重修，据田德秀撰《嘉泰重修庙记》："解实公之故里，庙在郡城之西，春秋祈祀，送迎奔走，四远之人，惟恐其后。本朝虑公之庙岁久将毙，特降明命而完新之。"③"嘉泰"为南宋年号，对应金代泰和年间（1201—

---

①（清）乔寿恺：《重修关帝庙记》，《三晋石刻大全·运城盐湖区卷》，三晋出版社，2010年，第290页。
②（宋）郑咸：《重修庙记》《解梁关帝志》，山西人民出版社，1992年，第168页。
③（金）田德秀：《嘉泰重修庙记》《解梁关帝志》，山西人民出版社，1992年，第174页。

1208），此次重修属于政府官修，民间已经开始春秋祈祀。

解州关帝庙在元代多次重修，据王纬撰《泰定修庙记》载："至治三年（1323）同知、太常礼仪院事、宝童前马、晋宁路达鲁花赤中书、刑部尚书马思忽前马、晋宁路总管二公，谓纬言解州故城之西武安王庙，国家屡诏守臣以时致祭，此典礼也。庙岁久弗治，又大德七年（1303）地震庙坏，提点崇宁宫张志安撤而新之……圣朝至元三年（1266）宗师靖应真人姜善信奉世祖旨，护持本朝凡庙之恒产，悉主之俾修其庙。姜公两建道院于庙左，即今崇宁宫。志安靖应之孙，皇庆元年（1312）又奉仁宗旨，护持之初，志安与其众劳心勤力，言于州，州董其役，仍率僚佐属县，皆割奉以助，百工献艺。"①全真派靖应真人姜善信获得元廷支持，管理天下庙宇，从至元三年之后解州关帝庙应该也被全真教管理。至元二十六年（1289）《敕赐靖应真人道行碑》载，姜善信（1198—1275 年），字彦诚，"自童卯，已有超俗之志。及长，白诸父母，求为□□□□□□之年，□□南□□□山求其所师者。寻又走商颜，为季父所追，迫令还家。未几，复辞去亲，知其不可留，听其所如。闻莲峰真人靳道元住玉□洞，志操□□□□□□□□为门□□□□□□其□□纳之，授以相术，诸阴阳韬略之学……峰殁，即以法席付之。……见禹庙倾圮，慨然以修复为事。……庙成，上褒其功，因问禹以所行之道，公引《尚书》'世犹古之世也，陛下诚能思正文求贤，即今之尧舜也。'"②靖应真人姜善信在解州关帝庙左侧建立崇宁宫道院，还曾经修建龙门大禹庙和平阳尧庙，并委派全真派道士管理。其徒孙张志安报请官府修缮关帝庙。

又据元陈献《至正饰庙记》载："庙在治城之西，壮丽魁于寰宇，郡人有蔡荣者，睹其神庙颓圮，乃作而新之，至今三十余载。其子玉，念先志之未就，复施财佣工以喷饰之。"③至正年间（1341—1368）关帝庙的重修主要由地方人士主导，似乎此时全真教徒已经不再管理关帝庙。

明朝有历史记载的大规模重修有 10 余次，其中嘉靖年间次数最多。洪熙元年（1425）因年久将圮，"崇宁观道士李仲谦等完而新之。钟楼台砌，耆民张敬原等创而建之。正殿檐柱，士民刘恭远等采而饰之。"④此次再重修由崇宁观道士主导，士绅参与共同完成了修缮。

---

①（元）王纬：《泰定修庙记》《解梁关帝志》，山西人民出版社，1992 年，第 180 页。
②《敕赐靖应真人道行碑》《山右石刻丛编》卷二十七。
③（元）陈献《至正饰庙记》，《解梁关帝志》，山西人民出版社，1992 年，第 182 页。
④（明）李永常撰：《洪熙修庙记》，《解梁关帝志》，山西人民出版社，1992 年，第 190 页。

成化十四年（1478）重修关帝庙正殿，由知州张宁组织重修。《成化修庙记》载："寿亭侯庙在解州城西，创于宋。历代以来，累圮累葺。尔者知州张君宁重构规制弘壮其前檐。以石为楹者八，树表之门之左右。"①

正德年间，解州知州侯惟聪主导修缮关帝庙，据韩文撰《正德修庙记》载："距解城之西百步许，旧有关王祠，乃宋祥符甲寅敕建。元祐壬申复敕重修。历金元以来，或以坤震，或以兵燹，废而复兴，不知其几。我朝追崇复敕，有司春秋，严祀著为令典。俗传四月八日，乃王受封之日，本身邻邦士夫军民赍香币走祭庭下者，肩摩踵接，无虑数十万。正德五年（1510）春，古鄜李侯惟聪来守是邦，以原建寝宫，率多倾圮，即构材傭工，撤而新之。经始于是年七月，落成于正德九年十月。"②正德五年，解州知州李惟聪见原建寝宫多有败坏，遂重修关帝庙，历时4年有余。

嘉靖二年（1523）朱实昌所撰《嘉靖修庙记》中载："太祖高皇帝复侯故封，弘治间始以春秋祀，著为令典。然远近之民，犹以四月八日为会，以勤报赛。至者不远千里而来，因以为市，人有施舍香钱及赋其市地之厘，岁不下二百金，少亦半之。嘉靖二年，莱阳王君士英按部谒庙，剥落不称明祀……乃委平路知县桑景孝，即以其金为工费，重加修饰。用有不足者，取之官。又令平阳推官乔年发赎金以佐之。于是官无重费，民不告劳，凡门墙、坊牌、献殿、正殿、寝宫、行廊皆修饰一新。前当大道，则于东西各建砖门，以时启闭……造诸祭器，悉易以铜，熔为四狮于门外。"③嘉靖二年，山西巡按御史王士英拜谒关帝庙，见其庙貌败坏，遂委托平路知县桑景孝重修关帝庙，门墙、坊牌、献殿、正殿、寝宫、行廊皆修饰一新，并在关帝庙前大道东西建砖门，造诸祭器，铸四铁狮子于门外。工程开始于嘉靖二年五月九日，经一月完成。

嘉靖二十五年（1546）王忬《嘉靖重修武安王庙记》载："嘉靖丙午，余督蓝政于河东，按部至解拜王于祠下，顾瞻庙貌，颓然响圮。余语知解州孔天叙曰'守土者与有责也。'天叙唯唯退而谋诸人，得州之右室，司之巨商诸乐施者，凡若千金。余亦发财之羡余，以相厥成。遂分遣儒官卢时耆、马永健、廉敖、姚安、孙著斩材伐石，备物鸠工。径始于是秋之仲，落成于孟冬之初，凡三越月而

①（明）周洪谟撰：《成化修庙记》，《解梁关帝志》，山西人民出版社，1992年，第193页。
②（明）韩文撰：《正德修庙记》，《解梁关帝志》，山西人民出版社，1992年，第206页。
③（明）朱实昌撰：《嘉靖修庙记》，《解梁关帝志》，山西人民出版社，1992年，第209页。

献功。自殿寝、行廊以及坊壁、台砌饰故增新，丹朱炳耀。"①嘉靖二十五年解州知州孔天叙接受巡盐御史之命令，动员商户捐资，官员捐俸，自殿寝、行廊以及坊壁、台砌修饰一新，经三月完工。

嘉靖二十七年（1548）知州解情组织重修关帝庙。解情捐俸禄，众人集资以修关帝庙。据康顺之撰《嘉靖重修解庙开颜楼记》载："解之庙侯也久矣，而为楼以栖乐者，则始于国朝，弘治时，其匾曰'开颜'。而楼敞东西南三面，若张握然。其南楼撤于正德间，东西两楼亦久且坏。太守东平解君情捐俸金，令儒官张濡，道正杨演澄，乡人姚安、李芬、贾世荣、孙著等，复醵金葺之。乃树坊于南，以承楼之缺。又建坊于午门之南，而侯之居益崇且严矣。"②这次修建主要是修缮戏楼，并在戏楼之南面建牌坊，又于午门之南建牌坊。

嘉靖三十四年（1555）关中大地震，关帝庙遭到严重破坏。知州王维宁至庙拜谒，怅然而叹，遂捐俸金以修关帝庙，工程始于嘉靖三十五年，"于是捐俸金若干，香火余绪隶于公府者若干，复请之监司，得金若干，赋市地之厘金若干，郡之士民及四方之助施者又得金若干，共计二千余金。……为正殿者七间，仍环以石楹，为寝殿者七间，东西为行廊者百十有余间，内外有门，陈乐有楼，翼翼煌煌，还旧规而丕新之矣。"③此次维修因为是在地震之后，修缮工程量比较大，耗时三年多，最终在嘉靖三十七年（1558）竣工。

万历初建麟经阁二十八楹，高九丈，翼以二楼，廊七十四。万历二十二年（1594）《郭宠与妇谷氏肩铎募众建庙碑》记叙了郭宠与妇谷氏募众建庙近一年，响应者百余家，募得百余金。"铁铸圣像二、香炉一、回子狮子各二，贡解梁，置大庙之两廊"④。该碑记是解州关帝庙由村民募捐修建庙宇的首次记载。

明天启元年（1621）《新创莲池记》载："因香火抵充国税，累年缺修补费，殿庑渐颓圮。先州守唐公有感于黄冠之奏，转详院道批允修葺，委前王二守，估地工费约一千七十两零。适唐公升去，熊公相继，未久迁，延至二年外未行……张堂尊见坊南隙地数十余亩中一池，深丈余，即慨然曰'此地可种莲。'……时已季春，即远购莲秧数十株栽其内……春正月，庙工报完，堂尊即捐俸金圣躬。

①（明）王忬：《嘉靖重修武安王庙记》，《解梁关帝志》，山西人民出版社，1992年，第210页。
②（明）康顺之撰：《嘉靖重修解庙开颜楼记》，《解梁关帝志》，山西人民出版社，1992年，第211页。
③（明）张四维：《重建解庙记》，《解梁关帝志》，山西人民出版社，1992年，第218页。
④（明）董一魁：《郭宠与妇谷氏肩铎募众建庙碑》，《三晋石刻大全·运城市盐湖区卷》，三晋出版社，2010年，第152页。

旋又修老子庙暨官厅，旋又创莲亭三楹……经始于万历四十八年二月，断手于天启元年三月。"①张起龙担任解州知州后，在万历四十八年（1620）将筹划数年未举的修缮庙宇付诸实施，并创建莲花池，天启元年（1621）三月完工，至此关帝庙的格局已趋完善。

明崇祯十一年（1638）解州信女路氏前往蒲州募捐，得到众乡民响应，于崇祯十三年（1640）夏实现了"重贴寝殿关圣常君金身、关圣娘娘金身"②的心愿，此次重修由一女性发起，且捐资者90%以上为女性，这是十分罕见的。

清朝对关公的崇拜更胜于明朝，对解州关帝庙的重修亦是达到鼎盛时期。康熙四年（1665），陕抚贾汉复"以占籍曲沃，居近圣人，捐廉重修"③。康熙十一年（1672）重修崇宁宫，《重修崇宁宫三清殿庑碑记》载："吾解有崇宁宫，其名则昉于宋，为关帝庙香火设也。元季修之，明嘉靖时两修之，牧伯黄公菲菴、赵公问义同传不朽。贞珉岿然尚存，可听其殿庑颓废荒秽，而弗之理耶？甲申鼎革，陵谷变迁，诸羽流窃割廊庑余地，攘为己私。住持而佩累若者，又有所利而为之。阛阓之雄，日相率饮博于中，嫚神亵道，未有过而问之者。岁在壬子，今牧伯天行陈公，简羽流之勤而直者，以又轩李子仁彦署道正司事。……于是量其入各输赀以赎故地，复规制如旧。请命于牧伯，牧伯曰：'可！'乃捐俸助成之。……始于壬子秋，迨癸丑春，前后仅五月而告成功。……三清正殿五楹，仍旧贯碧瓦朱甍，鸟革翚飞，神像俱焕然矣！旁庑二十楹，敝者新之，缺有补之，亦复其旧。"④陈天行于康熙五年（1666）任解州知州后，任命李仁彦署道正司事，革除道士割地售卖、中饱私囊、饮博嫚神、不守戒律的流弊，赎买故地，恢复规制，主要修复了崇宁宫道院，用时5个月。

康熙三十五年（1696）五月，康熙皇帝御书"义炳乾坤"匾额，悬于关帝庙大殿之内。康熙四十一年（1702）四月初三日，庙会期间，关帝庙忽遭炽火焚毁，"举所为起敬起畏者，尽已消归乌有"⑤。李从善在灾后进行募化和修缮，但

①（明）张九州：《新创莲池记》，《三晋石刻大全·运城市盐湖区卷》，三晋出版社，2010年，第196页。
②（明）张际可：《重贴关帝庙寝殿金身碑记》，《三晋石刻大全·运城市盐湖区卷》，三晋出版社，2010年，第208页。
③（清）成宁：《重修解州关帝庙碑记》，《三晋石刻大全·运城市盐湖区卷》，三晋出版社，2010年，第323页。
④（清）侯世汾：《重修崇宁宫三清殿庑碑记》，《三晋石刻大全·运城市盐湖区卷》，三晋出版社，2010年，第227页。
⑤（清）李从善：《庙火布施记》，《三晋石刻大全·运城市盐湖区卷》，三晋出版社，2010年，第262页。

因工程浩大，未能完成。

康熙四十二年（1703），康熙帝西巡经过解州，拜谒关帝庙，敕令修复，"今上御极之四十有一年，岁壬午夏，关夫子庙灾。越次年，癸未冬，皇上圣驾西巡，道幸解，见之忱然，敕加意修复。会当事者弗善事，遂中格十余年，来过者叹，拜者泣，徒奔走于荒烟蔓草而已。"①虽然是康熙皇帝金口玉言的敕命，但因当事者不善事而搁浅。到康熙四十八年（1709），解州知州祝增到任开始重新修复，"越己丑（1709），海宁祝老公祖来牧解。甫下车，赡拜彷徨，即锐意兴复，大力独运。首从春秋楼起，以次创复。洎三年壬辰，公以循良冠河东，今抚宪苏公特题超升平阳大尹，承天子命，踵成前事。公益鸠材庀工，其用不赀，经营措办，运化若神。甫二年而厥功告成，不减于初。"②从康熙四十八年解州知州祝增复修到继任者陈时续修，到康熙五十三年（1714）修缮基本完成。康熙五十六年（1717）重刻康熙二十八年之规约碑，重申对庙产的保护和监督。③

乾隆十八年（1753）知州韩桐到任后，在百废俱兴中，承前辈之迹，致力于关帝庙的修复工程。后因调任忻州，由张镇代之重修关庙。《重修关帝庙记》载："至本朝康熙壬午，陡遭回禄之变，画栋雕梁，荡为灰烬。越数岁，海宁祝君增照依旧规重建，迄今五十余载，廊庑倾颓，金碧剥落。前牧中州韩君桐，劝捐五千余金，择绅士之老成者董其事，殿阁长廊以次葺补，重绘帝之遗事于壁间，功兴未半，旋调忻州。山左张君镇，踵而修之，经营区画，备极匠心。以从前乐楼逼近正殿，士女喧哗，颇觉亵渎，遂移建雉门内，而雉门复增高之。重立牌楼，益加宏敞。午门旁增置牌坊各一，盖鸠工庀材已三载于兹矣。又念庙南旧祀结义神像，内有池沼遗址，疏其湮塞，砌以砖石，植以芰荷。其中只建亭榭三楹，总开四面，额曰'君子'。高埠四围中，桃红与柳绿相映，修竹偕古柏交加，自春徂冬，清香远袭，仿佛昔日桃园胜境也。"④这次重修，图绘关帝故事于廊壁间；又将乐楼移建雉门内；增高雉门；重立牌楼；午门旁增置牌坊；结义园内种植荷

①（清）介孝琛：《重修关夫子庙碑记》，《三晋石刻大全·运城市盐湖区卷》，三晋出版社，2010年，第268页。
②（清）介孝琛：《重修关夫子庙碑记》，《三晋石刻大全·运城市盐湖区卷》，三晋出版社，2010年，第268页。
③（清）《饬永禁霸截山水侵占关庙廊房碑记》，《三晋石刻大全·运城市盐湖区卷》，三晋出版社，2010年，第264页。
④（清）乔寿恺撰：《重修关帝庙记》，《三晋石刻大全·运城市盐湖区卷》，三晋出版社，2010年，第290页。

花，建亭榭，前后历时三年有余，进行了一次比较全面的修缮。

乾隆二十七年（1762），知州言如泗重修关帝庙，"庙南有园，左右莲池，前为君子亭。林木翁郁，池泉清澈，颇有幽趣，游人于兹憩息焉。后建结义庙三楹，左关，右张，中位昭烈，遥与大庙相对。余莅州瞻谒，心窃不安者久之。粤稽三国本传，昭烈为平原相，夫子与桓侯为别部司马，分统部曲；与二人寝则同床，恩若兄弟，而稠人广坐，侍立终日。桓侯传又称，夫子年长数岁，飞兄事而已。结义名称非古也，矧君臣分定，并坐一堂，且君庙北向，臣庙南向，神其安否？余进州人士而正告之，桃园结义正史不传其说，夫以异性不啻同气友恭，推及朋侪。夫子一片丹诚，同心勠力，共扶汉室，始终不渝。不特可以风后世之为人臣，并可以风后世之为人弟、为人友者。其说至今存可也。师其意，不妨留其迹，爰撤像绘图，仿佛当年微时景象。并重构数楹，勒石于内，题额曰'结义园'"①。知州言如泗主要是认为结义庙之位置不当，刘备为君居中，庙宇应该南向，而此时关帝庙宇南向，刘备庙宇反而北向，不符合君臣上下等级之规制，将庙改为北向，进而认为"桃园结义"也非正史记载，因而恢复三人未称帝时的"情景"，绘图刻石贡阁中，改额"结义园"。

乾隆三十五年（1770）民众捐造关帝行轿。②乾隆三十七年李友洙任解州牧，历时5年修缮关帝庙、扩建结义园，"疏渠引泉，复达于园之前后三池。阁之后，面渠筑三楹，颜曰'教忠堂'，尊夫子之道也。环以长廊，辅以夹室，结构宏整，风气益固。两池之旁各建舟亭以临之，一曰'秉正'，一曰'尊王'，明结义之志。于是园之胜概毕臻，规模亦略载矣。人有余力，彻庙之内外更而新之，若御书楼，若大殿、乐舞楼、午门、两庑画壁、钟鼓楼、庙城及门东西坊两重次第修理。起癸巳孟春，迄于丁酉季夏，阅五载而工竣焉。"③此次重修，主要是恢复了结义园，并增设舟亭，对御书楼、大殿、乐舞楼、午门、两庑画壁、钟鼓楼、庙城及门东西坊也进行了修缮。将殿堂命名为"教忠堂"，舟亭以"秉正""尊王"命名，无不表达向关帝学习，教导民众"忠诚""守正""尊王"的思想。

①（清）言如泗撰：《重修结义园记》，《三晋石刻大全·运城市盐湖区卷》，三晋出版社，2010年，第292页。

②（清）《捐造灵佑大帝行轿布施碑记》，《三晋石刻大全·运城市盐湖区卷》，三晋出版社，2010年，第301页。

③（清）李友洙：《重新大庙增修结义园记》，《三晋石刻大全·运城市盐湖区卷》，三晋出版社，2010年，第307页。

　　嘉庆十年（1805），分守山西河东平蒲解绛霍隰地方水利兵备道兼管山陕河南三省盐法道刘大观主持重修解州关帝庙。这次重修规模比较小，"嘉庆九年（1804）甲子，河东旱，民饥。圣天子忧之，命缓征，舒民力。乙丑又旱，民益以不支，命发帑抚恤，又以廪粮，食河东二十六州县之饿者。一夫失所，惟有司是问……是帝庙之重修，观尤不敢不竭其诚，用殚其力也。解州刺史吴君率乡耆、翰林院待诏马见龙、江西安远县知县马凌云、陕西试用知县侯在忍、寿阳县训导李逊志等襄理其事。"①此次重修关帝庙正值旱灾之后，主要依靠官府力量。

　　三年后，解州知州成宁于嘉庆十三年（1808），对解州关帝庙又一次开工修缮，"虽庙貌尊严如旧，而栋宇渐就倾圮，瞻拜之下，愀然动容。窃欲鼎而新之，以费巨未敢发也。适河东观察来谒，言及此举，观察瞿然曰：'此盛事，必当为；为之，必不可缓。'乞余捐廉倡始，不足者募之。及旋太原，又谋之方伯金公。方伯曰：'某前任河东，蓄此志而未果，适拜湖南臬司之命，至今耿然。今得捐俸以酬夙愿，不胜幸甚！'自是廉访观察郡守以下皆趋义，输金各有差。诸郡富户及河东商人亦踊跃从事，经画一载而费集。敬卜戊辰八月二十七日兴工，次年六月初六日告成。"②此次重修主要由解州知州成宁组织募集资金，地方官员、富户、商人均参与其中，用时9个月完成修缮。

　　嘉庆二十年（1815）解州一带再次发生大地震，关帝庙在这次地震中遭到严重破坏。立于道光五年（1825）的《重修关帝庙碑记》记载："州牧保英上其事于当路，经衡体斋、成果亭先后两中丞暨僚佐捐俸以助，而运商与往来行商亦共乐为输赀，约得银七千有奇。未几，保公去任，州牧徐公承庆，实经始之而未竟也。余莅任兹士，拜瞻之下，怅然久之。因亟择晋绅中之老成董其事，经营区画，鸠工庀材，倾者扶之，缺者补之，漫漶者修饰之。起功于甲申五月，至乙酉秋季，凡阅十七月而落成。自殿庑行廊以及坊壁台砌，去故取新，坚固壮丽如昔焉。"③　震后庙宇毁败，州牧保英即上报，筹银七千余两，保英调离后，继任州牧徐承庆亦着手筹建未竟，后在知州张秀芝的主持下，道光四年（1824）5月开

————————

　　①（清）刘大观：《重修解梁关帝庙碑》，《三晋石刻大全·运城市盐湖区卷》，三晋出版社，2010年，第324页。

　　②（清）成宁：《重修解州关帝庙碑记》，《三晋石刻大全·运城市盐湖区卷》，三晋出版社，2010年，第323页。

　　③（清）张秀芝：《重修关帝庙碑记》，《三晋石刻大全·运城市盐湖区卷》，三晋出版社，2010年，第347页。

展重修工作，用时17个月至道光五年秋终于完成。此次重修庙宇费时之长、历任官员之多是前所未有的。

解州关帝庙自道光五年修缮后，历经40余年，其春秋楼损毁严重，楼将倾圮。咸丰九年（1859），知州叶筱珊即筹划重修，但因筹费艰难到清同治六年（1867）方才动工。知州朱煐接任后，采取多种筹资措施，重修春秋楼，终于同治九年（1870）竣工。"春秋楼仍复旧观，凡庙宇廊房碑门楼阁靡不焕然一新，金碧照耀。又常平庙、结义园均藉一律修饰完竣。园内旧有池，池栽芰荷，仍疏凿种植，以复其旧，并植桃百余本，志当年胜迹焉。"①解州关帝庙大规模重修的同时，常平关帝庙也一并得到修缮，从咸丰九年（1859）到同治九年（1870）间对庙宇的重修是碑刻所见规模最大的一次。同治重修关帝庙工程主要由官府主导，两庙同时重修，动员官员、商户、民众数量甚巨，捐资巨大，同时制定庙宇的管理制度，特别是将庙宇的庙产管理权从道士手中收归绅商组成的董事会管理，由官府监督。"从盐纲筹银三千两，乃克诹吉修建，而经费不敷尚巨。程公立斋到任，又会同绅耆邀集士庶客商，或计资，或按地，或分铺户，定施助之多寡，共集银一万四千五百余两……所用尤不给也。煐闻之，窃用慨然。盖帝庙每年房地租银为数略计二千两，何听其悉归乌有？每遇大工，动须国帑民赀，方能举办。噫！此司土者之责任也！爰不辞怨谤，剔积弊，定章程，即于是年四月会毅然举行。"②从盐税中筹集经费，又按照商人资产、民人地产、商铺摊派集资，同时使用关帝庙出租房产、土地的租金等，将两处庙宇修葺一新，共耗资近两万两白银，可谓耗资巨大。同时，对庙内的房产、田地等财产进行清理整顿，制定了12条规定，以清除历年资产管理积弊。

光绪年间解州关帝庙再次遭受火灾，"自光绪丁未、己酉间，连遭回禄，致将午门，大门，乐楼，东西角门，东华、西华二门，钟楼及牌坊并庙内外廊房百余间、部将祠、追风伯祠、官厅、崇圣祠大门概成灰烬。解之绅商士庶触目惊心，欲重新之，苦力不举。幸蒙前清解州直隶州知州李公保邦，转详河东观察陈公际唐，体国家崇祀之心，察士民尊神之意，派员勘验，估工需银三万余两。陈公许由盐务项下筹银一万五千两，令本地绅商士庶担负银一万五千两，合成三万

---

①（清）朱煐：《关帝庙重建春秋楼碑记》，《三晋石刻大全·运城市盐湖区卷》，三晋出版社，2010年，第382页。

②（清）朱煐：《关帝庙重建春秋楼碑记》，《三晋石刻大全·运城市盐湖区卷》，三晋出版社，2010年，第382页。

两，计大工可成。不意道署只领银三千两，商界募款尚未交齐，民军忽起而工止矣。计前之修成者，庙内外廊房百余间，乐楼、大门、文经门、武纬门、东华门、西华门、部将祠、追风伯祠、官厅等工约计费银一万四千两有奇。民国成后，时势变迁，盐款由运司专管，道署无从筹凑，午门、牌坊、钟楼、崇圣祠大门各工因之停顿。迨民国八年，士绅因前工未竞，设法筹款，复谋兴修，午门始克动工。"①此次开始于光绪三十三年（1907）的修缮规模大，耗费甚巨。

"午门一役，十余年来未有敢言建筑者，诚以工程浩大，筹款维艰，非得强有力者为之提倡，万难集事。幸我知事徐公莅任是邦，入庙展拜，瞻望咨嗟。进士绅而问其故，士绅且殷殷恳请。公慨然曰：'是余之责也！汝第鸠工庀材，我当有以筹之。'先拨志诚公局加增三成房租益之，以该局存款二千元，再将贡院万寿宫房屋地基作价购买，以资弥补。有此巨款，克日兴工，仍有不足，商民捐助。开始于九年正月，且告督工士绅，绘旧日午门图以进。"②民国11年（1922）才逐渐恢复。

抗日战争期间，解州关帝庙被日军炮火毁坏，"自国是日非，兵连祸结，延至二十七年仲春初，解县因受战事影响，遂致崇宁殿、圣母殿、嗣圣殿、春秋楼、刀楼、印楼并廊房百余间东西官厅等处多被炸毁。"③其时运城已经被日军占领，处于沦陷区，因此碑文比较隐晦，并未直言是日军炮火毁坏庙宇。重修碑文后刻有日本守备队日军名字以及维持会汉奸名字是日军侵略中国的罪证，也是一些数典忘祖汉奸的罪证。

总之，关帝庙从宋代大中祥符年间建立，历任地方官员都将修建关帝庙作为重要职守，持续修建，规模和影响也不断扩大。宋元祐年间重修，时隔约80余年，到金代泰和年间再次重修也已经过去110余年，到元代至元三年重修，时隔50余年，之后大德七年重修，时隔37年，到皇庆元年再次重修，时隔9年，到泰定（1324—1328）年间再次重修，时隔约12年，到至正年间再次重修时隔约30年。明清时代修缮更为频繁，史载明确的重修在明代约有11次，清代约有14次。

---

① (清)袁履泰：《重建关帝庙大门乐楼暨东西角门东华西华各门钟楼内外廊房崇圣祠大门工程碑记》,《三晋石刻大全·运城市盐湖区卷》,三晋出版社,2010年,第436页。

② (民国)曲乃锐：《重建午门碑记》《三晋石刻大全·运城市盐湖区卷》,三晋出版社,2010年,第437页。

③ (民国)李舜卿：《重修关帝庙碑记》,《三晋石刻大全·运城市盐湖区卷》,三晋出版社,2010年,第461页。

庙宇颓坏的主要原因是自然风雨侵蚀以及地震、天火等规模性损坏，但也有人为的因素，如明末战乱、人为用火不慎，以及日军炮火的破坏等原因导致庙宇损坏。一般情况下，砖木结构的建筑5年到10年左右就需要修缮，30年则需要大修，应该有很多规模不等的修建活动并未载入史册。

解州关帝庙在历史上屡次重修，规模大小不等，大则整体维修，增设建筑，小则为塑像贴金绘饰，或者增设塑像、楹联等，资金来源主要依靠官府官款以及庙产收入，其中又分为香火收入与庙产租金收入。商人、信众等的布施则发挥了辅助性作用。寺庙维修持续时间短则数月，多则数年，主要以政府主导为主，甚至直接由皇帝下达敕令修建，而国家巡盐御史、省府官员下令重修，并直接参与其中的情况也不在少数。重修次数多，规模大，参与人数多，波及范围广，充分说明关帝庙已成为国家从最高统治者到地方官员高度关注的神圣庙宇，关帝庙在解州民众心中也具有崇高的神圣地位，同时也表明国家和民众对关公的虔诚崇奉。

第二节　常平关帝家庙的建立与重修

常平关帝庙为关公祖宅家庙，因而与解州关帝庙同样具有重要地位，"解梁为关圣帝君发祥之地，而常平尤祖茔故宅所在，距州东南二十里许，前拱条峰，后依磑池，建塔立庙，由来久矣。春秋祀典，与城西之大庙并崇。"[1]关羽祖宅的最早记载是金大定十七年（1177）《汉关大王祖宅塔记》"今者本庄社人王兴，将一千五十四年前祖塔重加完葺，伏愿神灵降佑一境之中，万事清吉，风调雨顺，国泰民安，命开为记。"[2]庄人王兴将祖塔重加完葺，并未载述是否建立庙宇。金元时期的史料缺失，应该这段时期也有持续的修缮活动。

明代"一修于成化丙申（十二年1476），再修于嘉靖癸未（二年1523），继修于庚寅（1530），皆乡民私葺，官不与知焉。"[3]嘉靖初，巡按侍御王秀竖石为坊，

①（清）王凤翰：《重修常平庙记》，《三晋石刻大全·运城市盐湖区卷》，三晋出版社，2010年，第336页。

②（金）张开谨：《汉关大王祖宅塔记》，《三晋石刻大全·运城市盐湖区卷》，三晋出版社，2010年，第36页。

③（明）徐祚：《解州常平里重修汉义勇武安王庙记》，《三晋石刻大全·运城市盐湖区卷》，三晋出版社，2010年，第109页。

榜曰"关王故里","后来君子以为坐背考妣非宜，乃改庙南向，前面中条山，后倚鹾池，挹灵吞秀，于义尤当。"①巡盐侍御尚维持，发帑金以倡，侍御史宋仪望、前解守张侯习、判官王大用各捐金以相其成。解州知州徐祚移石坊于前衢，外为大门四楹，耳门各二楹，中建虚榭，以为乡民伏腊陈献之所。正殿六楹，缭以回廊，环列一十五柱。东西建庑各十楹，绘王神绩。后为寝宫四楹，缭以十二柱，金碧辉煌，谒者改观。解州知州徐祚在前任基础之上持续营修，增修寝宫、大门、耳门、虚榭、回廊、庑房并绘制关帝壁画。

嘉靖三十四年（1555），陕西、山西、河南交界处发生大地震，"声如雷，渭南、华州、朝邑、三原、蒲州等处尤甚。或地裂泉涌，中有鱼物，或城郭房屋，陷入地中，或平地突成山阜，或一日数震，或累日震不止。河、渭大泛，华岳、终南山鸣，河清数日。官吏、军民压死八十三万有奇。"②解州紧邻蒲州，受灾严重，关帝庙亦受到严重损坏。嘉靖四十年（1561），河东盐运使司盐法道高梦说载述据说是发现了关公祖父的坟台、墓道，并进行了修葺。

嘉靖四十三年（1564）"乡老卫有智等状，赴钦差巡按山西等处监察御史胡处告准批行。"③嘉靖四十四年，钦差巡按山西等处监察御史胡钥"命州守陈秉政，查有香缯银若干两，里人请为修葺。……乃修正殿五楹，前为献台，中虚四达，报祭有所。东西行廊二十楹，廊下有亭，亭南为仪门，祖塔在其东。再南为大门，门外有坊有壁，以壮观瞻，蔽内外。后为寝宫五楹，左右房六楹，迤东为道院，祀香火者居之。院建老子殿三楹，墙垣周围百丈，饰以缭檐，宏敞雄丽，视其改观。工始于是年夏，落成于冬，上不废官，下不劳民，经画宜而财用当，可以观公之用心矣。"④监察御史胡钥重修了常平关帝庙，并发祭文祭祀了关帝。这次常平关帝庙修建由胡钥等官员主导，乡老民众参与，修建起因颇富神秘色彩，胡钥称经历了关帝梦兆。修建之后的关帝庙规模宏大，同时可见其由道士住持，并附带建立了道院，建有老子殿。这种情况反映了嘉靖时代道教的兴盛发

---

①（明）徐祚：《解州常平里重修汉义勇武安王庙记》，《三晋石刻大全·运城市盐湖区卷》，三晋出版社，2010年，第109页。

②（清）张廷玉：《明史》卷三十，中华书局，1974年，第500页。

③（明）陈道：《常平村重修关公故里祠墓碑记》，《三晋石刻大全·运城市盐湖区卷》，三晋出版社，2010年，第122页。

④（明）栗轩、李瑶《重修解州常平义勇武安王庙记》，《三晋石刻大全·运城市盐湖区卷》，三晋出版社，2010年，第121页。

展，也是迎合圣意之举。①同年，河东察院还重修了常平关帝庙井塔。②

隆庆元年（1567），陕西咸宁人吕文南任解州知州"下车谒庙……辄捐俸为倡，命乡耆醵金而董治之。于是恢厥址，备厥制，增无壮有，式侈厥观。门外屏以琉璃，四周围以垣堵，寝殿益以暖阁，鼎疱斋之建，新廊庑之饰，施三清道院之丹垩，培迤西护庙之堰防。区画详密，制度崇严，翼然焕然，爰殊往格。工始于丁卯之秋，竣于戊辰之春。"③解州知州吕文南修复常平关帝庙，并为关帝庙购置庙产，"于是慨然许买地，以裕其后。既过四月八日，王行祠之会且毕，而香税之获会计，当已于斯之时，遂给银拾两有奇，买地贰拾余亩，贻司庙者长久之计。"④碑文详细记载了所置买的5段地的方位、四至、亩数及所花费的银两。

明万历二十一年（1593）八月之前有一次对关帝庙的修缮，"近因庙宇重修，在城居民敬具牌一面，门对一副，上伏用识花名示后，以垂不朽。"⑤这次修缮似乎是民间人士私修，后乡民又赠送了具牌、门对。

明万历四十五年（1617）巡盐御史王远宜到解州后对关帝庙进行了修缮，"常平撮土村落耳，遥瞻异色缤纷，不似人间烟火处，至则父老叩马曰：此关帝故托生地也。其中庙貌备具，而殿廊□□尽剥……于是爰出赎锾修葺，……役不征民，价不准官，估值犒匠，量工程材，悉如平有兴作者。故茸溽漏而风雨难穿，撑柱楹而云霞与跻，饰绘黛而星日为昭。至瓦椽脊兽，户牖甃垣，无不隆隆然，易从前之制度，凡四阅月告竣矣。"⑥这次重修也主要是由知州发动官商捐资。

明崇祯二年（1629）因关帝庙庙产丧失无踪，解州知州等人出面再次为关帝庙购置土地24亩，并且详细规定了庙产地租收入的使用和祭祀管理制度。⑦

清代随着统治者对关帝信仰的大力推崇，对关帝庙的修建更加频繁。康熙二

---

①（明）胡钥：《监察御史胡钥题铭碑》，《三晋石刻大全·运城市盐湖区卷》，三晋出版社，2010年，第122页。

②（明）《重修井塔题记碑》，《三晋石刻大全·运城市盐湖区卷》，三晋出版社，2010年，第122页。

③（明）毛为光：《重修常平武安王庙记》，《三晋石刻大全·运城市盐湖区卷》，三晋出版社，2010年，第127页。

④（明）《买地碑记》，《三晋石刻大全·运城市盐湖区卷》，三晋出版社，2010年，第127页。

⑤（明）《居民敬具牌并门对碑》，《三晋石刻大全·运城市盐湖区卷》，三晋出版社，2010年，第150页。

⑥（明）王远宜：《重修常平关帝庙记》，《三晋石刻大全·运城市盐湖区卷》，三晋出版社，2010年，第190页。

⑦（明）张法孔：《祀田碑记》，《三晋石刻大全·运城市盐湖区卷》，三晋出版社，2010年，第200页。

十三年（1684）常平村生员于昌组织重修关帝庙，创建乐楼，重修塔亭。[1]据称又因为村民张正经、宸发科"梦塔亭之中有二铁人，从地下分土而出，遂呼众扶置供桌之上。次日，二人言梦中之事略无异焉。"[2]因此"梦感"因缘而创塑关帝父母二金身。参与此次重修者有盐池司巡检王闻、乡耆宸发科、生员靳毓琦，还有周边安邑县、平陆县、夏县、闻喜县、猗氏县、临晋县、曲沃县、绛州、虞乡县等近70个村落600余人捐资，多者也不过五分，少者数钱，也有村民直接捐谷物等实物者，亦有数人共捐一分者，亦有妇女、商人参与其中。每村基本都有一人为首事人，应该就是通过首事人组织村民捐资。从中可见，民间社会通过修庙而形成一种交流和往来的村落关系，同时可以看出民间社会的组织力量和庙宇影响的扩展范围，与修庙者的官方背景以及民间社会乡耆的影响力和活动能力密切相关。

康熙二十八年（1689）巡视河东盐课、浙江道监察御史郝惟谦"视鹾来此，闻解州夫子庙与常平庙并列春秋祀典，因洁具牲币，谒祭于解。睹殿宇之巍峨，气象森然，灵爽如在。父老为余言，此李直指所题请敕修也。及历常平瞻拜，则垣宇倾颓，几不蔽风雨。……爰议择吉日，以为完葺之计。"[3]"乃首先捐俸，募诸同志，人多踊跃乐助之。而守兹土董厥成者，则解州知州万象也。是役也，经始于是年夏五朔七日，落成于孟冬望前二日。轮奂再美，金碧重辉，亦既翚飞而鸟翊矣。"[4]巡视河东盐课、浙江道监察御史郝惟谦与解州知州共同组织完成了对关帝庙的重修。

康熙二十八年在官民共同捐资之下，修建关帝庙祖茔并立碑，修建戏台，增设塑像，装饰殿宇，增添门对并演戏酬神。"倡诸生员于昌，乡耆王鸣凤、王国禹等募之；四方善男信女，不拘分文升粟。台成矣，塔前无像，远近之人不知是圣父母，进庙而无瞻拜之礼。又商同于昌、王鸣凤等募化，塑像告成。蒙堂台匾题'麟经启后'。又有闻喜县武令讳宣，见像问及，备猪、羊各二，祭果等项，

---

①（清）于昌、于叔雄：《创塑关圣父母金身碑》，《三晋石刻大全·运城市盐湖区卷》，三晋出版社，2010年，第236页。

②（清）于昌、于叔雄：《创塑关圣父母金身碑》，《三晋石刻大全·运城市盐湖区卷》，三晋出版社，2010年，第236页。

③（清）郝惟谦：《募修常平关夫子庙记》，《三晋石刻大全·运城市盐湖区卷》，三晋出版社，2010年，第241页。

④（清）郝惟谦：《重修常平关夫子庙记》，《三晋石刻大全·运城市盐湖区卷》，三晋出版社，2010年，第244页。

挂金字匾题'啓圣同光',粉板对一联;帝殿金字匾题'媲嫩昌平',粉板对一联,红龙袍一件;修楼下刺,添修屏门洞一座,蒙堂台额金字匾题'关帝古冢'。今人人知是帝家。进庙者,塔前有像,人人拜礼。"①之后又购置地产,出租生息,确保祭祀和献戏的持续。

解州知州柯江阌于康熙三十三年(1694)重修关帝庙,"今兹阌守邦二年矣,乃从道官许礼垣之请,自像而堂宇,以渐经营,视昔改观雅兴。大殿称东有道院三楹,亦修葺,无风雨忧,以司钟启闭。需金若干缗,尽出崇宁宫香火之余,别无募助。首厥事者礼垣也,董其工更解囊襄事者,盐池司巡检王闰公、后裔奉生员关守正也。"②这次重修是道院之道士提请知州重修,由盐池司等人捐资修建。

康熙四十八年(1709),四川川北等处总镇都督府江南淮安府三阳县王应龙曾于路过常平,并许愿"神若保佑官职升转,愿输俸金以修萧墙。"③康熙五十一年(1712),寄到还愿银5两,乡首又募集众人对关帝庙萧墙、乐楼进行了重修。

雍正初年"有圣旨诏天下,咸立设关圣三代祠,恒以妥神灵,以光孝治,意至深也。"④"嘉公之忠,重公之义,特赐之匾曰:'义炳乾坤'。又敕封三代,以示尊崇之至意。"⑤雍正二年(1724),解州知州杨书"余癸卯牧兹土,适茔域为山水所冲,余饬修之。越甲辰(二年)三月,而工乃竣。"⑥

雍正三年(1725),解州知州孔传忠续修关帝庙,"余除夏邑时,适州谒常平庙,瞻拜之下,见其廊庑倾颓,殿宇损伤……余乃捐俸六金,更劝其化缘于四方。幸时和年丰,自省台大人以至绅绅士庶,莫不乐输。遂起工于雍正三年,寻知解州,至七年,虽王殿寝宫之未举,而余功已告竣矣。"⑦此次重修,捐资者众

①(清)王为靖:《新立清明节会捐输银碑记》,《三晋石刻大全·运城市盐湖区卷》,三晋出版社,2010年,第243页。

②(清)江阌:《重修常平寝殿碑记》,《三晋石刻大全·运城市盐湖区卷》,三晋出版社,2010年,第246页。

③(清)于叔雄:《重修乐楼萧墙记》,《三晋石刻大全·运城市盐湖区卷》,三晋出版社,2010年,第261页。

④(清)王治久:《怀仁县新建关圣三代祠募施碑记》,《三晋石刻大全·怀仁县卷》,三晋出版社,2014年,第78页。

⑤(清)孔传忠:《重修常平关公庙碑记》,《三晋石刻大全·运城市盐湖区卷》,三晋出版社,2010年,第277页。

⑥(清)杨书:《重修关公祖墓碑记》,《三晋石刻大全·运城市盐湖区卷》,三晋出版社,2010年,第272页。

⑦(清)孔传忠:《重修常平关公庙碑记》,《三晋石刻大全·运城市盐湖区卷》,三晋出版社,2010年,第277页。

多，涉及陕西都察院御史、山西布政使、山西按察使、太原知府、大同知府等地方高官以及众多商号以及邻近省份、县域民众，参与人数多，捐资踊跃。

乾隆三年（1738），主要由乡民发起在乐楼西边创建商铺，"不惟乐楼深厚，足蔽风潇，来时即遇春秋二会，可寓客商贸易，所费无几，其关甚大。"①商铺作为关帝庙的重要资产，可为关帝庙增加租税收入，用以日常香火之资和维修之用。

乾隆二十七年（1762），解州知州言如泗拜谒常平关帝庙，"环视庙中，见寝宫后基址隆然，两庑材木瓦石垒积，乃知康熙四十一年议建祖殿，曾筑台基，因大庙回禄，未获兴举。乾隆二十二年，前张守甫经购材，仍复中止。如泗瞿然，为帝心垂注，梦兆有由，敢弗仰体孝思，续成前志。因即旧基创建祖庙，中祀敕封光昭、裕昌、成忠三公，配以三代圣母并祀，忠谏大夫以为艺祖。不特忠肝义胆，一脉流衍，崇祀一堂，后先辉映。"②此次修建据说也与知州言如泗梦兆有关，创建了祖庙大殿，祭祀关公三代祖先，并将传说中的夏代名相关龙逄作为先祖祭祀。

解州知州胡龙光于乾隆六十年（1795）续修关帝庙，据说也是应梦境而促发其维修庙宇之心，"是日诣庙，礼毕，余周览殿旁，见碑记，则言公始建后殿所立也。读其文，则以感梦为缘起，恍然触于余梦，怦怦焉而心动，茫茫焉而未得其旨也。行至殿后，则墙裂缝，罅阔寸许，隤然欲圮矣。噫嘻！有是哉？趣召匠程工，即日就筑，而观察使金筠庄先生，亟捐俸相助，始藏事焉。夫以先圣精爽所式凭，修废举坠，固守土之责，然忽不及察，则后时矣。藉非余梦，而又触于言公之梦，数日而墙必坏，墙坏而殿内之主皆有覆压之虞，虽修不已迟乎？"③胡龙光认为梦境是关帝显灵，指示其修缮祖庙，进而显示了关帝的"孝心"云云。

嘉庆十九年（1814）五月，盐法道陈中孚至常平帝里，入庙虔拜，目睹庙宇颓塌摧残十几四五，"遂出俸金，倡僚属，集众商，谋修举，择老成历练者董其事。鸠工聚材，缺者补之，堕者起之，腐者易之，旧者新之。内有寝殿，外及楼

---

①（清）于乘□：《创建乐楼东铺房记》，《三晋石刻大全·运城市盐湖区卷》，三晋出版社，2010年，第282页。

②（清）言如泗：《常平里创建关圣祖庙记》，《三晋石刻大全·运城市盐湖区卷》，三晋出版社，2010年，第296页。

③（清）胡龙光：《常平庙帝故宅重修寝宫碑记》，《三晋石刻大全·运城市盐湖区卷》，三晋出版社，2010年，第319页。

台，丹墁垩涂，檐阿华彩，赫赤甲囊。时庙外旧之堤防，山水淀淤，频年为患，因相地，筑石堰以卫，东西长二十余丈，高厚俱称，自是可无流潦浸灌。又庙南二里，山半为帝祖茔，下临深涧，每盛夏大雨，率多冲损。乃增厚基址，整理墓道，崖下筑短堤，以缓水势。"①陈中孚组织重修了寝殿等建筑，并加固了庙宇外围的堤防，增厚庙南祖茔基址，修筑防水短堤。但可惜的是，庙宇刚刚修缮完成之第二年，就发生了大地震，损坏尤多。

嘉庆二十二年（1817），在官府组织下再次重修，"钦使少司寇芝详请抚军，以常平庙归司马沈君承修。由是设缘簿百本，内自京师，外达川、浙，近连本省，名公巨卿，大僚小吏，士农商贾，咸乐助焉，计得银三千六百有奇。沈君详审周密，经营数载，始克有此，盖亦贤劳之甚矣。责令余兄前漳县令凤起，偕同邑候选盐场王应楷董其事，车马仆赁，均系自备。岁己卯，兄即世，应楷独任之。经始于丁丑季秋，落成于庚辰（嘉庆二十五年，1820）孟秋，共物料银二千二百余两，土木等匠一万五千余工，计银一千四百余两。"②此次修建，前后经历三年多时间，省内省外设缘簿广泛募集资金，耗费白银三千六百余两才将庙宇修缮完成。

道光十五年（1835）盐法道但明伦再次重修常平关帝庙，"是役也，明伦捐廉三百金，蒲州守查君克丹捐廉一百两，东场龚大使自阆捐廉五十两，坐运商人共捐银五百两。"③

道光二十三年（1843）解州知州徐丽生拜谒常平关帝庙，"见卧草栖烟者坟冢，饮风吞雨者厅楼，不禁慨然思葺。兹因河东道宪且捐银五十两，安邑知县袁、夏县王各捐银四十两，囊厥成功。"④

道光二十九年（1849）解州知州陈祖"筹经费数百金，重加修葺，筑祖陵萧墙四十余丈、石崖二十余丈，建祖庙东西官厅两廊、前后甬道、周围垣墙，并创立庙房三间。经始于夏，告藏于秋，不数月而落成焉。未请帑金，不烦民力，而

①（清）陈中孚：《重修常平关帝庙记》，《三晋石刻大全·运城市盐湖区卷》，三晋出版社，2010年，第331页。

②（清）王凤翰：《重修常平庙记》，《三晋石刻大全·运城市盐湖区卷》，三晋出版社，2010年，第336页。

③（清）但明伦：《重修关帝庙暨祖茔陵寝碑记》，《三晋石刻大全·运城市盐湖区卷》，三晋出版社，2010年，第352页。

④（清）徐丽生：《帝君祖茔碑记》，《三晋石刻大全·运城市盐湖区卷》，三晋出版社，2010年，第360页。

陵寝完固，庙貌焕新。"①

道光以后，国难日重，民生艰难，直到民国年间才再次重修，"岁癸亥，余承乏志诚公局，斯时城西大庙工竣，有余款，又准提大庙房租三成，作修常平庙款。起癸亥九月，迄乙丑冬月，两阅寒暑而工成。用款至万余洋元，亦地方伟大事也……即此庙工之修前二十年，即建议，无款而止。又议将庙内柏树变价兴工，仍无成。后民国肇建，以侯庙载在祀典，请款省督，准领七千元，竟口惠而实不至，后亦不敢再请。今乃以大庙少少余款，加以三成房租；房租又不能即得，拮据挪移，竟底于成。可知时至，而无庸卖树，无庸省款，亦能焕然聿新矣！"②可见，关帝庙的命运与国家的命运亦息息相关，国家遭难，民生凋敝之际，维修关帝庙之资金筹措就尤为困难。

总之，常平关帝庙被作为关公的家庙，至少在金代已经有塔，元明时期情况失载。明清时代修缮基本与解州关帝庙同步，史载明确的重修明代约有11次，清代约有15次。地方官员一般拜谒解州关帝庙的同时也会拜谒常平关帝庙，在修缮关帝庙的同时也修缮了关公祖上的坟茔，显示了民众对关公的高度认可和崇奉。解州关帝庙和常平关帝庙的修建主要以官方主持修建为主，规模大小不等，与岁月丰歉、社会治乱、国家盛衰直接相关，官员捐俸，商人捐金，少数情况会发动民众捐资和动用民力。重修碑刻中反复言说"未征民力"，说明官方在修庙的同时也非常重视爱惜民力，防止因为修庙而增加民众负担。

第三节　解州、常平关帝庙的修缮、管理与祭祀活动

介于解州关帝庙的重要地位，明清以来多数地方官都以修葺庙宇为职责所在，接续修理，锲而不舍，"凡有守土之责者，虔恭集事，人神以和，前守诸君子既有成效矣！洙从诸君子后张举而润色之，咸曰麻哉！神将永妥。后之继今者踵兹事，随时而整齐之，且事半而功倍。若斯巨丽，谓百世常新可也，能无厚望

---

①（清）《重修关帝祖茔家庙碑记》，《三晋石刻大全·运城市盐湖区卷》，三晋出版社，2010年，第364页。

②（民国）曲乃锐：《重建午门碑记》，《三晋石刻大全·运城市盐湖区卷》，三晋出版社，2010年，第450页。

于将来哉。"①解州知州李友洙认为修关帝庙是地方官的职责所在,"上报神功,下启黎民",是对历史的继承,也希望后来者能接续这种职责。实际是反映地方官治理地方的一种途径,是社会道德教化的有效途径,表彰先贤功勋,宣化良善道德,以图净化社会风气,实现地方德治,天下大安。

一、官方主导,官民合力,频繁重修,缘起各异

历史上,解州和常平关帝庙被持续重修,具体到每一次修庙的具体缘由各不相同,有的出于政治目的,有的则是为"还愿",有的是出于所谓的"梦感""显灵",修建之缘起充满了神秘主义的氛围,而实际的功能是发挥了稳定民众焦虑情绪、慰藉心灵、凝聚共识、鼓舞人心、安定社会的强大作用。

地方官员带头捐俸重修关帝庙,也是向皇权表达忠心和政治态度的一种方式,如解州知州吕文南一到任即拜谒常平关帝庙,"太守关中吕侯来,下车谒庙,……辄捐俸为倡,命乡耆酿金而董治之。于是恢厥址,备厥制,增无壮有,式侈厥观。门外屏以琉璃。四周围以垣墉,寝殿益以暖阁,鼎疱斋之建,新廊庑之饰,施三清道院之丹垩,培迤西护庙之堰防"②,巡视河东盐政监察御史何元英"康熙十有二年之冬,奉简书来巡河东,驻节于运城,明年夏五月十有三日,用牲币祭于城北武安王关夫子之庙,素衣以入,就位于庭,惕然深维。……况兹境为夫子发祥地,具汤沐,奉朝请,庙貌之弗饬,何以壮厥居?既祭而出,爰敕有司,备器执用,来会庙下,集诸共事,捐俸以制财用,乘时以蹴功役"③。地方官长到任伊始就拜谒关帝庙,或者巡视途经解州,都要拜谒关帝庙,从地方官府的责任出发,对解州关帝庙进行了重修。

又"余视醝来此,闻解州夫子庙与常平庙并列春秋祀典,因洁具牲币,谒祭于解。睹殿宇之巍峨,气象森然,灵爽如在。父老为余言,此李直指所题请敕修也。及历常平瞻拜,则垣宇倾颓,几不蔽风雨。……爰议择吉日,以为完葺之

---

① (清)李友洙:《重修大庙增修结义园记》,《三晋石刻大全·运城市盐湖区卷》,三晋出版社,2010年,第307页。

② (明)毛为光:《重修常平武安王庙记》,《三晋石刻大全·运城市盐湖区卷》,三晋出版社,2010年,第127页。

③ (清)何元英:《重修运城关帝庙碑记》,《三晋石刻大全·运城市盐湖区卷》,三晋出版社,2010年,第226页。

计。"①郝惟谦为巡视河东盐课、浙江道监察御史，同署参与修建者有镇守山西太原等处地方总兵官胡戴臣、河东陕西都转运盐使司运使苏昌臣、山西等处承宣布政使司分守河东道参政王毓贤等十余人，参与者既有中央一级高官，也有地方官，排列在后面者还有潞州、泽州、汝州等地之盐商。郝惟谦为霸州益津人，到常平后感慨前辈同乡王远宜曾修建常平关帝庙，于是也激发其修庙的意愿，"阅州志，吾乡前辈王先生远宜，于万历四十五年以御史巡盐兹土，曾为鼎新。五十年来无有继而葺之者，神将若有所恃焉？于是瞿然曰'余非霸人欤？先生与余产同、官同、所任之地同。然则继起而新斯庙，安知神之非余是恃乎？'乃首先捐俸，募诸同志，人多踊跃乐助之。"②

江闿于康熙三十年（1691）以举人任解州知州"今兹闿守邦二年矣，乃从道官许礼垣之请，自像而堂宇，以渐经营，视昔改观雅兴。大殿称东有道院三楹，亦修葺，无风雨忧，以司钟启闭。需金若干缗，尽出崇宁宫香火之余，别无募助。"③"他们代表着皇帝，而皇帝君临天下，被认为秉有天命，每一个官员因此就对辖境之内的精神安康富有全责。任职于地方者在春秋两季主持祭礼，充当国家祭祀司礼的角色。他们的职责是确保只有官府承认的祠庙才能得到庇护，并有义务为当地新的神祇上请于皇帝，最后，他们还有责任保护辖区免受灾害。正是由于此，官员们就去拜庙求神，祈雨求晴，驱逐瘟疫、蝗虫或追捕罪犯。"④

清代康熙赐常平关帝庙"义秉乾坤"匾额，又赐封关公三代之后，地方政府表现出极大的热情。雍正三年（1725）夏县知州孔传忠倡议重修常平关帝庙，雍正七年（1729）任解州知州，"幸时和年丰，自省台大人以至绅绂士庶，莫不乐捐"⑤。此次重修体现出官方主导，官民合修的特点。修庙对于官方和民间无疑是其双方都"心甘情愿""意气相投"的事情。通过修庙，官方树立了关心地方事务的良善形象，和谐了与民间的关系，也正是通过这种途径使得官民实现了共

---

① （清）郝惟谦：《募修常平关夫子庙记》，《三晋石刻大全·运城市盐湖区卷》，三晋出版社，2010年，第241页。

② （清）郝惟谦：《重修常平关夫子庙记》，《三晋石刻大全·运城市盐湖区卷》，三晋出版社，2010年，第244页。

③ （清）江闿：《重修常平寝殿碑记》，《三晋石刻大全·运城市盐湖区卷》，三晋出版社，2010年，第246页。

④ 韩森著，包伟民译《变迁之神——南宋时期的民间信仰》，中西书局，2016年，第9页。

⑤ （清）孔传忠：《重修常平关公庙碑记》，《三晋石刻大全·运城市盐湖区卷》，三晋出版社，2010年，第277页。

商事务的一种模式和氛围。此次捐款人员以官员和商号为主，官员级别比较高，有中央派驻地方的都察院左副御史、山西布政使、山西按察使以及太原府、大同府、平阳府、朔平府知府，以及数量众多的地方上的举人、监生、廪生、增生、生员等官吏以及作为知识分子的后备官员。各地商号涉及山东、陕西以及山西曲沃、绛县、襄陵、永宁县、芮城、平陆、猗氏县等地70余座商号。同时，也可以看出，在捐修过程中，关姓后人也积极捐资，有芮城县大杨村、五头村，平陆县关家窝，猗氏县关直一枝等。这充分说明随着清代康熙、雍正皇帝对关帝信仰的大力崇奉，地方政府积极响应和跟进，同时也推助了民众的信仰热情，所谓的"关氏"后人，也以"关姓"为荣，积极参与祭祀以及庙宇维修的活动之中，从而达到凝聚族群的作用。对于入主中原的清政权也是欲借助关公信仰的普遍性、持久性、崇高性的信仰来收揽民心，统一思想，表现出与民众信仰积极保持一致的亲民态度，获得民众思想精神的认可，从而实现对中原乃至全国的统治。因此，关帝信仰对于清统治者的政治和思想意义远比明朝统治者要内容丰富得多，通过民众笃信的关帝信仰，清统治者向民众传递了亲和力和信任力，实现了思想上的沟通交流和协同一致，无疑是安抚和合融民众最有效、最便捷的方式之一。

官员和民众因生活中遇到各类事情而许愿，如果愿望实现，便会归功于所谓的"神灵应验"，并会适时还愿，如康熙五十一年四川川北等处总镇都督府江南淮安府三阳县县令王应龙因路过常平，目睹萧墙颓坏，许愿"神若保佑官职升转，愿输俸金以修萧墙。至五十一年果升四川北□镇。随遣差役曾世□、杨睿进银五两。以了前愿"①。

一些官员和民众因所谓的"托梦"而重修关帝庙。梦到关帝可能为事实，也就是当事人确实曾经做梦，但也不排除其以此为缘由，消弭反对之声音，增添神秘主义色彩，获得更多人的支持，"从农夫到官吏，人们都祈祷于神祇，梦到神祇，并用卜筮来与神祇相沟通。"②"人们锲而不舍地试图理解神的行为，梦境就为他们提供了一个其他信息所无法具备的特殊途径。"③如地方官徐祚为嘉靖乙未年进士，后任夏县、掖县县令，又于御史台任职，又任职青州、宁州，后转任解州。"余于己未岁叨登进士第，即梦谒一宫宇，彤庭宏敞，桧柏苍葱，睹王端冕

<hr>

① (清)于叔雄：《重修乐楼萧墙记》，《三晋石刻大全·运城市盐湖区卷》，三晋出版社，2010年，第261页。

② [美]韩森著，包伟民译，《变迁之神——南宋时期的民间信仰》，中西书局，2016年，第46页。

③ [美]韩森著，包伟民译，《变迁之神——南宋时期的民间信仰》，中西书局，2016年，第59页。

坐殿上。既而除知夏县，夏为解之属邑。余以事如解，趋谒王祠，宛然梦境，心甚异之，以为奇兆，寻丁外艰，还服阙补，知莱之掖县。入登乌台，出守青郡，俄谪倅西江之宁州，前后凡十八年。乃转知解州，始知前梦之示端兆于斯，不独形宰夏之征而已也。视篆后，往来经常平，祗谒王祠，乃知旧在塔前。……余因出赎罪金及谷米之类为工食费，召匠增修。"[1]徐祚从最初任职于夏县到最后回到解州任职，认为其早年梦关王宫之梦境似乎已经预示其仕途之路径，因此对关帝尤其崇奉，重修关帝庙。

钦差巡按山西等处监察御史胡钥称有关帝梦兆，因而重修破败之常平关帝庙。"甲子春，侍御九皋胡公奉命按蒍河东，偶夜梦对立王前，神采凛凛，若有生气。顷之，巡视禁堵，过王里，谒王庙，宛如梦中所见。"[2]胡钥修庙与高梦说修庙相同之处是都倡说"梦境"，"托梦"的形式被人们普遍认为是所谓"人神沟通"的一种方式。因梦而修，增加了关帝信仰的神秘主义、灵验主义色彩。

言如泗为解州知州"乾隆壬午，如泗奉命守圣故里，城西大庙增修完毕，是岁十一月三日，升显异梦，以手指地，似有欲言，明夕复梦，兼捧一塔，觉而异之。亲诣常平，见庙左有塔，塔下有井，相传圣父母避难瘗葬处所。有司春秋展墓后，则致祭于庙西库屋中，非所以慰圣孝而崇先烈也。环视庙中，见寝宫后基址隆然，两庑材木瓦石垒积，乃知康熙四十一年议建祖殿，曾筑台基，因大庙回禄，未获兴举。乾隆二十一年，前张守甫经购材，仍复中止……因即旧基创建祖庙，中祀敕封光昭、裕昌、成忠三公，配以三代圣母并祀，忠谏大夫以为艺祖。不特忠肝义胆，一脉流衍，崇祀一堂，后先辉映。"[3]言如泗曾在解州关帝庙庙南建结义园，据自称因梦兆又接续前任续修常平关帝庙祖殿。他自认为也是崇德报功、敬宗尊祖、发扬孝道、激励民众之举。嘉庆元年（1796）解州知州胡龙光重修寝宫，据称也是因梦兆，"余于乾隆乙卯春应祀之辰，晨起假寐，梦至一宫殿，殿西偏一龛，高可五尺许，有神绿袍金铠，如世所传圣像者。……言公之初创，感于梦也；余之重葺，亦感于梦也，数十年而若合符节。圣帝在天之灵，惓惓于

---

①（明）徐祚：《解州常平里重修汉义勇武安王庙记》，《三晋石刻大全·运城市盐湖区卷》，三晋出版社，2010年，第461页。

②（明）栗轩、李瑶《重修解州常平义勇武安王庙记》，《三晋石刻大全·运城市盐湖区卷》，三晋出版社，2010年，第121页。

③（清）言如泗：《常平里创建关圣祖庙记》，《三晋石刻大全·运城市盐湖区卷》，三晋出版社，2010年，第298页。

祖若考者固若是，其日鉴在兹也，孝何如哉？孝何如哉？吾愿后之君子，共禀斯意，而时维防护无忽焉。"①知州言如泗由"梦兆"论及修复关帝祖宅以及为关帝祖、父辈立像等均认为是关帝显灵，以彰显孝道之举。

嘉庆十四年（1809）成宁《重修解州关帝庙碑》捐款者主要是山西巡抚、布政使、按察使和前任官员以及富户和河东商人，未向一般民众倡捐，主要是因为河东遭遇较大旱灾，民生凋敝。重修关帝庙的直接原因除了旱灾已过，民力渐苏，也与盐法道刘大观的所谓神秘主义观念有关，"是举也，既以报帝之德，且足以仰慰圣祖褒崇神圣之灵于陟降焉。"②刘大观在另一篇关于重修关帝庙的碑文中讲述比较详细，"嘉庆九年甲子（1804），河东旱，民饥。圣天子忧之，命缓征，舒民力。乙丑又旱，民益以不支，命发帑抚恤，又以廪粮食河东二十六州县之饿。"刘大观随后被朝廷委任河东，"道中见有庙，庙帝者。肃而入，伏地告帝以天子所命，而以苍生流离默乞履庇于帝。一日一见则一告，数见则数告，自入晋境无日不见，亦无见不告也。行至介休，见前任翼城县令蔡曾源者，自言能扶乩，甚灵。乞其扶乩，乩动赋五绝二首，大书汉寿亭侯，乃知乩中诗，帝诗也。"③刘大观、蔡曾源通过"扶乩"，均认为是关帝降下"乩言"，并会救济饥民。据说在当天夜里，就降下了大雪，"感帝之德，喜民之有食也。秉烛冒雪行，行至灵石，蒲解平阳诸州邑被灾者悉报得雪尺余及数寸不等。是年，麦有收，秋复大稔皆帝之赐。帝之矜怜拙吏，而舒其部下之困民，使登于衽席者，何其神哉！是帝庙之重修，观尤不敢不竭其诚用殚其力也。"④刘大观认为天降瑞雪，秋粮大稔，是其拜祷关帝庙感应，扶乩应验，因而竭尽全力重修关帝庙。"灵验主义"是中国民间信仰的重要特色，民众信仰多基于灵验主义的观念。

嘉庆十九年（1814）河东道盐法官陈中孚据称因其父亲梦到了关帝，因而他到任解州盐法道后，捐出俸禄修建关帝庙，"家君示余曰'昨梦至一所，为关帝宫殿，古柏苍翠，神像尊严，但栋宇摧颓，若有示兆改观者，时亦不解于何形

---

①（清）胡龙光：《常平庙帝故宅重修寝宫碑记》，《三晋石刻大全·运城市盐湖区卷》，三晋出版社，2010 年，第 319 页。

②（清）成宁：《重修解州关帝庙碑》，《三晋石刻大全·运城市盐湖区卷》，三晋出版社，2010 年，第 323 页。

③（清）刘大观：《重修解梁关帝庙碑》，《三晋石刻大全·运城市盐湖区卷》，三晋出版社，2010 年，第 324 页。

④（清）刘大观：《重修解梁关帝庙碑》，《三晋石刻大全·运城市盐湖区卷》，三晋出版社，2010 年，第 324 页。

见'……碑载徐公祚、言公如泗、胡公龙光，凡有修举，其始皆以梦征，与家君合，岂有他哉！天地神人，只此一理，精神流通，无不自然感应。况帝之灵爽，无远弗届，而眷恋桑梓，瞻依祖父之情，结于溟漠，而形于遐迩，且预兆于十数年前。"①陈中孚一方面是为其父还愿，彰显孝道，另一方面也以徐祚、言如泗、胡龙光等人因梦修建来证明其所言非虚，有众多例证可兹证明。

但令人唏嘘的是就在第二年嘉庆二十年（1815）发生地震，殿宇损坏。据史料记载，朝廷派员巡查地震灾情，并旨令修葺坍塌庙宇，河东司马沈廷瑛认为无须使用官方之拨款，愿意捐资者众多，"由是设缘薄百本，内自京师，外达川、浙，近连本省，名公巨卿，大僚小吏，士农工商，咸乐助焉，计得银叁仟陆佰有奇。"②此次常平庙修建可谓是官方主导，但不使用官款，主要借助民间捐助。捐助者多为高官，如刑部尚书、礼部尚书等，募捐范围也非常广泛，涉及四川、浙江等外省以及本省之诸多县域，由此反映出，关帝信仰的广泛性和深入性，尤其是各地民众概因是关帝祖宅庙宇修建，因而大力支持，由此也可以看出，解州关帝庙以及常平关帝庙作为祖庙的崇高地位和重要性，即所谓"帝之庙宇遍天下，而解州常平为发祥故里，根本所在，礼尤宜崇"③。

道光十五年（1835）盐法道但明伦再次重修常平关帝庙，"夫以神在天之灵，有感斯通。前观察使陈君中孚亦以夙兆而偿其先人之愿，今相距二十余年，前后若合符节，然则功德之尊崇，岂有量哉？"④作为士大夫官吏的言如泗、陈中孚、但明伦思想中具有浓厚的神秘主义色彩，认为梦兆是人与神之自然感应的结果，并认为关帝神灵频频应验，眷恋故土，冥冥之中指示人们重修关帝殿云云。其至认为，这种"梦境感应"也显示了关帝对祖先的孝道之心，这种引申当然是一种神秘主义的自然联想，但其"说教"颇有社会教化的意义，一方面以官方的身份宣传了关帝是秉持孝道的"威神"，另一方面也向民众宣传孝道，号召民众秉持孝道。陈中孚则更是通过完成其父亲的"敬神"愿望而实现了对于父亲的孝道。

①（清）陈中孚：《重修常平关帝庙记》，《三晋石刻大全·运城市盐湖区卷》，三晋出版社，2010年，第331页。

②（清）王凤翰：《重修常平庙记》，《三晋石刻大全·运城市盐湖区卷》，三晋出版社，2010年，第337页。

③（清）陈中孚：《重修常平关帝庙记》，《三晋石刻大全·运城市盐湖区卷》，三晋出版社，2010年，第331页。

④（清）但明伦：《重修关帝庙暨祖茔陵寝碑记》，《三晋石刻大全·运城市盐湖区卷》，三晋出版社，2010年，第352页。

"以孝治天下"的思想一直是中国传统社会维持家庭和谐，维护家族稳固，进而稳定社会秩序，巩固统治的重要政治统治思想。

普通民众在生活中遇到困难时将自然现象、社会现象与所谓"关帝神灵"联系，从而激发民众的崇奉修建关帝庙热情，使关帝所谓护国护民的神异色彩和功能愈加得到肯定和广泛传播。如明代崇祯二年（1629），爆发李自成领导的农民起义，"如曩者流寇猖獗，三晋悉为蹂躏，唯蒲、解二郡士民安堵，城社宁谧，皆有仗庇神灵之灵默默护佑□也。昨戊寅岁，解梁有信女路氏，虔诚发愿，叩化蒲郡，重贴寝殿关圣帝君金身，关圣娘娘金身，殿中一应所有无不具备。"①民众认为在农民起义过程中蒲州、解州一带未受到破坏是关帝"护佑"，信女路氏首倡，捐资者有120余人，绝大多数为妇女，碑记后有管庙乡老。

二、祭祀制度持续不断

明弘治三年（1490）由蒲昭向朝廷奏准，为关帝庙立祭典赡田，"天下祀典，神祇所以保庇生民，有司务在诚敬奉祀。坛庙损坏，随即修理，毋致亵渎废弛。臣窃见汉寿亭侯关某，解州宝池南下冯村人。生为豪杰，建功汉室；殁为正神，佐护皇明。四方仰其威灵，九州蒙其神泽。建庙于解城之西，赐田于庙寝之外。田有五顷，以为道士佃种之业；税出十石，以为神庙修理之资。此古今崇报之盛心也。奈何近来地方灾伤，神庙道士乞食外郡，本州人民蔡秀、刘宣等假立文契，强将应祀神庙地混为买到私田，递年挨耕霸占，致使寝庙疎漏。道士复还，欲为修理，而措置无资。臣生长于斯，每遇朔望拜谒，追慕靡胜。伏望圣恩，乞救该部转山西布政司行委公正官员，亲诣解州督同掌印正官将臣所奏前项霸占神庙官地，与同道士王知通等勘断明白，仍旧给付道士为业。得籽粒，因时修理庙宇，买办品物，办纳春秋二祭，免致科派小民。仍令有司立石碑记，其庙地周围四至，禁使后日道士不许典卖，庶有以酬神御灾捍患之功，而昭圣朝崇德报功之典。"②明代弘治年间，已经确立对关公进行春秋二祭，并购置了田地作为庙产，以供庙宇管理者香火道士日用以及维修庙宇之用，但田产经常会因社会变动而丧失。

---

①（明）张际可：《重贴关帝庙寝殿金身碑记》，《三晋石刻大全·运城市盐湖区卷》，三晋出版社，2010年，第208页。

②（清）《重刻奏准春秋祭祀疏》，《三晋石刻大全·运城市盐湖区卷》，三晋出版社，2010年，第321页。

嘉靖四十四年（1565）修庙完成之后，民众又商议形成固定的祭祀制度，并上报官府，得到了知州胡钥的批准，"庙貌既新，废祀当举。本州欲以王之香缗，供王之父母。遇每岁清明节，先期动库贮香钱银十两，领于本村乡老，备猪二口、羊二羫、油果六桌、时果八盘、馒头两桌，香火灯烛俱全。分为二祭，至期州官亲诣行礼。一祀于武安王神位前，一祀于先人墓冢，亦如民间祭扫之仪，于礼似为得宜。再照：崇宁宫道士原系供王香火而设，祭田五顷，皆为佃种。既厚享王利，亦当少竭虔诚，何如每遇清明节令道官率领阖宫道士，俱诣本庙，建设清醮三日，庶见崇报之意。立示定规，永为遵守。……礼本情生，法缘义制……盖治民事神，其理则一，事神凡以为民耳，岂谄媚也？"①乡民提议祭祀关帝，获得官府认可，每年春秋两祭，并且州官亲诣行礼。民间祭祀关帝礼仪申报官府，一方面说明明朝对民间信仰的控制比较严格，另一方面也说明地方政府"神道设教"，通过对关帝的祭祀实施社会教化，教导民众慎终追远、感恩报德。同时，也表明在弘治三年之后有一段时间对于常平关帝庙的祭祀主要由民间主持，仪式和时间都比较随意，但是经过地方官府审核批准之后再次形成定制，并勒石公告天下。

明崇祯二年（1629），官府再次对常平关帝庙的祭祀事宜作出规定，"查得解民每岁以四月初八为关圣受封之期，六月念二日为诞辰，五月十三日为忌日，展奠沿为成规，但清明日祭扫纷然，而此独匮祀。于是先期洁拭祖茔，动支租银，预备牲礼、香烛、果品致奠。又各省直地方俱以五月十三赛会，独本地此日寥落。今特以此报答，届期亦之租银，预办牲礼、祭品等项。贰祭俱委教官一员以祀先师之礼祀之。"②崇祯二年的规定增加了清明节祭祀和五月十三祭祀，都由官府主导，"贰祭俱委廉能教官壹员，以祀先师之礼祀之"。祭祀费用从庙产中支出，所有开销需要造作成账册，一份由管庙之"道童"持有，一份交给官府备查，防止"侵吞贪墨"。此次对关帝祭祀的规定极为详细，"每岁置印信簿二扇，内载实在地亩若干，每年收麦谷若干，封银若干，贰祭支用若干，余存赏道童若干；一扇给道童收租，一扇存本州查考。仍置印信胙簿两扇，内载祭猪贰只，每只重伍拾斤；羊贰只，每只重贰拾斤；香烛、果品，各价若干，共银若干。事

---

① （明）陈道：《常平村重修关公故里祠墓碑记》，《三晋石刻大全·运城市盐湖区卷》，三晋出版社，2010年，第123页。

② （明）张法孔：《祀田碑记》，《三晋石刻大全·运城市盐湖区卷》，三晋出版社，2010年，第200页。

毕，将猪、羊胙每祭给道童猪首壹枚，约捌斤，羊胙三斤，烹献尊神，其余分送礼生、乡官，及犒赏应事人役，缴簿赴州总算备查，免其侵吞干没。如此庶勒为划一之规，亦绵神人之觊矣。"官府参与订立详细规约之主要目的，一是为了保持关帝祭祀活动的有序性和持续性；二是加强监督和管理，尽力防止庙产的流失和不法之徒的贪墨。

清代以后祭祀活动持续不断，并举办赛会等活动，官民共同参与，成为当地官民同庆、贵贱同贺、普天同乐的地方性节日。"乡人每年中秋赛会焉，城居者平昔朝夕展拜于崇宁宫，至是日，则建旗鼓，具威仪，送法驾于蔼。络绎奔趋，率以为常。又各纠班分会，随分捐金，备牲礼、梳皂、烧大烛二支，以为贡献。换岁轮递，循环周始，著为定规阳节。"①仪式活动非常隆重，建旗鼓，具威仪，游街迎送关帝，民众纠班分会，争相贡献，并由专人组织，换岁轮递，周而复始。

康熙年间，巡视河东盐课、浙江道监察御史郝惟谦载"余视醝来此，闻解州夫子庙与常平庙并列春秋祀典，因洁具牲币，谒祭于解。"②康熙二十八年（1689）在官民共同捐资之下，修建关帝庙祖茔，修建戏台，装饰殿宇，增添门对并演戏酬神。经解州知州万象批准，"志载：帝祖、帝考妣，遇清明节会，除官祭外，附近居民如楚之漳乡，照民间拜扫例，上坟祭奠，倏兴倏废，不知其几。……因戏台成而清明冷落，从前无米之炊，乞之无门，蒙堂台首先捐俸银五两，献戏三台，虽新复旧，实系初创。一年节过，又期缺祭之戏，幸蒙堂台捐施银一十九两，卑职银三两，后裔生员关守正银一两，外化布施银一两，共银二十四两。傅同常平村乡耆常平村乡耆王鸣凤、王国禹、宸发科等，而鸣凤已故，伊子王扬名经管；曲村靳毓琦、耿明等，而毓琦已故，伊子靳清经管；蚕房村张尧、张世兴等经管，随为首人。三村均分，每村八两。在各村中有原使者，或外村之人借使者，赢息议定于清明前十日，各首人同使银人齐赴庙，本不动，将息银收齐。内动买羊一羖，馒首四盘，树果四盘，香烛纸锞醑酒，祭扫毕，首事之人公享其胙。如偶尔不在，亦即颁赐戏三台，工银饭食俱出利银。……又八月十五日，帝驾回庙，三村猪羊炸盘献戏。……恐年久中有经营之人老迈，力不能

①（清）《康熙五年中秋赛会石碣碑记》，《三晋石刻大全·运城市盐湖区卷》，三晋出版社，2010年，第220页。

②（清）郝惟谦：《募修常平关夫子庙记》，《三晋石刻大全·运城市盐湖区卷》，三晋出版社，2010年，第241页。

者，或子弟忠诚可管者接管；如子弟不能，公同村之人，择忠厚年高者接管。……恐日久弊生，中有染指侵渔，废弛其事，仍令三村之民，互相稽查，一村有侵，两村举报，两村有侵，一村举报鸣官，本利追还，仍治侵村之罪。……仰即再设立印薄三本，开明银数、数株等项，每村各存一本，互相稽查。"①对于庙宇而言，最大的事情是祭祀活动，除清明节官祭外，民间拜扫，上坟祭奠，并献戏于神，实际也是一种娱乐民众的方式。作为对首事之人的奖赏，可以"公享其胙"。祭祀、献戏的资金主要来自官员的捐俸和庙产出租生息。同时，就涉及庙产的持续有序的管理。本金不动，出租生息。规定了经管人的条件是经营者之子弟或者同村人中忠厚长者，常平村、曲村、蚕房村三村之人互相稽查，防止资金被染指侵渔。

从嘉靖四十四年官府规定之春秋二祭到崇祯二年官府规定增加清明节和五月十三日祭祀，再到康熙二十八年规定，清明节和八月十五祭祀，近130年间，民间祭祀应该在断断续续地进行，但随着社会环境以及人事的变化，其中的祭祀也多有变化，这也说明民间信仰的多变性和随意性。

以官员身份建庙祭神，一般以本地人文类、道德类神灵为主，而如果是自然神或者佛教、道教演化之神灵或者民间创设之神灵，则会被认为是淫祀，也就是不合礼法的祭祀。因此部分官员则会极力辩解其并非淫祀，是正神，也非媚神之举，也非受到阴阳蛊惑。因此可以看出，中国知识分子，始终秉持了人文主义、理性主义的价值评判原则，对于当了官员的知识分子也是如此，在施政的过程中虽然强调"敬神治民"是其基本的职责，但敬什么性质的神，则是有界限的，基本的原则就是必须合乎于国家的"祀典"，同时应符合祭祀礼仪和等级。

三、庙产管理困难，屡置屡失

解州关帝庙具有官庙的性质，但官府只是指导性的管理，关帝庙附属的崇圣宫道士负责香火祭祀和庙产的管理，官府并不会派员直接管理，但因社会的变动，道士流散，因而庙产时有丧失。

地方官府通过谕令官文形式介入关帝庙的管理和制度规范，如康熙二十八年（1689）管庙道人许礼垣向官府控告有民人侵占关帝庙廊房，转展典卖，抢夺水

---

①（清）王为靖：《新立清明节会捐输银碑记》，《三晋石刻大全·运城市盐湖区卷》，三晋出版社，2010年，第243页。

源。经官府审断，将关帝庙会场租税银两，交管庙道人经收，造册登记，用于修葺庙宇，"按察司饬将关帝庙会场租税银两，着管庙道人经收，修葺庙宇，不得侵吞。……平阳府解州为逆旨霸占关帝庙敕庙、强夺圣庙神水等事，蒙山西等处提刑按察使司按察使能批，据解州申祥、许礼垣等控告前事看得此案，当以霸截山水、侵占廊房为重。查浇灌神庄山水，曾于康熙二十五年据董礼岱具告，亲旨查勘，着令各就山势，凡可引水到地，不妨公用，此可姑置勿论。若夫廊房之侵占，凛遵摘其数多者讯问，大都咸以从前曾经修过即为己业，甚至转展典卖。夫庙为解州知州万奉宪勒石，永禁侵占略节。……自康熙二十八年为始，但属庙内廊房、乐楼、午门、碑亭、牌楼、穿廊等处地址，悉归庙内收赁。共贮庙库所收银数，果有若干。亦以康熙二十八年为始，遴选清高有德道人数人，专董其事，据实造册申报，宪台就银数酌定，或公存为香火修理之用，抑或积未五年一小修，十年一大修，着为定例，使神庙永无颓塌渗漏之虞。抑卑职更有请者，席棚铺面虽系庙内地基，每值会场，士人自备芦席、椽木、绳索搭盖，赁典四外客商卖货，此则自出物料人工，会毕即便拆去，较廊房不同。倘尽令道众从事，恐无如许物料人工，若任其空闲，则客商难以露宿，又恐裹足不前，合无仍照往规听其搭盖，止输地租，以供庙用。亦以本年为始，银数多寡，并如册内申报，俟详允之日，勒石遵守。"[1]可见，每年解州关帝庙举办庙会之时，云涌雾集，商贾齐至，贫富咸聚，娱神欢庆，允许商户自建简易棚铺，寺庙则通过收取土地租金和廊房租金获得丰厚收入，但也会遭到民间豪强的侵夺，因此需要官府予以审断保护。

康熙四十一年（1702）四月初三，解州关帝庙遭遇大火，经李从善募化修葺。康熙四十九年到五十二年解州知州祝增再次对关帝庙进行修缮，并重刻康熙二十八年之规约碑，重申对庙产的保护和监督。

到乾隆三十五年（1770），在捐资碑刻中将"四圣宫、古槐宫、万寿宫、永庆宫、永乐宫、城隍庙"称作本庙，应该是这些道教宫观和民间庙宇成了解州关帝庙的附属庙宇。解州关帝庙中住持类管理者是"郭信福"[2]，其他宫庙的捐资者也为俗人名字。可见，一般民众中热衷于庙宇事务之人管理了宫庙，而非专门

---

①（清）《饬永禁霸截山水侵占关庙廊房碑记》，《三晋石刻大全·运城市盐湖区卷》，三晋出版社，2010年，第264页。

②（清）《捐造灵佑大帝行轿布施碑记》，《三晋石刻大全·运城市盐湖区卷》，三晋出版社，2010年，第301页。

的神职人员，民众直接参与庙宇管理可以视为中国民间信仰的特点之一。此外，各地捐资由"经收道人"①收取捐资，而经收道人从名字来看也是俗人。各地以及商号个人捐资数目比较大，少则捐银数十两，多则达到一千余两，总数更是达到五千余两，从中可见乾隆三十年左右国家社会安定，经济富裕。

解州、常平关帝庙从咸丰九年（1859）到同治九年（1870）间对庙宇的重修是碑刻所见规模最大的一次，这次修建由官府主导，两庙同时重修，动员官员、商户、民众数量甚巨，捐赏巨大，同时制定庙宇的管理制度，特别是将庙宇的庙产管理权从道士手中收归绅商组成的董事会管理，由官府监督。"从盐纲筹银三千两，乃克诹吉修建，而经费不敷尚巨。程公立斋到任，又会同绅耆邀集士庶客商，或计资，或按地，或分铺户，定施助之多寡，共集银一万四千五百余两。……所用尤不给也。煥闻之，窃用慨然。盖帝庙每年房地租银为数略计二千两，何听其悉归乌有？每遇大工，动须国帑民赀，方能举办。噫！此司土者之责任也！爰不辞怨谤，剔积弊，定章程，即于是年四月会毅然举行。"②后又从庙产中筹集银钱一千四百两，盐纲筹集四千两，将两处庙宇修葺一新，共耗资约两万两白银，可谓耗资非常巨大。

同时，地方官府订立制度对庙产管理和使用进行了明确的规定，共12条，主要是规定了原来道士经收的庙宇房地租银改由绅士和商人组成的董事会收取，对于租赁房屋者给发执照。第二，规定了庙内大小廊坊的具体租金。第三，庙内设立公局，以便会期办理公事，"局中应设伙食，四月会准动用钱四十千，其正、七、九、十一、十二月等会，每会准动用钱十二钱。"第四，会期派道士沿门收讨租银，并造册登记，贴示庙前，并支给道士一定银两。第五，会完结算收银，存入当铺生息，不准挪借。第六，定于每年十二月十五日董事齐集公所，查算一年账目，交由新董事接收，登薄存案。第七，在算账之期，查勘应修庙宇工程，春暖择吉日开工，务必使庙貌常新。第八，发商生息银两绅商等不准徇私借贷，地方官亦不准假公挪用，否则传案追究。第九，每年所收租银，除祭祀等费外，计可存银一千数百余两。兹定每年提银三百两给解梁书院津贴生童膏火，大科之年加银二百两以资鼓励。此外，惟荒年赈济穷民，准公议酌量动用，他事不得擅

---

①（清）《捐输银两绅民碑》，《三晋石刻大全·运城市盐湖区卷》，三晋出版社，2010年，第300页。

②（清）朱煥：《关帝庙重建春秋楼碑记》，《三晋石刻大全·运城市盐湖区卷》，三晋出版社，2010年，第382页。

行挪动。第十，规定庙内各处土地一部分由道士收取租粮，以为养膳和敬神，一部分土地租粮由董事收取，完纳粮银。第十一，规定庙宇各处派道士两名，每日经理打扫，园中桃果归道士。第十二，庙内道士必须年过三十岁以上方准收徒一人，有不守戒律、不安本分者，立即驱逐。这十二条规定非常详细，主要是规定了庙产公有，并由官府主导成立的董事公局管理，庙产收入主要用于维修庙宇、赈济穷民以及资助地方教育，特别是剥夺了道士对庙产的所有权和管理权，道士成为庙宇的"雇工"，从而使地方官府完全掌控对庙宇的管理，成为其地方施政的一个领域，这也充分说明中国民间信仰始终处在地方政权的监督和控制之下，只要是地方政府需要，就可以取代民间信仰在管理方面的主导地位，并实现其财产的公有。这也是明清以来庙产兴学的逻辑理路，官府主导地方庙宇的庙产来兴办地方教育。实际其背后的逻辑就是，本来庙产就是公有的，因此以公产来服务地方公共事务并不存在理论和事实方面的障碍。同时，无论是佛教、道教以及民间宗教也不认为庙产就归于私有，因为佛教、道教以及民间宗教的神职人员往往并不从事劳动等产业，其庙产几乎都为社会大众之捐赠，理论上也是"公产"，因而在地方官府主导下使庙产转换所有者、转换管理者，并不至于引起太严重的反对。无论是制度化的佛教、道教还是松散的民间宗教、民间信仰组织都选择接受的态度。因此，从这个意义上来讲，中国宗教始终秉持和接受了政权至上的原则。

　　关帝庙庙产，时有丧失。嘉靖四十四年（1565）时，常平关帝庙尚有"祭田五顷，皆为佃种。"[1]隆庆三年（1569）解州知州吕文南曾出资购买土地20余亩作为庙产，由管庙人管理，"司庙者无恒产，因无恒心，未免流离。是以王庙修之者方成，而敝之者即继，谁与经厥心哉？本年三月，王庙适清明之会，故典有崇祀之举。知解州事陕进士关中吕公，率陪与祭，为三牲成礼，历相规模。时见砖瓦分裂，堂阶茅塞。询所由，乃知司庙者无专人耳。公叹曰'庙以妥神，非人无以为洒扫补砌之功，人以受庙非食无以为坚志安身之本，此地土为食之所自出者，乌容缓耶？'于是慨然许以买地。"[2]买地后，树立石碑载明土地位置与四至，勒石为证，以期传之久远。到崇祯二年（1629）"日前，本道瞻睹庙貌峨然，叩

　　①（明）陈道：《常平村重修关公故里祠墓碑记》，《三晋石刻大全·运城市盐湖区卷》，三晋出版社，2010年，第123页。
　　②（明）于天祥：《买地碑记》，《三晋石刻大全·运城市盐湖区卷》，三晋出版社，2010年，第128页。

之瞻田，杳无半亩，诚为缺费。为此，仰州即将本道发去银五十两，置买官田一分，为恪供圣庙香火之资。照乡例，与常平附近人户两平易买前银，共买若干亩。每亩若干价，书券数粮，明载四至，钤以州印。"①60余年后土地庙产荡然无存。这种情况说明，在地方上，"土地"作为最重要的社会财产，很容易引起人们的垂涎而导致流失。寺庙属于公产，但具体归属又比较模糊，既可以说归常平村，也可以说归周边民众，或者说官府，但实际又并非直接的财产所有性质，因此随着"看庙人"的变换，寺庙资产就很容易流失。崇祯二年，官府花费50两银钱，购置24亩地，作为关帝庙之瞻田，并详细载明"置买过地亩、银数，备造青册，报道查考存案；仍将本道发银置买缘由、地亩四至，竖载石碑，以志永久等。"②

关帝庙庙产的丧失也与庙宇的管理者管理不善有关。解州关帝庙自元代以来一直被崇宁宫道士管理，庙产的土地、租赁收入也由道士管理，但其中不乏奸佞之徒，变卖庙产，为非作歹，导致庙产丧失。崇宁宫是常平关帝庙的香火院，"吾解有崇宁宫，其名则昉于宋，为关帝庙香火之设也。元季修之，……甲申鼎革，陵谷变迁，诸羽流窃割廊庑余地，攘为己私。住持而佩累若者，又有所利而为之。阛阓之雄，日相率饮博于中，嫚神亵道，未有过而问之者。"③后解州知州陈士性拣选李仁彦为道正掌管庙宇，赎买庙产，恢复旧制。

"侵吞庙产"的情况应该是在周而往复地发生，也就是庙产被官府或者民间捐助者购买后，随着时间的流逝，庙产会被逐渐"吞没"而消失，之后在某种机缘重修之时，再次购得庙产，又随着庙宇的破败而再次丧失，由此"周而往复"，庙产也随着庙貌，随着社会的变迁、人事的变化，周而往复，任每一次总能在破败之后，重新修建，并再次受到隆重的祭祀，不同的只是时间问题，以及中间间隔时间的长短。由此可见，关帝信仰在唐宋成熟之后，因其极度符合统治者的政治统治需求，符合儒家的教化理念，也符合民众的心理饥饿情感期许，甚至符合最底层民众乃至江湖社会的情感和精神诉求，因而能长盛不衰，历久弥新。

---

① (明) 张法孔：《祀田碑记》，《三晋石刻大全·运城市盐湖区卷》，三晋出版社，2010年，第200页。
② (明) 张法孔：《祀田碑记》，《三晋石刻大全·运城市盐湖区卷》，三晋出版社，2010年，第200页。
③ (清) 侯世汾：《重修崇宁宫三清殿庑碑记》，《三晋石刻大全·运城市盐湖区卷》，三晋出版社，2010年，第227页。

四、修庙对于附近村民增加了生活负担

常平村之关帝庙为关羽祖宅庙，官府和民众都非常重视，因此一年之内至少有四次祭祀，加之不定期的维修，实际对常平村以及周边村民生活带来一定的经济负担，使得当地民众在生活负担面前选择了生活而不是简单的信仰和忍耐，这也说明中国普通民众信仰的特点，即使是所谓虔诚的信仰，但是影响了其生活尤其是给其生活带来经济负担，信仰必然让位于生活。如顺治年间常平村民就向官府申请"免纳柴薪"，实际上反映了因为关帝庙之祭祀、维修等相关杂事严重干扰了当地民众的生活，加重了民众的生活负担，因而引起了民众的不满。

常平村村民于昌代表众人上呈官府："解郡地瘠民贫，而惟兹池南为最。条岳南，鹾海环，其背而护池堤堰又位其中。地土狭而且薄，如遇旱灾，石炒土燥，而兹之受旱尤烈，如遇暴雨，山涌有来路而无去路，高者冲而低者淹。且山陡风急，瘠土逼近坡谷之下，烈风一起，苗之方长者，茎叶类折，禾熟者粒穗拜落。斯民指秋望夏，十岁九空。无奈朝上樵采为业，日上望柴为天也。今兹恳恩者，本村关帝庙察院司一座，凡安司之际，桌张出于曲村，席椽出于蚕房，厨器出于常平，此各村均平，于理当允。常平所偏苦者，察院阅池及清明帝茔拜扫并盐道三司四季总巡，历上安司，不可盛记。无论农功忙闲，洒扫官厅，担水烧火，屏风食盒，夫役备用，不敢逶离。虽然官司近于此地，即苦亦不敢辞矣。所尤苦者，本庙或按察司柴薪务要足。蒙票拘日用焚薪烧炭，柴薪复与他村无异，如此偏苦，民饥无以聊生矣！恳祈公溥大宗师怜茕黎之偏苦，布洪恩于一区，准免纳薪，勒石立庙。"[1]从于昌的陈述中可以看出，解州常平村区域本就地狭土薄，经常遭遇旱灾、洪水和狂风袭击，十室九空，但因关公祖宅庙所在地，因此，设立有察院司。每年频繁的祭祀活动中，常平村都需要出人出力出财物，尤其是柴薪为当地民众生活之重要来源，但在祭祀期间需要缴纳"柴薪"，以供应生火做饭，支应来客和牲畜。因而，常平村村民比周边村落负担更重，因此提请官府，免纳"柴薪"。

康熙二十二年（1683）于昌等人再次向解州知州万象提出公平劳役，减轻常平村民负担，"又关帝庙察院司一座，古例修理，凡物料使费，动库贮官银者有

---

① (清)《常平村偏苦免纳柴薪碑记》,《三晋石刻大全·运城市盐湖区卷》,三晋出版社,2010年,第214页。

之，动帝庙香缯者有之。其夫役虽拨附近居民，复有他□复不重□也。至于康熙年间，屡遭淫雨连绵，各堰工、城垣以及官司衙署，无不冲决倒塌。五村寥寥穷民，既修五堰，官司已不胜劳，□骨饿体□而累妻子矣。至分修别工，仍与合州别村无异。此苦中之苦，民命难堪。"[1]于昌等人提出，常平村、曲村、蚕房、董家庄、扆家庄五村不仅经常被派遣劳役修筑盐池堤堰，修缮关帝祖宅庙，已经比周围村落出工出力多出很多，苦不堪言，又要负担其他的劳役，难以承受，提出希望官府减轻五村村民额外劳役负担。

由此可见，关帝祖宅庙一方面给当地民众以精神上的自豪感和荣耀感，另一方面，在实际生活中，因为各种敬神祭祀活动以及迎来送往、维持修缮等活动大大增加了常平村民以及周边民众的经济负担。

第四节　祖庙的地位与影响

因关羽祖籍山西解州，作为"关公故里"，其故事传说神话非常丰富，且绵延相传，愈益兴盛。祖庙修建和祭祀规格高于其他地方，一般均为地方最高长官主持修建和祭祀，并且往往地方长官一到任就瞻仰祭祀祖庙，"言必称关公"，向民众宣扬治政思想，官方治政色彩浓厚，是地方施政的重要精神导向，是能够使官府与民众充分在精神思想、心灵情感上高度契合的一种具有超越性的历史文化符号，也是精神文化象征，具有不可替代的重要精神价值。

解州地区民众以关帝为"同乡"而倍加珍惜，备感荣耀，引"关公"以自豪之情感浓厚，尤其越是靠近祖庙中心之区域，这种"以关帝为荣耀"的自豪之情愈益显著，"河东运司城又密迩王之故里者哉，吾人敬仰前哲，呜呼！此先民立庙之意也。"[2]"自兹俾居王之乡者，岁时奔走肃拜；而慷慨忠直者，有所风放；辟邪魉者，有所畏灾；沴疾疢者，有所祈祷。又俾过王之里者，瞻其庙貌，而展其凤慕之忱；睹其山川，而知其笃生之自，其于风教不为无补也。"[3]"解人慕侯尤深，尝伏腊尤虔以勤者，以侯之为乡人也。……解之为州在太行、上党之间，

---

[1] （清）《万老爷遗爱碑记》，《三晋石刻大全·运城市盐湖区卷》，三晋出版社，2010年，第234页。

[2] （明）张淳甫：《重修义勇武安王庙记》，《三晋石刻大全·运城市盐湖区卷》，三晋出版社，2010年，第94页。

[3] （明）毛为光：《重修常平武安王庙记》，《三晋石刻大全·运城市盐湖区卷》，三晋出版社，2010年，第126页。

昔人论五方之俗，以为山西懻忮而好气而慷慨毅武，奇节之士多出期间，若介之推、先轸、蔺相如、马服君诸人，虽或死或不死，皆耿然如寒水皎日，不负其志，所谓为男子者也。"①"解为神之故乡，特御书'义炳乾坤'四字赐之悬额。今夫侯之庙祀遍天下，而解之神灵为上。"②关公义勇忠孝的高贵人文精神已经成为解州地区乃至山西人共同崇奉、共同认同，共有的精神品质，进而与中华民族精神相互契合，已然成为一种优秀的中华文化精神，成为海外华人普遍高度认同的文化价值，成为凝聚中华儿女的宝贵精神财富。

关羽作为解州地区的人文标志与本地名物紧密结合，突显相得益彰的关系。池盐是河东最具代表性的物产，在历史上对国家政治经济贡献巨大。据说从汉武帝开始就高度重视解州盐业，作为国家财政的重要来源。唐代开始对盐池封神，之后历代加封祭祀，并且把关公也请入盐池神庙中一同供奉，也具有将关公作为盐池保护神的意义。关公与盐池相联系的故事始于宋代，据传说关公曾为保护盐池而大战蚩尤，并受到大宋朝廷褒封，"河东运司旧有盐池神庙，其为殿三，其妥神五。中殿神二曰：东西盐池之神，左殿神二曰：条山风洞之神，右殿神一曰：忠义武安王之神，皆祀典神也。"③盐作为重要的财货物资，利益可观，因此也可能影响社会风气，使民众"重利轻义"，因此明正德年间侍御史张仲修专门建立"河东书院"，培养人才，敦伦教化，以培植邦家太平之基，"人情役于所利，风俗变乎所尚，虽圣人亦有不能化而为者，况盐利所在，易以溺人，而士心或因以斵丧，必须蚤为之图，俾耳目之欲不为所摇夺，而良心庶可以预养焉。"④因此，不论是设立河东书院，建立孔庙还是关帝庙的设立都是希冀通过学校教育和社会教化甚至是神道设教来改良社会风气，从思想上"以义制利"，以义导利，使得利益之地变为礼义之地，实现地灵与人杰的完美结合。关公与盐池相联系，将关公之威神力"见证"于实际的财富利益，施行于对家乡的贡献，可谓珠联璧合，声名俱盛。

解州、常平作为关帝发祥故里，其关帝信仰与其他地方相比较，其特点非常

①（明）康顺之：《嘉靖重修解庙开颜楼记》，《解梁关帝志》，山西人民出版社，1992年，第211页。

②（清）张廷枢：《重建解州关侯庙碑记》，《三晋石刻大全·运城市盐湖区卷》，三晋出版社，2010年，第265页。

③（明）马理：《河东运司重修盐池神庙记》，《三晋石刻大全·运城市盐湖区卷》，三晋出版社，2010年，第97页。

④（明）王勋、王奇：《题名记》，《三晋石刻大全·运城市盐湖区卷》，三晋出版社，2010年，第77页。

明显。

一、关帝祖庙彰显解州"人杰地灵"，增加本土民众自豪感和荣誉感

　　无论是地方官员还是当地民众都高度重视关帝信仰，并将关帝作为其地域的标志，甚至达到了"言必称关帝"的程度，信仰浓厚。关帝信仰在运城尤其盐池附近，被赋予特殊的意义，被认为是人杰地灵、人地一体的典范，"河东为神京股肱郡，而盐课岁入供北鄙军实之半。且盐生无须煮海，立地凝粒，虽物瑞而实神功也。至叩所谓默相护持者，则惟汉荆王关圣帝是赖。盖盐，天地之物力也，帝适天地为昭，盐，气机之成形也，帝更元会为运。"①按照儒家"天地人合一"观念，中国人特别重视家世与地望，"夫圣贤之笃生，必萃灵于川岳，是以尚论其世者，夷考其地，而后之居于其乡者，千百世之下犹倚之以为重。而尤幸有所仰止，而奋兴天下之想慕其风采者，道其里恍然若亲炙其为人；而颙然加敬畏，此诚心之自然；而今昔之所同也。汉义勇武安王关公，奋迹条冈，凝精醝海，忠义天植，智勇绝伦，伟然晋产之杰也。"②关帝忠勇盖世的精神在儒家知识分子看来必然出于历史传承和家族熏染。从地理上探寻，出英雄之地必是山川灵秀之地，"予惟常平南面中条，北负醝池，山川灵秀，萃于此矣。是故，山藏其宝，醝产于池，钟诸人则为神圣，为智勇。自开辟以来，一泄于风后，积千百余岁，再发于王。说者谓王与风后生同地，志同道，顾风后以相业显于黄帝，王徒以武勇鸣于汉末，岂山川之气渐浇，而文武之道异尚哉！……且王好诵《左氏春秋》，故志扫群雄，力扶汉鼎。观其结盟桃园，则大义决；侍立终日，则大分昭；秉烛长夜，则大节著；报曹归刘，则大信伸。虽困厄顿踣而志愈坚。东奔西驰而气益不可夺，此非邃于道德问学，而识见精明，安能始终一辙，顾可以武勇论王哉？……护国庇民之志，死而不磨，宜乎庙食于无穷。"③栗轩等儒家官员极力论证关羽并非只是因勇武而受到崇奉，关羽是文武兼备，文武双全，同时道义上是胸怀国家民众大义，非个人恩怨之小义，是秉承了"春秋大义"的文武兼备，护国庇

---

　　①（明）王远宜：《重修常平关帝庙记》，《三晋石刻大全·运城市盐湖区卷》，三晋出版社，2010年，第190页。

　　②（明）毛为光：《重修常平武安王庙记》，《三晋石刻大全·运城市盐湖区卷》，三晋出版社，2010年，第126页。

　　③（明）栗轩、李瑶：《重修解州常平义勇武安王庙记》，《三晋石刻大全·运城市盐湖区卷》，三晋出版社，2010年，第121页。

民的国家栋梁，因而受到历代崇奉。

"天以刚气举，大地不汩没，中循正络，表里山河，充塞宇宙。东抵岱，中毓为条，故高莫如岱，正莫如条。中条千里环抱，端凝森秀止蒲津，聿开唐虞，中天盛治，迄千五百年。而岱鲁产素玉，作春秋，绍二典。又五百年，条阴毓关侯，世述《春秋》，扶正统。"①儒家始终奉行"天人合一"的天命观，认为圣人之生就禀赋天命，另一方面，"天"也蕴含自然之气息，"天之气"通过"地之灵秀"表现，又孕育所谓"英杰"人才，举名人以崇地美，赞地秀以褒人杰，实现了天地人的贯通和一。同时，为突出关羽之英杰与文圣孔子媲美，也将中条山与泰山比肩。又"夫子发祥之区，犹吾师宣圣之阙里也。宣圣至德大业，万年俎豆，世莫与俦，而夫子之声灵赫濯埒焉。余昔游曲阜，谒林庙，郁郁葱葱，聚岱宗之雄丽，汇汶水之汪洋，洵宇内一巨观。而常平则中条捍其南，涑水萦其北，川流岳峙，亦何多让？乃煌煌灵爽，惟庙是依，而顾听其日就倾圮，将何以慰吾人畏神服教之思，且何以答夫子呵护生灵之泽也乎？"②关羽不仅与孔子比肩，二者出生地皆是钟灵毓秀、山川雄峙之地。"自轩辕御世，风圣挺生，嗣是夏大夫，以直谏显。巫咸、傅说为商贤相，由周而后历汉唐宋明，钟灵毓秀，代有伟人。关圣精忠大义，远印尼山。司马温公旋乾转坤，立变新法。他如段干木之高节，柳宗元之文章，曹于汴之理学，后先相望，炳若日星。"乾隆年间解州知州韩桐新建解梁书院时论述关羽秉承祖先先贤之精神，可见其对解州之自然山川与历史人文气象之赞叹，特别是其将关帝与诸远古帝王、文人贤相、理学文豪等诸名人并列，贯穿了儒家崇奉往圣、传续圣德的思想，"处则则古称先可，树儒林之坊表。出则经方致远，堪作圣世之栋梁。太上立德，其次立言、立功"③，表达了民众崇德报功之意。

对于人杰地灵的论述也与后人所处地位与立场密切相关，解州州级官员所言一般为解州天地山川状貌，而地位更高者则站在山西全域的角度将关帝作为山西人杰地灵之标志，作为山西圣人的榜样。嘉庆年间山西巡抚成宁曰："岁在丙寅

①（清）王朱旦：《汉前将军关壮缪侯祖墓碑铭》，《三晋石刻大全·运城市盐湖区卷》，三晋出版社，2010年，第228页。

②（清）郝惟谦：《募修常平关夫子庙记》，《三晋石刻大全·运城市盐湖区卷》，三晋出版社，2010年，第241页。

③（清）韩桐：《新建解梁书院纪事》，《三晋石刻大全·运城市盐湖区卷》，三晋出版社，2010年，第582页。

（1806）十月，余奉天子简命巡抚山西。山西，神京之右臂也，倚三关而跨两河，井陉、蒲津之险峻，风藏水聚，气脉盘纡，称天地之奥区焉。丁卯冬，奉命阅山西营伍，取道潞、泽，经平阳而之蒲、解。纵观山势，由太行直走中条，起伏开合，晴晦万变。其西又有黄河奔注，以相为萦绕。窃念山水融结如此雄奇，虽平阳蒲阪，基肇唐虞，而安邑亦为神禹故都，恐扶舆盘薄之气发抒犹未尽也。意秦汉而下，必复有一代伟人，毅然杰出乎其间。及至解州谒帝庙，咨问州牧及帝后裔世袭博士，知帝发祥于是州常平乡，在州东二十里。昔邹鲁之野有泰山，遂生孔子；三晋表里山河，土脉敦厚，故亦宜有帝也。"[1]成宁作为山西巡抚，站在整个山西的格局上来论证关帝与山西之关系，但其理论逻辑仍然是"天人合一""命运天定"的观念，只是其关注的地域范围更为广大，所展现的气度格局更为高深，由解州一地扩展至山西全域。同样由自然山川论及古代帝王，认为秉天地而孕育山川，因山川而集聚天地之气，天地山川孕育厚德人杰，气乃是沟通于天地人之间的关键要素。

二、祖庙受到分庙崇奉和朝拜

解州关帝庙作为关公祖庙不仅为解州民众崇奉亦为山西乃至全国信仰者崇奉，"今天下祠关圣帝君者，遍郡国而是。其在三晋，尤帝梓里也。"[2]解州关帝庙维修过程中尤其能够体现其祖庙的地位和重要性。修建的组织者在募化资金的过程中并不局限于解州地区，而会扩展到周边晋南甚至范围更广的区域。民众因是祖庙维修，也会慷慨捐资。"秦与河东分一带水，而解与吾韩城人地相望，仅百里而遥。汉前将军关壮缪侯生长于斯。父母之邦，神所凭依；有庙岿然，祀典特崇。韩之人士，岁时走望，弗绝于道。盖侯之忠义，留于人心；华荒内外，聚族结社，骏奔而至者类然也。"[3]陕西韩城临近解州，民众崇奉关公，视为父母之邦，遇到节庆之日纷至沓来，虔诚朝礼，遇到修建关帝庙也会踊跃捐资。

解州周边地区之关帝庙备有关帝出行銮驾，会定期朝拜祖庙。新绛县阳王镇裴社村观音庙内保存的嘉庆十四年（1809）王麟书撰《修解州关帝庙捐施碑》

---

[1]（清）成宁：《重修解州关帝庙碑》，《三晋石刻大全·运城市盐湖区卷》，三晋出版社，2010年，第323页。

[2]（明）朱之俊：《重修关帝庙记》，《三晋石刻大全·汾阳县卷》，三晋出版社，2017年，第1750页。

[3]（清）张廷枢：《重建解州关侯庙记》，《三晋石刻大全·运城市盐湖区卷》，三晋出版社，2010年，第265页。

载："解州修关帝大庙，吾庄关帝神驾之南朝于解也久矣。阅数十年簿籍，或每年一举，或数十年而一举，其昉于何时则无所考，亦毋庸考也。"①分庙朝礼祖庙是一种社会传统，体现了追本溯源、不忘本根的中国传统文化精神。新绛县阳王镇裴社村观音庙内保存的道光十一年（1831）王开基《修理关帝神驾銮仪新建卷棚碑》载："庄之西门外坐坎向离，旧有观音殿，结构何代，碑碣无存。而门墩有志，建自大明成化六年季春。西祀四姑，南列舞楼，与正殿为一时创建否，姑弗深考。迨至我朝康熙丁丑，正殿东创建关圣大帝殿一间，前碑已详。塑有坐神，驾有行神。又立神会百有余人，每逢四月初一日朝解、初八日献戏，或一岁一朝，或数岁一朝，总之默体乎神意者。近是，至道光戊子，余为会首，以岁久未朝，又圣意愿朝，遂奉驾一往。时四十七人内有王凌云观见玉带蟒袍残旧之甚，金瓜钺斧缺少者多，商议醵金修理。"②新绛县阳王镇裴社村关帝庙建于观音庙之内，塑有坐神，游行制作有行神。裴社村建有关帝神会，百余人，每年四月初一抬着关帝行神朝礼解州关帝庙，并献戏。由此可见，解州关帝庙作为祖庙，在周边各地分庙中享有崇高的地位。

距离解州较远之区域也认可解州关帝庙之地位，如沁水西文村万历十一年（1583）《重修关王庙记》载："余尝游蒲坂，路经于解，瞻拜庙貌，规制宏丽，威灵显赫，以为王生于斯，故享其祀，亦安于斯。今予乡庙制，虽未埒于解，而蒸享伏腊，乡人事之，惟虔惟谨，故王之威灵，每祷则应，其显赫亦如之。"③

解州关帝庙重修次数远远多于他处，而且因其影响广泛，因而其募集重修经费时涉及地域范围非常广，不仅限于周边地区，甚至跨州过省，远及边地，其他地区关帝庙筹集经费的范围一般仅仅限于本州县村落，以及较近的周边，影响范围远不及解州关帝庙，从中可见解州关帝庙巨大的影响力和民众对关帝信仰的虔诚。

关帝在解州地域被作为本地的人文形象标志，甚至被作为山西地域的人文形象标志，对树立解州以及山西在外域的良好人文形象发挥了非常积极的作用。

---

① （清）王麟书：《修解州关帝庙捐施碑》，《三晋石刻大全·新绛县卷》，三晋出版社，2015年，第198页。

② （清）王开基：《修理关帝神驾銮仪新建卷棚碑》，《三晋石刻大全·新绛县卷》，三晋出版社，2015年，第228页。

③ （明）柳遇春：《重修关王庙记》，《三晋石刻大全·沁水县卷》，三晋出版社，2012年，第71页。

三、解州关帝庙政治地位高，庙貌甲天下

解州关帝庙得到统治者高度重视，皇帝或亲临或赐予匾额。康熙皇帝于康熙四十二年（1703）曾巡视河东，驾临关帝庙，并下令重修关帝庙，"十一月初八日，驾至河东运城，万姓结彩，焚香山呼，夹道遥望，黄盖冉冉，喜曰'圣驾至矣！'……午刻幸关帝庙，论修圣庙。"①"午刻，驾出崇宁门，幸关圣庙。时庙方被毁，蒙谕兴修。"②常平关帝庙也得到皇帝的赐匾，地方官员颁布定制，进入地方祀典，春秋祭祀，成为定制，官方主持，这也是其他地方关帝庙不可比肩之处。

解州关帝庙之规制一般需建大殿，塑绘关帝之像，寝宫塑关帝配偶之像，廊设日用，庑绘关帝生平壁画，门分为三，正门和二仪门，周围树立围墙。其他地区县域市镇关帝庙规模比解州关帝庙规模小，而一般村社中关帝庙则规模更小，修葺者多为村社中民众集资，撰修碑刻也多由民间粗通文墨者或者乡间中举业之文士撰写，地方官员极少参与，说明其地位无法与解州关帝庙相比肩。

解州以及其附近地区关帝庙数量远远多于其他县域的数量，比如汾西县等地，以观音、土地、三官、马王等神灵俗信为主，且往往观音、关帝、牛王、马王并祀于一庙之中，因陋就简，"猪唇沟村旧建庙一座，观音大士、关圣帝君二神居上，牛马龙王诸神附旁，其对面则献殿，奏乐之所"③，"兹村之东有诸圣母及龙王、马王、牛王、土地神庙一所"④，"后窑堡村旧有创建古庙一座，世年湮远，楼上东西两房未曾塑像，风雨倾颓，殿东边角窗廊已经歪斜。村人久欲修补，塑关圣帝，三圣母像"⑤，"马家寨村旧有伯王庙一所，上座观音楼，下建无梁窑，中塑伯王、关圣、龙王、马王、牛王、土地，凡祈祷皆着此焉"⑥，汾西和平居村"于西南一方建有观音、土地、俗神庙，固以为神凭依，且饰以补助风水也。……又建龙王、关帝、牛王、马王庙一标于旧庙之南，一列于旧庙之

①（清）介孝璇：《圣驾幸河东盐池》，《三晋石刻大全·运城市盐湖区卷》，三晋出版社，2010年，第578页。
②（清）介孝璇：《圣驾西巡幸解恭喜纪》，《三晋石刻大全·运城市盐湖区卷》，三晋出版社，2010年，第578页。
③（清）要振基：《重修猪唇沟庙施工碑记》，《三晋石刻大全·汾西县卷》，三晋出版社，2019年，第149页。
④（清）马冀驯：《佃坪村重修庙碑记》，《三晋石刻大全·汾西县卷》，三晋出版社，2019年，第154页。
⑤（清）要逢仁：《重修三圣宫碑记》，《三晋石刻大全·汾西县卷》，三晋出版社，2019年，第196页。
⑥（清）王立成：《汾邑马家寨则村重修伯王庙碑记》，《三晋石刻大全·汾西县卷》，三晋出版社，2019年，第206页。

西"①。一般边鄙偏远、人文贫瘠县域对于人文圣贤的信仰则大为减少，同时其庙宇简陋，多以窑洞陈设为主。甚至，一些庙宇供奉神灵，民众也不论其是何神灵，而言其为"诸神庙"，可见民众在造神过程中也需要一定的文化知识，一个区域内民间神灵信仰的情况也能整体上反映当地文化水平和整体的人文素养。这些地区的碑文记载也极其简单，一般并不论神灵的缘起等，也无议论之额外言辞，只言其聚众修理之事，言语寥寥。

一般关帝庙撰写碑记者多数为儒家知识分子，民间以"庠生"一类人员为多，而祖庙等重要关帝庙则以位居高位之官员知识分子为多，文化水平比较高，在碑文记述中除记载修建缘起、捐资者外还会作引申之议论，诸如评论关羽之德行，宣扬道德治世等。即所谓"顾府州县郡之庙，大抵以祭祀设，而镇抚赖之；山野乡疃之庙大抵以风水设，而祈报因之。盖水势山形，维本天造地设，而乾旋坤转，实寓鬼斧神工。"②对于居于交通要道、区域政治中心或者经济富庶、文化昌盛之地的重要关帝庙宇——"州县郡之庙"具有更加浓厚的政治色彩，特别是类似祖庙和宅居之庙，带有强烈的政治意义，也是地方官员甚至国家进行社会治理的重要场域。地方官员非常重视解州关帝庙，基本都是由地方官员重修，并且住持仪式，实际是为地方官管理控制之庙宇。一般官员到任之时，均要到关帝庙祭拜，表明其德行与心志，同时也是昭示地方民众，以安民守道，护持正义为职责。同时，通过重修以及祭祀活动也是表现其善政的方式。民众一般均认为"修庙"是善举，祭祀是善行，表现出官员实施善政。同时，地方官通过这些活动对民众进行社会教化，促使社会风气和善，实现良治。"余于道光元年（1821）孟夏之月恭奉简命，自永和县调任兹土，下车之始，敬诣行香，仰见廊宇坍塌，墙垣颓败。……余尝谓：于孔子见天地之本真，于孟子见天地之正性，于文昌见天地之命脉，于岳武穆见天地之源流，于帝君见天地之浩气。试思帝君存心行事磊磊落落，正大光明，是何等天贡学力，后人之心悦诚服，有不约而同者也。……我有一念之善未尝不沾沾自喜，静言思之，古之人有行之者，圣人先得我心之所同。然也，我有一念之不善，愧悔之余，深惧无以对圣贤。所谓如有师保，如临父母，圣人百世之师也。……爰以身倡之而同寅以及绅士庶民亦俱乐从输将恐后。鸠工庀材，相度形势，先修池陂，后修庙宇。……夫临邑地连蒲解，近圣人

---

① （清）郭暄：《重修观音阁碑记》，《三晋石刻大全·汾西县卷》，三晋出版社，2019年，第258页。
② （清）韩永祚：《创修关帝庙碑记》，《三晋石刻大全·和顺县卷》，三晋出版社，2012年，第113页。

之居若此其甚也。入庙思敬，为善之心沛然勃然。临之士习淳朴，临之民风爽直，从此当大有进益者。敬神治民，有司之责也。"①崔偲在任临猗县令之初，不仅到庙中祭拜，而且倡导士绅共同修建关帝庙，进而乘势倡导民众向圣贤学习，心怀善念，常自反省，养成淳朴爽直之民风。地方官员借拜庙修庙之机，一方面向民众展示其敬畏神灵、倾慕圣贤的施政形象，自然树立公平严谨、正统端庄、光明磊落、向善亲民的为官形象，无疑可以极大增强民众的认可，赢得民心；另一方面通过碑文进行社会教化，教化民众学习圣贤，心念向善。官府多介入关帝庙祭祀及维修事务，并将其作为社会治理的途径之一，而"山野乡疃之庙"则更加贴近于民众日常生活，其民俗性、市井性、生活化的色彩更加浓厚。

中国民众对关帝的崇敬具有浓烈而虔诚的信仰情怀，是中国人传统文化心灵对英雄的追思，是一种真挚的敬畏与感恩情感的抒发，也是中华文化得以传承绵延的生命力之所在。关公从去世后经过历史记忆的不断追忆和再造，其形象逐渐实现"超越性"，于虚实之间更显其"神秘性"和"神圣性"，其形象纯真质朴，高大奇崛，已然成为中华先祖"克明峻德""光被四表"之平民英雄的典范。关公文化在华夏文化生长、发展、成熟的过程中发挥了"观乎人文，以化成天下"的重要作用，这也正是中国文化中之"托古言志""借古喻今"之传统，也是中华文化绵延承袭，源远流长之演进方式。

关公由真实的历史人物在去世后成为超越性的"神灵"被记忆传承，其中贯穿了由"实"到"虚"的变化，由"有限"到"无限"的变化，在历史真实的基础上实现"超越性"精神文化象征标志的完美升华，将现实中的不圆满、有局限的性质超越升华为完美与理想的状态，实现了浪漫理想人格的无限超越，虽然他可能存在不真实的历史，但他是真实的情感、真实的理想、真实的期盼、真实的愿望、真实的精神和真实的文化，是圆满的、理想的、完美的。正是中国文化精神的"层累"追求理想、追求完美，代表了累代先贤对中华文化精神的认同、创造与传扬，是在不断继承中的应时创新，层累历史再造的背后是真实真切的文化精神的层累与传续。对关帝象征精神的文化认同应该远远大于对其"客观史实"的认同，一方面我们应该以科学严谨的精神探究考察古史，另一方面也应以实事求是的态度探究中华文化精神的传承密码。"关帝文化"正是博大精深的中华文化精神绵延传续、不绝如缕的具体实践与明证。

---

① (清)崔偲：《重修关帝庙碑记》，《三晋石刻大全·临猗县卷》，三晋出版社，2016年，第360页。

第四章　晋南地区关帝壁画

　　最早的关于关羽的壁画在关羽去世后不久就被魏文帝曹丕绘制于曹操的高陵。据《三国志·于禁传》载："帝践阼，权称藩，遣禁还。帝引见禁，须发皓白，形容憔悴，泣涕顿首。帝慰谕以荀林父、孟明视故事，拜为安远将军。欲遣使吴，先令北诣邺谒高陵。帝使豫於陵屋画关羽战克、庞德愤怒、禁降服之状。禁见，惭恚发病薨。"①曹丕欲派于禁出使吴国，召见于禁时以荀林父、孟明视故事激励于禁。荀林父是春秋时期晋国的将军，曾经被楚国击败，向晋景公请罪。晋景公免其死罪，荀林父得以立功赎罪。孟明视是秦国将军，曾经被晋国击败而投降，回国后没有受罚，之后帮秦国击败晋国。曹丕又让于禁拜谒曹操高陵，故意让人在高陵墙壁上画了关羽攻战、庞德愤怒、于禁投降的壁画。于禁见后，羞愧愤怒而死。可见，在三国时期已经有关羽故事壁画流传。

　　明清时代关帝信仰更加隆盛，各地城镇村社普遍建立关帝庙，晋南地区尤盛，"国家祀典之重，庙制之崇，达于海隅，遍于郡邑者，孔庙而外莫如关帝。盖帝之圣德神功，照耀千古，矧福国佑民屡彰灵显。上自侯王君公，下至轿夫悍卒，靡不望门而志肃，入庙而心虔，殆所谓莫不尊亘古一人欤。"②"前代加以王爵，神宗复以帝号，至国朝伏魔灭□，村建益隆……薄海之内，自通都大邑以十室之壤无不建庙而祀之。"③关帝庙抑或关帝殿之中一般都在墙壁之上图绘关帝故事。壁画是民间信仰传播和发展的重要表现形式之一，也是我们考察民间信仰最直接、最客观的材料。壁画在宗教庙宇之中有两方面的基本功能。首先发挥装饰

---

　　①（西晋）陈寿：《三国志》卷十七，中华书局，1982年，第524页。
　　②（清）张尧：《重修关帝庙碑记》，《三晋石刻大全·浮山县卷》，三晋出版社，2012年，第626页。
　　③（清）姜怀玉：《重新移建关帝庙北南两廊舞楼创建祖师殿及高媒神祠艮巽二门四角心亭并角窑碑记》，《三晋石刻大全·绛县卷》，三晋出版社，2014年，第401页。

功能，满壁的绘画与神像布置相互配合，营造出特殊的环境氛围，使人身处其中，如身临其境。第二是发挥社会教化的功能。图像能给人以直接的视觉冲击力，使人受到感染，"观者因相以明其事、因事以知其灵，则皆起诚敬，而坚向善之心，渐可进于道矣"[1]。"尝思入庙思敬，睹形生畏，所以劝人为善去恶之心者，以其有所感触而然也。若是则庙貌之赫奕，冠服之庄严，顾可以不设哉！"[2]壁画图像中仙境般的亭台楼阁，翩翩飞翔的天女，腾云驾雾的诸仙，使信众更加钦羡"仙界"的美好生活；济世救人、惩恶扬善的种种"神道故事"，使信众更增加了对神灵的"信奉"和"依赖"，极大地慰藉了现实人生苦难带来的精神苦闷；种种"善恶报应，因果相续"之故事又无形中给人以巨大的道德警示。庙宇中满铺的壁画，绚丽的色彩，生动的人物，彰显了神灵的神异性、神秘性，至于其准确性，民众作为受众，并不十分关心，因此，庙宇中壁画已经异曲同工地发挥了其宗教宣化的功能。[3]

第一节　运城地区现存关帝壁画

运城地区保存的关帝壁画，主要为清代壁画。关帝信仰在清代极盛，绘制关帝壁画是关帝信仰达到顶峰最重要的标志之一。关公"忠勇仁义"精神既符合统治者需求，亦符合民众的祈愿。壁画大都是以关帝"锋横八面，黄巾破走，水没七军，禁来授首，剑指五关，金汤不守，擒布走惇，刺颜诛丑。电扫风驱，摧枯拉朽，华容窘迫，老瞒褫魄。控扼荆襄，吴人胆惹，秉烛达旦，王之大节。封府辞曹，王之明决。功盖三分，王之伟烈。祚县四百，王之厚泽。矫矫虎臣，洞晰麟经。桓桓雷威，震叠华夷"[4]之故事情节为主题，发挥了庙宇装饰的功能，也达到教化民众的目的。

一、解州关帝庙壁画

解州关帝庙壁画位于午门过厅墙壁之上。午门现为关帝庙端门、雉门之后的第三道门，面宽五间，进深三间，庑殿顶，中间三间前后透敞，开阔宏大，两梢

①（元）赵炘：《启圣嘉庆图序》，徐世隆《玄天上帝启圣灵异录》卷一，《中华道藏》第30册，第704页。
②（清）立从善：《庙火布施记》，《三晋石刻大全·运城市盐湖区卷》，三晋出版社，2010年，第262页。
③侯慧明：《净石宫玄天上帝应化图初探》，《世界宗教研究》2015年，第6期。
④（明）汤来聘：《重修关帝大庙碑文》，《三晋石刻大全·襄汾卷》，三晋出版社，2016年，第112页。

间依中柱东西向砌两堵墙，与山墙形成T字形结构。砌墙前壁东墙绘周仓、西墙绘廖化，气势威猛，孔武有力。[1]砌墙南段东西山墙绘青龙、白虎，青龙口鼻喷吐白练，直出珍宝，汪洋恣肆，白虎回首怒吼，步伐矫健，气魄冲天。砌墙北段东西山墙绘屏风画，绘花卉、人物故事、福禄寿三星、瑞兽等吉祥寓意题材内容。两堵砌墙北面皆绘精美的关帝故事。

1.关帝故事壁画基本情况

解州关帝庙关帝壁画现存于午门东西两堵砌墙北面。关帝壁画均采用通景式绘图，整幅壁画虽然由不同的关帝故事组合而成，但浑然一体，犹如一幅人物山水画。

关帝壁画从其风格以及色彩等因素综合判断应该是绘制于民国11年（1922）。关帝庙在民国9年开始大规模维修，到11年修建午门，并绘制了壁画，西壁壁画从其色彩看可能在现代曾补绘。

东西两堵砌墙所绘之关帝故事，各10幅，起始于西砌墙之西上端，题记依据《三国演义》故事发展顺序分别为桃园结义、斩华雄、三英战吕布、斩颜良、斩文丑、约三事、喜得赤兔马、封金挂印、千里走单骑、挑袍。东砌墙亦起始于西上端，题记依据《三国演义》故事发展顺序分东岭关斩孔秀、洛阳斩孟坦韩福、氾水关斩卞喜、荥阳斩王植、黄河渡口斩秦琪、斩蔡阳兄弟释疑、古城聚义、华容道释曹操、单刀会、因于禁斩庞德。

"氾水关斩卞喜""古城聚义"无题记，是根据图像内容判断由笔者添加之题记。"氾水关斩卞喜"图像中一僧人居法堂之后，前厅中关羽手持大刀站立，数具尸体倒于地面。据《三国演义》第二十七回"美髯公千里走单骑汉寿侯五关斩六将"，氾水关守将卞喜在镇国寺埋伏刀斧手准备伏击关羽，寺僧普净暗示关羽有埋伏，最后关羽将卞喜斩杀。"古城聚义"图像中，一厅之中，绘黑龙屏风前面，刘备坐中位，关羽、张飞居于两侧，张飞双手上举，似乎正在高声讲述，刘备等人目光均投向张飞，关羽右手捋着胡须，若有所思。据《三国演义》第二十八回"斩蔡阳兄弟释疑会古城主臣聚义"，在古城刘备、关羽、张飞再次聚首，并得到了猛将赵云，关羽得到了周仓、关平。

解州关帝庙东西两堵砌墙所绘之关帝故事均未严格按照故事发展顺序绘制，但总体上西砌墙故事发生在前，东砌墙故事发生在后。关羽故事从其一生来看有

---

[1]侯慧明：《法门寺地宫两组八大明王图像考》，《世界宗教文化》，2021年第6期。

东砌墙北面壁画　　　　　　　　　　　西砌墙北面壁画

东砌墙南面壁画　　　　　　　　　　　西砌墙南面壁画

北段东山墙壁画

南段东山墙壁画

北段西山墙壁画

南段西山墙壁画

时间发展的顺序，但每个故事也可以独立成章，因此，虽然壁画未严格按照时间发展顺序绘画，但丝毫不影响壁画的和谐组合。

故事开始于"桃园结义"，终结于"因于禁斩庞德"之威震华夏，关羽事业发展至巅峰。其中西砌墙之"千里走单骑"与东砌墙之"过五关斩六将"故事是同一故事，同时出现在东西砌墙之上，说明这个故事最能体现关羽的勇猛睿智，最为流传广泛。关羽故事止于"威震华夏"，未绘后期之"败走麦城"等情节，应是绘者有意为之，遵循了中国传统文化中"为尊者讳"的礼俗，着重表现关羽"忠义仁勇"的伟大一生。①

2.解州关帝庙壁画艺术特点

构图上，壁画采用通景式构图，整个画面浑然一体。东西砌墙整幅图都有中心图像，使得画面具有稳定感和整体效果。西砌墙整幅图像以"喜得赤兔马""斩颜良"为中心，其他图像则围绕在四周，东砌墙整幅图像以"斩蔡阳兄弟释疑"和"古城聚义"为中心，其他图像亦围绕在四周，各个叙事场景巧妙地利用云朵、树木、山峦、建筑的造型进行分割，同时它们又与独立的故事场景形成内在的联系，既是叙事的纽带，也在整幅画面的节奏和韵律中起着关键作用。

画面的故事情节丰富多彩，为了使每一个故事场景有自己独立的价值，画匠采用了中国传统的散点透视技法，即画面的中心会随着观者的视线而移动，大有中国古典园林中移步换景技法的艺术趣味。壁画动静结合，注重整幅画面的节奏和韵律，无论向哪个方向移动视线都会产生不同的意趣。

在色彩上，运用了中国传统绘画中青绿山水的设色技法，明快厚重又不失神韵和灵动。色彩鲜艳明快，且配色精准，能照顾到人物的心理活动和场景气氛的协调互动，增加了画面的生动性。

风格上，整体风格为工笔人物画，同时又渗透了多种表现手法，如人物画与山水画的结合，工笔画与写意画的结合。形式上是工笔画，造型和内容上又注意到了精神世界的表现。

创作虽然受到客观条件诸如绘画工具、材料、场景、内容以及时代、阶级等因素的限制，但绘者能立足于集体意识中的同一化，将现实世界无限的丰富性与欣赏者审美需求的多样性统一起来，无形中突破了客观条件的限制。

两幅画面既有汉魏六朝之画的"痕简而意澹"的境界也不失初盛唐的"雄浑

---

①侯慧明、赵改萍、田宏亮：《山西寿阳罗汉寺佛传壁画考》，《世界宗教文化》，2019年第4期。

桃园结义　　　　　　　　　　　　　　　　　　斩华雄

三英战吕布

斩颜良　　　　　　　　　　　　　　　　　　斩文丑

约三事　　　　　　　　　　　喜得赤兔马

封金挂印　　　　　　　　　　千里走单骑

挑袍

东岭关斩孔秀

洛阳斩孟坦韩福

汜水关斩卞喜

荥阳斩王植

黄河渡口斩秦琪

斩蔡阳兄弟释疑

古城聚义

华容道释曹操

单刀会

囚于禁斩庞德

壮丽"，体现了东方文化注重人与自然和谐相融的文化艺术特点。

二、关家窑关帝庙壁画

关家窑关帝庙位于稷山县稷峰镇，大殿门口立有石碑三通，《修复关帝庙碑记》（2012年）、《硬化庙院重修庙顶碑志》（2015年）、《关家窑关帝庙捐款记》（2015年）。《修复关帝庙碑记》载："我村关帝庙始建于清乾隆五十一年，迄今二百七十载，由于朝代变更，兵荒马乱，风雨侵蚀，年久失修，当年圣洁肃穆的殿堂，香烟鼎盛的景象早已烟消云散，荡然无存，仅留下摇摇欲坠的破庙一座，残垣断壁，椽檩蠹朽，厦脊横倒，檐瓦剥落，壁画涂盖模糊，塑像被毁一空，透气漏风，不堪凋零。近年来村中耆老仁人几经协商修庙事宜，种种原因未能如愿以偿。而今欣逢盛世，社会和谐，国富民康，百废俱兴，早年祖辈先贤所留文化遗产、文物古迹，引起党和政府的高度重视。"①关帝庙创建于清代乾隆五十一年（1786），大殿内正面、东西墙壁绘连环画式壁画。庙宇旁1985年所立《文物保护标志》载："关家窑关帝庙，为清代建造，内有壁画57幅，画工优美，色泽鲜丽，为县重点文物保护单位，任何单位和个人不得损坏，违者严惩。稷山县人民政府。"当时庙内壁画共57幅，由于年久失修和大雨倾颓等原因，目前可辨别的仅剩塑像后方的6幅以及东墙的16幅，共22幅。

1. 基本情况

关家窑关帝庙大殿内正中供奉关公塑像，左右塑立关平、周仓塑像，塑像后正面绘有6幅壁画，并附题记，保存较好，小部分壁画漫漶，题记个别字漫漶。壁画主题以三国故事为主。

东墙壁画有16幅，四排四列，壁画保存较好，各附题记，壁画平均分成16部分，壁画之间是以黑线相隔，泾渭分明。题记位置不固定，但均在上方，部分靠左，部分靠右，部分居中。根据三国故事发展顺序，壁画的顺序为自右至左，自上而下依次是四抱不平、三结义、大破黄巾、平原县鞭督邮、斩华雄、祭鞭马、三战吕布、辕门射戟、许田打围、青□□主、顺说关公、夜看春秋、曹公司马、斩颜良、斩文丑、封金挂印。

"四抱不平""三结义""大破黄巾"均出自《三国演义》第一回"宴桃园豪

---

①此碑现存于山西省稷山县关家窑内。

关家窑关帝庙大殿

杰三结义，斩黄巾英雄首立功"①。"四抱不平"故事不常见，壁画中绘一门楼，门外一穿棕色衣服之人背一穿红色衣服的妇人出行，墙内有三男一女站立墙边，手指墙上布告，旁边关羽着蓝色衣袍，胡须随风飘动，面向一人，一手叉腰，一手伸向前方，五指张开。按照三国故事的顺序，在"三结义"之前，判断是在涿县张贴的榜文前谈论的场景。"四抱不平"主要是说刘备与张飞在涿县张贴的榜文前抱怨榜文来迟，为国投军的内容，而绘画中根据形象似乎是关羽与张飞在讨论，与原文不符，应该是为了突出关羽形象。

"三结义"描绘的场景引自第一回："次日，于桃园中，备下乌牛白马祭礼等项，三人焚香再拜而说誓曰：'念刘备、关羽、张飞，虽然异姓，既结为兄弟，则同心协力，救困扶危；上报国家，下安黎庶；不求同年同月同日生，只愿同年同月同日死。皇天后土，实鉴此心。背义忘恩，天人共戮！'誓毕，拜玄德为兄，关羽次之，张飞为弟。"②

"大破黄巾"是讲刘关张大败张角、张宝、张梁兄弟黄巾军的故事。"平原县鞭督邮"出自《三国演义》第二回"张翼德怒鞭督邮，何国舅谋诛宦竖"③。"斩华雄""三战吕布"出自《三国演义》第五回"发矫诏诸镇应曹公，破关兵三英战吕

---

①（元末明初）罗贯中：《三国演义》，人民文学出版社，2005年，第1—10页。
②（元末明初）罗贯中：《三国演义》，人民文学出版社，2005年，第5页。
③（元末明初）罗贯中：《三国演义》，人民文学出版社，2005年，第15页。

布"。"祭鞭马"故事并不多见,壁画中描绘的是一人一马一桌,桌上放置武器,桌旁也立着武器,张飞单膝跪在黑色马匹旁边,周围是此起彼伏的山峦和大树,依据故事的发展顺序,应在"斩华雄"之后,"三战吕布"之前,应是出自古剧目。"辕门射戟"出自《三国演义》第十六回"吕奉先射戟辕门,曹孟德败师淯水"载:"吕布曰:'我请你两家解斗,须不教你厮杀!'这边纪灵不忿,那边张飞只要厮杀。布大怒,教左右:'取我戟来!'布提画戟在手,纪灵、玄德尽皆失色。布曰:'我劝你两家不要厮杀,尽在天命。'令左右接过画戟,去辕门外远远插定。"①

"许田打围"出自《三国演义》第二十回"曹阿瞒许田打围,董国舅内阁受诏"②。"青□□主"中间二字漫漶,壁画描绘的是曹操、刘备坐于亭内桌旁,桌上放置樽俎,二人各手执一杯酒,关羽、张飞各执兵器立于桌子两边,关羽旁边还立有一将士,亭外的青梅树硕果累累,青葱碧绿。依此可以判断内容为"青梅煮酒论英雄",出自第二十一回"曹操煮酒论英雄,关公赚城斩车胄"③。"顺说关公"也是不常见于其他庙宇,壁画描述的是关公霸气地坐在小山头上,背后是一匹马,周围是连绵不断的山峰,葱郁的大树,面前有一人向关公作揖,两人正在交谈。依此情景,判断其出自第二十五回"屯土山关公约三事,救白马曹操解重围"④中的张辽上山劝说关羽情节。"夜看春秋"也是出自《三国演义》第二十五回"操欲乱其君臣之礼,使关公与二嫂共处一室。关公乃秉烛立于户外,自夜达旦,毫无倦色。"⑤ "曹公司马""斩颜良"也是出自第二十五回中经典的曹操赠送赤兔马于关公,关公斩颜良典故。"诛文丑""挂印封金"出自《三国演义》第二十六回"袁本初败兵折将,关云长挂印封金"⑥中的经典故事。

大殿东壁画题记简表

曹公司马	许田打围	斩华雄	四抱不平
斩颜良	青□□主	祭鞭马	三结义
斩文丑	顺说关公	三战吕布	大破黄巾
封金挂印	夜看春秋	辕门射戟	平原县鞭督邮

① (元末明初)罗贯中:《三国演义》,人民文学出版社,2005年,第137页。
② (元末明初)罗贯中:《三国演义》,人民文学出版社,2005年,第173页。
③ (元末明初)罗贯中:《三国演义》,人民文学出版社,2005年,第180页。
④ (元末明初)罗贯中:《三国演义》,人民文学出版社,2005年,第211—212页。
⑤ (元末明初)罗贯中:《三国演义》,人民文学出版社,2005年,第214页。
⑥ (元末明初)罗贯中:《三国演义》,人民文学出版社,2005年,第219—225页。

大殿东壁壁画

四抱不平

三结义

大破黄巾

平原县鞭督邮

斩华雄

祭鞭马

三战吕布

辕门射戟

许田打围

青□□主

顺说关公

夜看春秋

曹公司马　　　　　　　　　　　　　　　斩颜良

诛文丑　　　　　　　　　　　　　　　　挂印封金

　　大殿正面壁画共6幅，三排两列，左上角第一排第二列壁画漫漶，题记也未能辨别。壁画平均分成6部分，每幅壁画之间以黑直线间隔，题记在壁画的右上方位置，红底黑字。壁画依次为关公辞袍、斩杜远、胡花寄书、□□□□、勒马听封、洛阳关斩孟坦。大殿正面壁画第一排左上角破坏，题记已毁，只留有马的下半部分，一只掉落在地的矛，一个被斩的人头，排除东墙上出现过的"诛文丑""斩颜良""怒斩华雄"，又依据三国故事顺序，排除"袭车胄""刀劈远志"，判断是五关斩六将中的一个典故。右上角"关公辞袍"壁画有一点破坏，但主要内容可以辨别。此墙壁六个典故都出自《三国演义》第二十七回"美髯公千里走单骑，汉寿侯五关斩六将"，①一个以关公为绝对主角的章回，描述了关公的忠义与勇猛。但壁画顺序有一些混乱，《三国演义》中顺序应为关公辞袍、勒马听封、斩杜远、胡花寄书、洛阳斩孟坦。但壁画顺序将"勒马听封"靠后而置于"洛阳关斩孟坦"之前了。

---

①(元末明初)罗贯中：《三国演义》，人民文学出版社，2005年，第226—233页。

大殿正面壁画题记简表

□□□□	关公辞袍
勒马听封	斩杜远
洛阳关斩孟坦	胡花寄书

大殿北壁东侧壁画

关公辞袍

勒马听封

斩杜远

洛阳斩孟坦

胡花寄书

2.壁画特点

构图方面，绘画采用了界格式构图，这一点与后面提到的西位村的壁画形成鲜明的对比，西位村的壁画采用通景式构图，场面宏大，浑然一体，构图精巧，以气氛感染观者。关家窑的壁画采用了界格式构图的形式，在墙壁上用线条分割出若干相同的单元格，在每一个方格内绘以不同的故事。这种连环画式的表现方法优点在于能将更多的故事内容绘制到壁画中，最大限度地利用了壁画空间，增加了故事的数量。绘者将中国古代园林中"移步换景"的艺术技巧直接用于壁画的创作中，产生"移目换景"式的体验，成功地缩短了内容上时空的距离，在有限的空间里扩大了故事的叙事性，像这样的构图形式在现代的故事绘本中还常常使用。这种构图的不足之处在于，在形式上显得程式化、呆板化，与中国绘画追求的灵动自然特点相去较远。从关家窑的壁画呈现的效果来看，绘者有很熟练的构图能力，他能通过故事内容先后的连续性，不同元素单幅画之间的疏密形成与壁画预期气氛相同的节奏感，以及画面中人物神态内在的呼应将零散的绘画有机地结合在一起，成为一幅完整的壁画。

在用线方面，用线简约，朴拙中洋溢着一种童趣，虽说线条的组织不及西位村壁画那么严谨，但细节中有神韵，不同的物类用笔形象，人物的用线细腻有弹性，山石则坚硬润泽，树木生发繁茂，使得整幅壁画生机盎然。

在用色方面，设色浓丽，在土黄的底色上施以青绿、朱红、宝石蓝等色彩。对比鲜明，善用色彩搭配的方式表现故事的气氛，展现人物独特的性格特点和心理活动，例如"三战吕布"中，吕布、刘备、关云长、张飞骑的马就有红、白、黑、黄四种颜色。其中吕布的着装极其鲜艳，出现了红与绿的直接对撞，红与绿是一对反差色，也就是在视觉心理上反差最大的两种颜色，这两种颜色的搭配，加剧了冲突的激烈。吕布此时正值败势，眼睛向后瞟，冲突色彩组合反映他内心的焦虑，同时这样的色彩搭配也让画面更醒目。从色彩运用以及碑刻所载时间综合判断，该壁画绘制于乾隆年间，绘画整体水平比较高。

人物塑造方面，绘者特别善于用眼神配合肢体的动作表现人物的内心世界，这是西位村壁画没有的，如"许田打围"画面采用"C"型构图，在右前方"C"形的中间有两只中箭的动物，所有的人物和马匹都向前倾，营造出向前快驰的动势，穿红袍的曹操跑到了皇帝的前面，左下角的刘备、关羽、张飞三人的眼神和他们身体的动势的方向刚好相反，反映出他们对曹操的蔑视和心中的不满情绪。

在故事的选取方面，关家窑壁画原本有57幅，当时庙内四面墙壁都绘满了壁画，但由于西墙以及靠门的墙壁上壁画已经毁坏，壁画内容无法得知。与晋南地区其他关帝庙相比，关家窑在"三结义"之前增加了"四抱不平"为其他壁画所没有的情节，再如"顺说关公"即"屯土山关公约三事"情节，主要讲述张辽劝说关公故事。关家窑关帝庙壁画选取的题材丰富，属于三国故事，而不是单纯的关公故事，其他庙宇在壁画描绘中，主题或以关公为主角，或有关公参与其中，但关家窑个别壁画中并没有关羽的身影，如东墙壁画中"祭鞭马"中只有张飞。

"大破黄巾""斩华雄""三战吕布""斩颜良""诛文丑""斩杜远""洛阳关斩孟坦"等壁画主要表现关公的威武神勇，碑文赞其"冒死犯险而不顾，何勇之大也"。《三国志》中《程昱传》载其："刘备有英名，关羽、张飞皆万人敌也。"① 《三国志》中《周瑜传》载："刘备以枭雄之姿，而有关羽、张飞熊虎之将，必非久屈为人用者。"② "曹公司马""封金挂印""关公辞袍"表现关公的以

---

① (西晋)陈寿：《三国志》,中华书局,1982年,第632页。
② (西晋)陈寿：《三国志》,中华书局,1982年,第1122页。

义为先，守义弃利，大义凛然，忠贞不贰的精神品质。"三结义""夜看春秋"体现的是关公的诚信忠义，"秉烛达旦，临履大变而难夺，何忠之至也；且也尊刘抑魏，视异姓如同胞，而誓同生死，何勇至尽也。举而三善可称，所以功高千古，名流万代者也"①。壁画内容将关公忠勇、信义精神描绘得淋漓尽致，"关王之神其忠贯金石，其义参天地，其勇冠万人，其威震华夏，当时谋王定国之烈"②，且帝"仁义礼智信忠勇七字，帝固兼备于一身者也"③，关公壁画所体现的道德精神，足以提振村纲，和谐乡里。

三、宝泉村关帝庙壁画

宝泉村关帝庙位于运城市稷山县翟店镇。关帝庙大殿门外立有《关帝庙重修碑记》（1841年）、《再修关帝庙碑记》（2008年）、《捐款单位及个人》（2008年）碑3通。《关帝庙重修碑记》载："先王之制祭祀也，以勤死事则祀之，以劳定国则祀之，能御大灾捍大患者皆在所祀。昔关圣帝君浩气塞天地，精忠贯日月，事迹之载在史册者凛然，日在人心，历代以来，本圣神文武之德，御灾捍患，隐扶持乎君与民者尤荡荡乎无能名焉，故屡加封典。上自朝廷，下及闾巷，虽愚夫愚妇，莫不尊敬，建庙宇以伸将享，良有以也。万历年间宝泉庄创建关帝庙一座阅二百余年，风雨毁伤，土木崩解，庄之父老不忍坐视。第庄小力微□，岁又荐饥，虽有志而未逮。道光十九年，时和年丰，共议重修。庄之老幼欣然乐从，四方善士又捐资财得金数百余两，以襄盛事，于是鸠厥工庀厥材，极□黝垩绘画之事而焕然一新，始功于三月，不数月而功成。夫人赖神以安，是神者人之主也，苟坐视庙宇之损坏，敬神乎？实慢神耳。有斯举也。备资盛修祀事，足以展一庄诚敬之心者，固在是焉，即神之御灾捍患使人永被其休者和在是焉。因叙其事并施财姓名勒诸石以垂不朽焉。"横梁书"昝大清道光十九年岁次己亥三月戊辰十六日壬子吉时辛丑竖柱上梁合村协力重修关帝庙祈保吉星如意谨志"题记，题记上下绘乾卦和坤卦，牌头绘獠牙虎头，捧阴阳鱼图案。绘图色彩与壁画设色一致，故而判断宝泉村关帝庙壁画重绘时间为道光十九年。宝泉村关帝庙创建于明万历年间，于道光十九年由四方善士捐资重修。2008年重修至今，保存较好。

---

①（清）葛一新：《重修关帝庙碑记序》，《三晋石刻大全·吉县卷》，三晋出版社，2017年，第313页。
②（清）安邻：《创建关王庙记》，《三晋石刻大全·乡宁卷》，三晋出版社，2014年，第48页。
③（清）吕梦鹤：《创建关帝庙碑记》，《三晋石刻大全·古县卷》，三晋出版社，2012年，第51页。

宝泉村关帝庙

1.基本情况

关帝庙大殿内正中塑关帝像，关平、周仓分列两侧，庙内碑文中亦提及"关帝庙始建于明万历间，清道光十九年重修，关帝圣像端坐正中，关平、周仓分列两侧"。塑像两侧各有两幅壁画，两列，以黑色直线分隔，呈上下结构，每小幅壁画面积相同，共4幅。壁画无题记。

东侧第一排壁画上部是嶙峋巨石、树木，山石背后掩映着三座茅草屋，由远而近。刘备、关羽、张飞三人立于画面中央，刘备在前，关羽居中，张飞居后，画面右侧茅庐门口立一书童，头扭向来客。故事是源自《三国演义》第三十七回"司马徽再荐名士，刘玄德三顾茅庐"①的"三顾茅庐"，与西位村关帝庙壁画"三顾茅庐"场景环境与人物设置基本一致，两座庙宇似乎采用了同一稿本。第二排壁画已完全被毁坏。

---

①（元末明初）罗贯中：《三国演义》，人民文学出版社，2005年，第315页。

塑像后东侧题记简表

三顾茅庐
毁坏

北壁东侧壁画　　　　　　　　　　　　　　三顾茅庐

　　西侧壁画第一栏，画面周围以树木围绕，枝干遒劲，上方摆置一案桌，桌上置红烛、祭品等物，桌前侧立三人，关羽在前，刘备在中，张飞在后，三人双手作礼，关羽、张飞看向刘备，三人胡须头发飘动，衣角随风而动，案桌前乌牛白马卧于地上，旁边两人侍奉。判断故事内容是来自《三国演义》第一回"宴桃园豪杰三结义，斩黄巾英雄首立功"中最经典的内容"桃园三结义"，壁画描绘内容也与《三国演义》相符。这与关家窑东墙壁画"三结义"中的关羽居中，又有所不同，壁画中许多桃树，也比关家窑只一棵树，更点题。西侧壁画第二栏下半部分漫漶，第二栏只余上部一小部分，城楼门上书"古城"二字，城楼之上张飞怒目向下，双手执槌，擂鼓助威，两兵丁立于两侧，城楼前帅旗飘扬，右边一棵苍劲回曲松树。依据此情景与其他庙宇壁画比较，判断出自《三国演义》第二十八回"斩蔡阳兄弟释疑，会古城主臣聚义"中之"古城斩蔡阳"。"张飞大怒曰：'今还敢支吾么？'挺丈八蛇矛便搠将来。关公急止之曰：'贤弟且住。你看我斩此来将，以表我真心。'飞曰：'你果有真心，我这里三通鼓罢，便要你斩来将！'关公应诺。须臾，曹军至。为首一将，乃是蔡阳……关公更不打话，举刀便砍。张飞亲自擂鼓。只见一通鼓未尽，关公刀起处，蔡阳头已落地。"①

---

①（元末明初）罗贯中：《三国演义》，人民文学出版社，2005年，第238—239页。

塑像西侧题记简表

桃园结义
古城斩蔡阳

北壁西侧壁画

桃园三结义

东墙壁画，以黑色直线划分，呈上下两列，第一列分为3小幅，面积各不相同，第二列分为2小幅，东墙共5幅。第一列自左至右第一幅图，关羽站立于亭台之上，伸出右手，左手捋长髯，旁边立一人，台下跪一少年，旁边站一老者，向关羽作礼。此故事情节出于《三国演义》第二十八回"斩蔡阳兄弟释疑，会古城主臣聚义"中情节："庄内一老人出迎。关公具言来意。老人曰：'某姓郭，名常，世居于此。久闻大名，幸得瞻拜。'遂宰羊置酒相待，请二夫人于后堂暂歇。郭常陪关公、孙乾于草堂饮酒。一边收拾行李，一边喂养马匹。至黄昏时候，忽见一少年，引数人入庄，径上草堂。郭常唤曰：'吾儿来拜将军。'因谓关公曰：'此愚男也。'关公问何来。常曰：'射猎方回。'少年见过关公，即下堂去了。"[1]判断为"郭常父子"。

第二幅壁画，关羽端坐河岸，侧后站立一武将，一人执帅旗站立，关羽对面的河水波涛汹涌，二人溺于其中，作挣扎状。判断是第七十四回"庞令明抬榇决死战，关云长放水淹七军"[2]中的"水淹七军"。

第三幅壁画中大堂之上摆置书案，前面站立一人，身体微躬，向前倾，应为刘备，身后立一书吏，手端托盘，台下张飞二目圆睁，容颜暴怒，一手执柳条，

---

① (元末明初) 罗贯中：《三国演义》，人民文学出版社，2005年，第235页。
② (元末明初) 罗贯中：《三国演义》，人民文学出版社，2005年，第610页。

一手揪督邮头发，督邮呈惊恐状。判断故事内容为《三国演义》中第二回"张翼德怒鞭督邮，何国舅谋诛宦竖"[①]中"张翼德怒鞭督邮"。

第二排第一幅壁画中，几人骑在马上，手执武器，激烈战斗，一人红脸长髯，手举大刀，居前挥舞，应为关羽，刘备执双剑，张飞执矛，分列左右，前方一人骑马，身穿甲胄，反身向关羽双手挥动长戟，应为吕布，周围绘以山石、树木、兵丁。判断内容为《三国演义》第五回"发矫诏诸镇应曹公，破关兵三英战吕布"中的"三英战吕布"。

第二幅画面中，马车轿子内坐两妇人，应是刘备之甘、糜二夫人，关羽骑于赤兔马上，左手执矛，右手捋长髯，回头望向城门，一军士贴红色封条于城门，门锁上挂印，门楣题"许城"二字。判断是《三国演义》中第二十六回"袁本初败兵折将，关云长挂印封金"[②]中"挂印封金"故事。

东墙题记简表

郭常父子		水淹七军		鞭打督邮
三英战吕布		挂印封金		

东墙壁画

---

①（元末明初）罗贯中：《三国演义》，人民文学出版社，2005年，第15页。
②（元末明初）罗贯中：《三国演义》，人民文学出版社，2005年，第15页。

郭常父子

水淹七军

三英战吕布

鞭打督邮

挂印封金

西墙壁画亦分两列，但与东墙不同，不以黑色直线划分，而是以祥云、树木分隔，每小幅壁画没有固定的形状。壁画被墙壁中突出的柱子分成两部分，左侧第一排上半部分画面中，左上角绘一城池，题"长沙"，一人跪地，对面一人骑马，后者骑马执扇，前者可能为刘备，后者为诸葛亮，后边跟着随从，拿着武器、旗子等。下半部分左侧众人排成一列，为首者身穿红衣，头戴红缨盔，可能为黄忠。下半部分右侧，关羽骑于马上，手举大刀，前方一人跌落马下，身首异处，应为杨龄。判断此故事出自《三国演义》第五十三回"关羽战长沙"。

西墙右侧上半部分画面关羽坐于马上，执刀向前，左右将士皆拔刀相向，对面一人戴直脚幞头官帽、身着红色袍服、双手拱于胸前，坐于马上，后边随从若干，侧方有一人执斧欲向前。判断绘画内容是第五十回"诸葛亮智算华容，关云长义释曹操"。右侧壁画下半部分画面，一人戴直脚幞头官帽、身着红色袍服、骑于马上，头上撑起华盖，帅旗高树，带领一队人马半隐于山后。画面前方，关羽骑在马上，双手执刀，将对面之人，砍于马下。戴直脚幞头官帽、身着红色袍服、骑于马上者为追赶关羽的曹操，曹操放行，并道："志不可夺。"判断故事情节为"美髯公千里走单骑，汉寿侯五关斩六将"。

画面上方为"关公义释曹操"故事，下方布置"五关斩六将"故事，但又绘出曹操"追击"场景，寓含"曹操放行关公"爱惜人才之意，这一对比可谓独具匠心，更加彰显关公受人敬佩与人格之伟岸，也蕴含了曹操爱惜人才之深意。

西墙左侧下方，关羽坐在龙船上，后边左右各立一人，两侧随从若干，右侧一船夫划船，对面河岸几名官员携乐人奏响各种乐器。与西位村东墙下方壁画内容相似。判断故事内容为"单刀赴会"。

西墙壁画左侧

西墙壁画右侧

西墙壁画上半部分　　　　　　　　　　　　　　　西墙壁画下半部分

2.壁画特点

构图方面，塑像两边的壁画都是上下各一幅，以直线相隔，这是对称原则的使用，一走进大殿给人一种平衡感。东西墙壁画构图截然不同，东墙壁画，以直线相隔，但不是均匀分配，而是上三下二的结构。西墙不再以直线分隔，而是以山石、树木相隔，自然成局。一个殿内，三种不同的构图方式，组合起来却不突兀。绘图作者心思巧妙，独具一格。

线条方面，整体线条沉稳，笔迹不紧不促，沉稳而不张扬，绘画过程中又丰富多变，刚柔、轻重、虚实变换无穷。处理线条老道，细腻精致，形似而又以形传神，使人物活灵活现。

用色方面，几面墙用色选择上也不尽相同。塑像东侧的壁画，主色调土灰色，人物景致均以墨色表现，整幅壁画看起来比较暗沉；而其他几幅壁画虽然主色调也是土色，衣服和配饰上加了红色做点缀，在此基础上，关公着绿袍，十分显眼，突出整个壁画的中心。

人物造型上，塑像两侧的壁画，每幅占据面积较大，故人物比例也比较大，绘画的人物形象圆润，其余壁画上的人物不及这两幅圆润生动。壁画人物的动态注重表现神韵而不是简单的程式化动作，注重人物情节、环境的内在联系，有很强的整体意识，有影像艺术中"第二现实空间"的真实感，在人物和景物的造型上注重形式美。

壁画故事情节选取桃园结义、鞭打督邮、三英战吕布、挂印封金、古城斩蔡阳、郭常父子、三顾茅庐、水淹七军等故事。没有完全按照《三国演义》故事发展顺序绘画，只是选取最能体现关公精神的有代表性的典型故事。桃园结义体现关公的信义精神；挂印封金体现关公忠君、忠义的精神；古城斩蔡阳、三英战吕布、过五关斩六将等几个典故依然体现的是忠勇；但比之前多了水淹七军中关公的智慧形象；郭常父子也是比其他庙宇中增多的内容，这体现了关公在父子亲情方面的"孝道"，这也是封建社会伦理道德中纲常伦理的重要内容。宝泉村关帝庙中壁画虽然没有选取全部的关帝壁画的内容，但是精心挑选的故事情节都最能体现关公精神，"仅以义勇称者，余窃谓其辞之隘也，以为仁义礼智信忠勇七字，何尝不兼备于一身哉。其结盟于桃园，以异姓而为兄弟，亲迈同气，爰逾□□，此非□帝之仁乎！及其税嬰北魏，任奸究而不坠术，秉烛竟夜，一夕千秋，此非帝之义乎！慕卧龙之贤，三顾庐而不辞礼何如也！识奸雄之诈□挑袍而免虑，智之若也！试观释孟德于华容，藐视曹而非报德，且尝言曰能失信于诸葛，不失信于曹操。□□信之，彰明较著也哉。至□扶炎刘而颠沛不二，死东吴而威罴叵测，忠烈之风，足寒万世奸臣之胆；奋神威而大破黄巾，过五关而频斩六将，骁勇之著震惊三国壮士之心。此仁义礼智信忠勇七字，帝固兼备于一身者也"[1]。进入关帝庙的人皆能"拜公之神，凛凛生气，如在目前，愚者以作，顽者以奋"[2]。

四、西位村三义庙壁画

西位村三义庙位于稷山县翟店镇，现存正殿、献殿、古建献台和钟鼓楼。献殿内东侧有道光二十年（1840）三月初十日立碑载："西位村南古有龙王神岭，砖窑一座，神像三尊，庙外可耕之地据村旧券共二十五亩，但世远年湮，多有四邻侵夺，自嘉庆二十四年（1819），村中耆老不忍听其所侵，讼官，据张太爷断明南北东俱至杨起凤，西至杨君命，四至分明，周围共二百四十四步，计地二十亩零六分七厘二毫二丝二忽，内有柿树五科，柏树十科，村人恐后又有损伤，难以考据，因勒石以垂不朽云：又巽地有土地祠，南北长一步，东西涧五步，计地一分二厘五毫。又村中四社行事当日行词所费银两，因东社钱粮甚小只任十分之一，所余九分三社均任，以后所得之利，亦照此分。"[3]碑刻载述了西位村关帝庙庙产的四至，此碑下立有功德碑两通（2012年、2015年），记载了村人对关帝庙

---

① (清)吕梦鹤：《创建关帝庙碑记》，《三晋石刻大全·古县卷》，三晋出版社，2012年，第51页。

② 光绪《河津县志》卷十二，凤凰出版社，2005年影印本，第254页。

③ 此碑现存于山西省稷山县西位村关帝庙。

的捐赠重修情况。

殿内横梁书"元大德七年三月初三日合村创建吉祥如意谨志""大清康熙二十四年四月合村重修吉祥如意谨志""峕大清咸丰三年岁次癸丑七月庚申初九日壬子时癸卯合村重建吉祥如意谨志""大清咸丰三年七月初九日卯时合村重建如意谨志""大清宣统庚戌年丁亥月癸未日乙卯时合村创建立柱上梁吉祥如意谨志"梁牌。横梁梁牌是庙宇修葺时书写，可知三义庙创建于元大德七年（1303），清康熙二十七年（1688）、咸丰三年（1853）、宣统二年（1910）重修。献殿东侧墙壁《三义庙碑文序》载："尝考《三国志》，而见夫英雄迭起，豪杰并兴，卓卓者不可胜纪，然求其生前能振纲常，殁后宜享祀典者，惟刘关张而已，此五代以来，各处所由建三义庙也。本村正北旧有观音庙居左，三义庙居中，佰王庙居右，其庙皆自大德七年创建，至大清康熙二十七年重修，自此以后历年又多，庙貌不无亏损，神像复见残缺，村中父老子弟触目及此，莫不发叹愿修，但工程浩大，费资不凡，未敢轻于妄动。沿至咸丰三年四月间，乡地纠合村中人等议定承首者四十余人，猝欲动工，先将本庙柏树，卖银壹佰叁拾余两，再求村人施银九百余两，又央人具疏募化得外方人施银八百余两，由是承首者大称其心，愈不得不共襄其事。因先于正北重建神殿五间，献殿五间，越台一座，复于正南再重建戏楼三间，门楼两间，边房四间，东西两廊各八间。自咸丰三年五月动工至咸丰四年七月间告竣，自此旧者改观，新者巍焕，庙貌非常，重开前五百载之基。祉神像尤整，复启后亿万人拜瞻，岂弟亏损者聊为之补葺，残缺略为之黝垩已哉！叙其颠末并施财人姓名刊列于右以垂不朽云。"①碑文与横梁上书写三义庙修葺重建时间相吻合。

1.基本情况

三义庙创建于元大德七年，目前只保留有献殿和正殿各五间，庙宇宽敞高大，烧制精巧的一些脊兽饰物仍然完好，柱石上雕刻着各种吉祥瑞兽。献殿门楣上有"三义庙"大牌匾，门两侧楹联，左侧为"桃园三结义，忠信仁勇千秋流芳"；右侧为"西位众姓和，德善勤俭万代传承"。殿内东西两侧墙上各有两米高、半米宽的石碑八块。东侧碑文记载了此庙于元大德七年创建，清康熙二十七年重修，咸丰三年再次重修。西侧墙上碑文是施财人姓名和捐银数量。

正殿内，立5尊塑像，正中间为刘备，右侧关羽，左侧张飞，右稍间立伯王，

①此碑现存于山西省稷山县关家窑村关帝庙内。

西位村三义庙

左稍间立观音。塑像背后墙壁上绘背屏画，分上下两排，有山石、人物、花卉、双鸟，样式不一。大殿内东墙上绘关公壁画，无题记。东墙壁画分为三幅，左上角一幅，右上角一幅，下半部分一幅，每幅壁画之间以山势相隔，既融为一体，又自然分明。山树均以墨色点缀，山的形状、高低、险峻各不相同。左上角壁画模糊，最上是一座高山，山脚绘两个打斗的场景，两两对打，各骑于马上，呈追赶状，均双手上举，一手持刀或剑或矛，头部动作随着奔跑的方向但面部朝向对方，战马四蹄孔武有力，向前奔跑。此情景判断为《三国演义》第二十七回"美髯公千里走单骑，汉寿侯五关斩六将"中的情节，但由于壁画比较模糊，故无法判断具体是哪一关。右上角壁画最上是几棵桃树，下边是刘备站于中间，关羽居于左侧，张飞居于右侧，三人笔直站立，刘备与关羽的胡须随风飘扬，三人面前有一案桌，情节与《三国演义》第一回"宴桃园豪杰三结义，斩黄巾英雄首立功"①中内容描述一致，据此判断壁画内容为"桃园三结义"。下半部分左下角关公端坐于龙船之上，手抚长髯，一络腮胡武将肩扛大刀，立关公身后，一戴斗笠的船夫显出半身于船头，对面几人敲锣打鼓。判断其故事情节应为"单刀赴会"。

西墙上俱以山势构成了"S"形，以山相隔，一共四幅场景，壁画中山石树占了很大的面积，每幅壁画位于山与山之间。左上角壁画内容是关公骑马奔跑，

①(元末明初)罗贯中：《三国演义》，人民文学出版社，2005年，第5页。

东墙壁画

东墙左上角壁画

东墙左下角壁画

东墙右上角壁画

关帝塑像

东墙右下角壁画

马尾上翘，马头向后，关公双手举刀，对方被山峦遮挡，故不能判断其情节内容。右上角壁画城门无题字，张飞站在城门上，手握鼓槌，击鼓观望，城门下关公右手挥舞大刀，左手提一人头，右前方战马上一无头将领，作身斜坠落状，表现出关公的勇猛形象。判断此情节为《三国演义》第二十八回"斩蔡阳兄弟释疑，会古城主臣聚义"①中的"古城斩蔡阳"。右下角壁画内容是刘关张三人站在山头，关公居于中间，刘备张飞分立关公两侧，三人朝山下观望，距离他们不远处的山间有一茅草屋，屋前有一小童正在打扫。判断此情节应为《三国演义》第三十七回"司马徽再荐名士，刘玄德三顾茅庐"②中的"三顾茅庐"。左侧由上而下，围绕山峦城池，上方一人骑马持双剑，应为刘备，前方骑马双手高举大刀过头顶者为关公，山峦下方一人骑马执钢鞭者应为张飞，最前方一人骑马手执长戟，回身对战者应为吕布，此故事应为"三英战吕布"。

2.壁画特点

构图方面，东西两壁上绘以关公故事的壁画，塑像背后的正面墙上装饰以屏风画，分上下两排附以若干装饰画，装饰画的形式和风格多样，有山水、人物、花鸟，各有特色，其中还有多幅西洋画，从构图到表现技法以及所绘内容上都与传统绘画截然不同，应该是民国时期补绘。

东西两壁绘画采用通景式构图，东西壁中心位置均被巨大的山石图景占据，

---

①（元末明初）罗贯中：《三国演义》，人民文学出版.社2005年，第234页。

②（元末明初）罗贯中：《三国演义》，人民文学出版社，2005年，第238—239页。

西墙壁画

西墙局部壁画

人物故事位于四周。运用俯视的视角表现出深远宏大的历史场景。绘者以山峦、林木、建筑、溪流为背景，为人物的活动造势，笔墨洗练，丘壑严整，营造出风云多变的意境。西墙构成"S"形构图形式，着力表现了深远的空间，以视觉上的连续延伸缩短了空间的联系，再由山峦、林木组成的"S"形场景中间巧妙地布局人物的活动，使历史性的故事跃然画面。为了凸显人物特点，绘者还主观调整了人物与环境的比例关系，刻意将自然界的物象缩小，在比例上"人比山大"，充分利用中国画意象的特点将自然山水变成胸中的山水，让自然景观服务于壁画主题的需要。东墙以三角形构图为主，三角形构图产生稳定向上的感觉，绘者利用这种视觉效果，巧妙地烘托出主人公的高大形象，配以人物间的动势和神态，表现出关公稳如泰山的英雄气概和宏图大略的气度。两幅壁画都强调动与静的结合，并借助构图和山势使画面生机勃勃，更具神韵。

　　线条方面，运用了流畅而富有节奏感的线条，用笔紧劲，意蕴连绵，与疏朗大气的构图相辅相成，衣纹的线条组织很注重表现人物的气质和身份，附以戏剧性的动态和站位来暗示不同人物的心理活动。山峦、树木的画法以勾染为主，通过线条的组合表现不同的环境，既符合环境的自然之态，又能体现特定的气氛，很好地将不同时空、不同场景中的人物戏剧性地联系在一起，令观者置身于无限的遐想空间。

　　用色方面，壁画以暗色调为主，土黄的底色上，施以墨色，略施淡彩，画风质朴淡雅，追求画外有景、画外有情的境界。淡雅的色调更符合黄土高原的色彩感受和当地民众的审美情趣。由其色调以及大梁题记综合判断，绘画的时间应该在咸丰年间，极可能是咸丰三年重修时所绘作品。

　　装饰画的色彩复杂多样，较之东西两壁绘画要浓丽得多。在布局上讲究色彩的对比与调和；在内容上重视彼此间的联系，这在一定程度上也起到了心理调和的作用；在色彩的对比上运用了色相对比、明亮对比；在表现形式上运用了中西对比、景物的对比；在色彩调和上用了间色调和、同色调和、类似色调和。整体构成和谐统一，营造出那个时代的文化特色，与东西两墙的壁画相映成趣。

　　在人物塑造方面，对人物的精神刻画比较细致，且很注重人物之间的精神交流，人物之间无论远近都有内在的联系，而非孤立割裂。绘者总能很巧妙地利用人物的动态、衣纹、山石、树木将他们的内在关联通过线的穿插和意境的联想结合起来。

每个人物的塑造都各有特色，如东墙上，关公端坐船头，手捻长髯，身体微微前探，凝视对面，威风凛然中气势逼人，对面士卒则是敲锣打鼓，热情诚挚，而画面上方三角形的区域，山势对立，形势危急，暗示出了关公当时的处境。

故事选取了"桃园结义""三顾茅庐"，都体现刘关张三人情投意合、为国纾难、为义结盟、锲而不舍的精神，符合三义庙的主题，"瞻拜之下，其谁不仰三圣人之英灵而凛然思君臣之大义，忠君爱上之心有不油然而兴者耶？所谓纲纪人伦扶持名教者，其在是乎？"[①]"古城斩蔡阳"以及其他场景中关公英勇战斗的壁画都体现了关公的勇猛无畏，用以教化民众，又能保社稷而庇生灵，作民众的保护神。

五、永丰庄关帝庙壁画

永丰庄关帝庙，位于新绛县古交镇。关帝庙的由来，依据碑文"关圣帝君庙成，庄人索余为文以纪。余惟帝大义精忠，庇民佑世，直如日星河岳在天壤间，沛乎浩然，固不必借庙貌而式凭灵爽也。又况巍巍荡荡，几于名之而无能名，而又何事文为？顾尝读《易》之观曰：圣人以神道设教而天下服。入庙思敬，人情大抵皆然。余庄建自明季，地仅弹丸，户不满百，前辈父老于庄之正阳辨方定位，拟立帝庙而不果。客岁小春，首事诸公崛然兴起，旋即庀材鸠工，椓囊丹腰，以为神所凭依。嗟嗟百余年来未举之事，一旦经营缔造，聿观厥成，不可谓非继志述事之义焉？余于是而知乡人未始不足与为善也。今夫生人之道，不外五常，圣之所以为圣，神之所以为神，亦不过做尽伦常道理。扩而充之，帝生平读《春秋》，大义凛然，其于汉昭烈所谓朋友而兄弟，兄弟而君臣者也。事行谊超绝古今，脍炙人口，谓非人伦之至乎？帝尝撰《觉世真经》，首重伦常，家喻户晓。吾顾庄人之入帝庙者，瞻仰威灵，倍深景慕，于以孝双亲而爱兄弟，睦宗族而和乡邻，别夫妇而教子孙，奉行众善，群相勉为盛世之良民焉。则斯举也，有裨于风俗人也者，岂浅鲜哉？工始于春二月，竣于秋八月，计成正殿三楹、前后门楼各一、周园环堵，约费白镪五百余金。勒诸贞珉，将以劝善也。大清道光元年（1821）冬上□之吉立"[②]。又据光绪六年（1880）《永丰庄豁免差徭原委记》载：

---

①（清）许珂鸣：《重修三结义祠并魁星楼碑记》，《三晋石刻大全·曲沃县卷》，三晋出版社，2011年，第201页。

②此碑现存于新绛县永丰庄关帝庙内。

"吾乡地名斜口，田多硗确，前明万历年间，州宪白琢庵申司请□，创建村庄。适朱□□□□□自州城率族徙此，半耕半禄，与村人耦居垦荒，免粮三载。后仍减半起征，永免□□□□村名永丰不□，二十五里之内俗因呼为朱家庄云。迨明末寇乱，民多逃亡。及皇清定鼎之初，州□□陈□据实申司转咨，差徭黄丝，奉旨永为豁免。仪门碑记存照。嗣后，刘高诸宪莅任，村人曾将豁免杂项情由历禀存案。至同治七年，河防设兵军，差络绎二十五里横生枝节，禀□吾乡支差。其时，乡人又将旧章诉禀州宪沈石翁，遂寝其事，仍前销免。至光绪五年，州宪李剑翁□□□□□收□□利支差，村人又以古规难泯，民力难支，禀恳在案。其时征收亦不及吾乡者，□□□两朝之成制，而不忍废三百余年之旧章也。尝即吾乡形势言之，土瘠田墟，旱潦无备，其盛也，□育修养至有一百七八十户。一遇大浸，房屋折毁，十室九空，所存三十余家，皆荒馑之余生。幸赖我朝宽厚之恩，故居民稍能鸠聚也。是以诸宪念经始缔造多方轸恤，建一乡也固甚难，倘应差徭，民力支绌，废一乡也则甚易。所愿乡人思圣朝之洪恩，念州宪之盛德，勤俭持家，雍睦敦俗，庶几康年□赐，复成邑聚之休，生齿殷繁，庆尔宅尔田之乐也夫。"[1]永丰庄创建自明万历年间，土地贫瘠，官方几次免除其徭役。即使村落贫穷，对关圣帝君的尊崇不减分毫。

关帝庙创建于道光元年，再考横梁"叁大清道光元年岁次□巳三月□□初六日丁巳吉时□永丰庄工梁□□创建□□吉祥如意"，时间相吻合。又依据庙内民国10年重修碑记，关帝庙于光绪丙戌年重修，民国10年（1921）重修。碑文经理首事名单与横梁上"经理首事杨天申、朱维孝、赵学知、原捐从九朱郁模、朱习艺、赵统利、杨宗福、朱习注、王志恺、姜廷桂、杨宗智"一致，但对于碑文中"募化杨秀"，横梁上记载为"画匠杨秀"，判断杨秀既是募化者，又是庙内壁画与雕梁画栋之人，壁画的绘画时间是道光元年。

1.基本情况

大殿内正中塑关帝塑像，塑像背后是四幅大小相同的长方形山石树木屏风画。壁画以白色为底，简单线条勾勒出山石的轮廓，高耸深远，杂以松树，右下角的山石绘画颜色较深，用墨色渲染。关公塑像左右还立有两侍卫，西侧是张飞塑像，东侧是刘备塑像，二人对面而坐，塑像体量略小。此处塑像将关公居中，刘备位侧，表明乡间庙宇对于尊卑等级并不严格遵守，把最为崇奉的主要神灵关

---

[1]此碑现存于新绛县永丰庄关帝庙内。

公居于中位。

东墙上壁画以水流相隔，将壁画分成上下两幅，自然流畅，壁画无榜题。上排壁画中，四周都是平行线条勾画的大小高低不一的大山，将中间画面围成一个封闭的空间，正中间是刘备着红袍，关羽着绿袍，张飞着灰袍。三人站立，三人视线对视，并朝着放置烛台、祭品的案桌双手作揖，桌旁有两人站立，衣服配饰相同，一人手执刀，一人抱酒壶，乌牛、白马卧于桌后。判断壁画内容为第一回"宴桃园豪杰三结义，斩黄巾英雄首立功"①中的"桃园结义"。此幅"桃园结义"中主要背景及人物与宝泉村壁画相同，但构图不同，宝泉村人物比例较大，山树等背景在壁画中占比较小，永丰庄壁画中山树占比大，人物占比很小，但居中，很突出。两幅壁画构图方式虽然不一，但都能突出重点。下排壁画中关羽骑于马上，一手握刀，一手提一颗头颅，对面武将人头落地，跌落马下。壁画下方是此起彼伏，线条平行的大山，上方是几条细线勾画的湍急的水流。判断为《三国演义》第二十七回"美髯公千里走单骑，汉寿侯五关斩六将"②"黄河口斩秦琪"，秦琪将关羽众人拦在黄河渡口前，二人只一回合，关公手起刀落，秦琪头落。

西墙壁画依据高低的地势分为两幅，上排壁画中张飞居于城门上，双手举鼓槌，城门下关羽骑坐马上，一手举刀，一手牵马，对面之人已被砍成两段落于马下，其余小兵仓皇逃跑。判断是《三国演义》第二十七回"美髯公千里走单骑，汉寿侯五关斩六将"③"古城斩蔡阳"的情节。下排壁画中前边一人骑马逃跑，身中三箭，身体蜷缩，后边一人骑在马上，左手握弓箭，右手扬起。关羽双手握宝刀，身穿铠甲，将对面马上的将领头颅砍下，旁边还有一些兵士对战。故事内容应是三英战吕布，但是与故事情节，多有不符。

2.壁画特点

构图方面，左右两墙壁画的构图都分为上下两部分，中间用河流隔开，四角以山体包围，形成两个圆形，人物活动场景置于圆中，这种构图简洁集中，既能突出表现两个独立的场景，同时又通过河流的无阻挡，将两个场景结合起来，轻巧地完成时空的转换，形成故事连续性。

线条方面，山体运用平行的线条，用线较密、较重，比较笨拙，人物的用线

---

① (元末明初)罗贯中：《三国演义》,人民文学出版社,2005年,第5页。
② (元末明初)罗贯中：《三国演义》,人民文学出版社,2005年,第232页。
③ (元末明初)罗贯中：《三国演义》,人民文学出版社,2005年,第232页。

西墙壁画　　　　　　　　　　　　　　　　东墙壁画

程式中略有细节的关注，能关照整体氛围的需要。

用色方面，环境用色朴素，几乎是单色，以分染的深线表现空间形体，人物用色对比也不是很强烈，主要是红蓝对比，黑白对比，与背景很好地融为一体，既能突出人物也不至于跳出画面。

人物造型方面，整体人物形象比较呆板，画法笨拙，应为现代补绘所导致。山石、树木绘画基本保持了原样，人物则被重绘。

永丰庄关帝壁画内容，选取"桃园结义""黄河口斩秦琪""古城斩蔡阳""三英战吕布"四个故事。其中，"黄河口斩秦琪""古城斩蔡阳""三英战吕布"都体现了关公的忠勇精神，正所谓"大勇所负，真有勇夺三军，威镇华夏者矣……夫以王明敏忠勇，其于恢复中原，轴成漠案，若唾手然"①。关公雄猛威勇、忠义仁厚、武功绝伦、英名盖世，能够给村庄百姓以护佑。"桃园结义""古城斩蔡阳"，包括关公一路对二位嫂嫂的照顾敬重，体现了关公的忠义、结义精神，能够教化民众，真正做到修建庙宇绘画壁画时提出的"今夫生人之道，不外五常，圣之所以为圣，神之所以为神，亦不过做尽伦常道理。扩而充之，帝生平读《春秋》，大义凛然，其于汉昭烈所谓朋友而兄弟，兄弟而君臣者也。事行谊超绝古今，脍炙人口，谓非人伦之至乎！帝尝撰《觉世真经》，首重伦常，家喻户晓。吾顾庄人之入帝庙者，瞻仰威灵，倍深景慕，于以孝双亲而爱兄弟，睦宗族而和乡邻，别夫妇而教子孙，奉行众善，群相勉为盛世之良民焉"②。民众通过祭拜关公，了解关公事迹，真正能够做到"盖先君子仰其功名，慕其节义，缘勤力同

①（明）晋朝臣：《重修关帝庙记》，《三晋石刻大全·洪洞县卷》，三晋出版社，2009年，第1038页。
②此碑现存新绛永丰庄关帝庙内。

心以成之者也"①。

第二节　临汾地区现存关帝壁画

临汾地区紧邻运城地区，同属河东郡，亦属于广义之关公故里，关公信仰亦受到民众的尊崇，"帝君神灵亘古今，祠庙遍宇宙海隅，苍生罔弗震焉，虽愚夫孺子，莫不敬之如天地，亲之如父母，是诚忠义所感，节烈所昭，而浩然正气之流行也，又岂一切忠臣烈士所可并论者哉"②。蕴含关公精神的关公壁画，就是对关公最好的崇拜。

一、黄花峪关帝庙壁画

关于黄花峪的由来，光绪年间《重建关帝庙记》载："县志离方百里许有峪曰'黄花'，南通华谷城，自稷山入鄂之孔道也。西山之麓有'惊魂寨'，父老传言明季土人避兵于此，崇祯间建为关帝庙。"③黄花峪是乡宁进入稷山的通道，明朝避兵安寨。关于关帝庙的由来，庙内乾隆七年（1742）碑文载："关圣帝君忠贯日月，义镇乾坤，□人所当尊者乎？兹者黄花峪青龙寨古有关圣庙宇，神像因年久将圮，倘坐视不顾，神即不我罪，自问能无愧乎？合社首事人等共□虔心捐赀，募缘补塑圣像，装粘金身，犹是神有巍然赫然之望，而人亦有忻然安然之怀矣。异日福祥未可量耶！"④又光绪十六年（1890）碑佐证："寨子岭旧有关圣帝庙，殿宇巍焕，地势凌空，洋洋乎前临汾水，苍苍然后环鄂山，左悬滴水之崖，涧流激湍，右崎飞云之洞，峰峦回抱。是其超洞壑、越峻崖，耸然壁立紫荆之巅，真仙境也。特历年久远，风雨飘摇，能无覆败之废乎？己丑春，首事诸君会集村庄之赀财，更易颓坏之砖瓦，倘所谓残者修之，缺者补之。"⑤据此可知，黄花峪关帝庙创建于崇祯年间，乾隆、光绪屡次重修，有记载的是乾隆七年、光绪十六年、光绪二十三年重修，最近一次重修于2017年，庙内亦附碑文。对于关帝庙内壁画可考记载，据乾隆七年《重修关圣碑记》载"画匠郭建民"，说明乾隆

①（清）郭锡铭：《重修关帝庙碑记》，《三晋石刻大全·新绛卷》，三晋出版社，2015年，第196页。
②（清）裴元长：《重修关帝庙碑记》，《三晋石刻大全·安泽卷》，三晋出版社，2011年，第318页。
③此碑现存乡宁县黄花峪关帝庙内。
④《重修关圣碑记》，此碑现存乡宁县黄花峪关帝庙内。
⑤《重修关帝庙碑记》，此碑现存乡宁县黄花峪关帝庙内。

年间已经绘制关帝壁画。又《重建关帝庙记》载："自明迄今累次修葺，有记可考。乾隆丁酉建立三门而规模少觉宏敞，光绪壬辰正月十七，忽遭回禄一举，数年来又值淫雨淋漓，绵延旬日，神像不无破坏，社人议欲重建者屡矣，乃工大费繁，资财不足，而盛事遂难刻举。岁丁酉，首事诸君募化四方，得仗义疏财君子捐金一百有奇，椽瓦换更，墙壁绘画而庙貌巍复新矣。黝垩删去，金碧交辉，而神像赫如旧矣。经始于酉岁孟夏雨越月而工竣。"[1]壁画在乾隆七年绘制，光绪二十三年进行修补。

1.基本情况

庙内现存正殿一间，殿内供奉五尊塑像，正中为手捧书卷之关公，其余自左至右为赵累、周仓、关平、王甫。东西两墙绘有关公壁画，壁画位于两墙的上半部分，下半部分毁坏。东西两墙壁画宽2.9米，高1.6米，东西面积各为4.64平方米，总面积为9.28平方米。壁画保存较好，无题记。

东墙壁画为通景式构图，总体分为三层，神台以下部分漫漶。第一层有四幅画面，上层自右至左第一幅画面是一硬山顶房内一人着蓝色锦袍，房外一人呈演武姿势，双脚呈弓步。第二幅画面是一人光上身，双手被吊于树下，脚下放置官帽和衣服，张飞手执柳条，一脚迈向鞭打被绑之人，关羽在张飞背后着绿袍站立，刘备居关羽后。判断情景是《三国演义》第一回"宴桃园豪杰三结义，斩黄巾英雄首立功"[2]中的"张翼德怒鞭督邮"的情节。第三幅画面，一人着绿袍，配蓝色纶巾与腰带，身上配刀，手执布巾，对面一老妪身着蓝袍，双手伸向前边，二人中间一树墩，树墩上置一盆，老妪背后是一小庭院。第四幅画面，关羽着绿袍，双手执刀骑于马上，横刀立马，对面一着红袍男子应是曹操，后有随从二人，其中一兵士举蓝色红边旗子。判断为第五十回"诸葛亮智算华容，关云长义释曹操"。

第二层分为三幅画，第一幅画面刘备、关羽、张飞三人头戴长巾一字站立，为首一人正与对面手拿扫帚的门童对话，小童身后是围着栅栏的院子，院子小亭里躺一着蓝袍者。此故事出自《三国演义》第三十七回"司马徽再荐名士，刘玄德三顾茅庐"[3]中的"三顾茅庐"。第二幅画面在一厅堂内，关羽着绿袍，手持扇

---

①此碑现存乡宁县黄花峪关帝庙内。

②（元末明初）罗贯中：《三国演义》，人民文学出版社，2005年，第5页。

③（元末明初）罗贯中：《三国演义》，人民文学出版社，2005年，第238—239页。

子，着蓝袍之人一手拉关羽，一手向前，旁边一仆人端着托盘。着蓝袍者应是曹操，此故事应是"曹操赠宝"。第三幅画面，一桥上，关羽居于马上，一手将刀置于肩上，刀头挑袍，一手指向对面三人，对面为首之人着红衣、带官帽者应为曹操。此故事应是"关羽辞曹挑袍"。下方一幅画面是关公和他的赤兔马，表现的应是"曹操赠送赤兔马"的故事。

东墙壁画

东墙壁画第一层局部

东墙壁画第二层局部

东墙壁画第三层局部

　　西墙为通景式构图，总体分为三层，神台以下部分漫漶。第一层自左至右第
一幅画面，棕色城门，门楣上书"古城"二字，蓝色城墙，张飞居于城墙之上，
双手举鼓槌，红色大鼓置于城垛之上，旁立一着红袍之人。城楼之下，关羽骑赤
兔马，手执大刀，对面之人跌落马下。情节内容源于《三国演义》第二十八回
"斩蔡阳兄弟释疑，会古城主臣聚义"①中"古城斩蔡阳"。第二幅画面仍然是关

---

①（元末明初）罗贯中：《三国演义》，人民文学出版社，2005年，第234页。

羽与人战斗画面，关羽骑马，双手挥刀，对面之人双刀掉落。第三幅画面关羽骑马执刀，挥向对方，对面一将骑马执双剑。关羽上方二人，协同关羽围攻，此故事应为"三英战吕布"。

第二层第一幅画面，关羽一手执刀，一手向前，骑马追赶前面之人。前人姿势与关羽相同，同样执长刀。第二幅画面，关羽与对面之人两刀相持，关羽双手执刀，骑马追赶，前面之人骑马，头戴官帽，此故事应为"关羽义释曹操"。第三幅画面，一人在前执刀逃跑，关羽骑马在后追赶。西墙的壁画内容主要是关羽战斗的画面。

西墙壁画

西墙壁画第一层局部

西墙壁画第二层局部

2.壁画特点

黄花峪壁画应是在光绪年间重修时重绘，现代又在其被毁部分重新涂饰，东墙几乎都被现代重新涂饰，西墙保留了较多的光绪年间旧图。

构图主要是通景式构图，线条粗糙简单，原始色彩主要是在土黄背景下使用绿色、红色、蓝色比较多，人物形象近似戏剧中脸谱化形象，形体比例失调，绘画水平粗拙，艺术性比较差。绘匠应为民间未经过严格训练和缺少经验者。

黄花峪关帝庙壁画的典故可准确判断的仅有东墙上"鞭督邮""三顾茅庐"，西墙上"古城斩蔡阳"，还有几幅绘画内容特点不鲜

西墙壁画右侧第二层局部

明，无法判断故事情节。清朝史学家赵翼《廿二史札记》卷七《三国志》"关张之勇"中讲："汉以后称勇者必推关张。"并称关羽、张飞"二公之名，不惟同时之人望而畏之，身后数百年，亦无人不震而惊。威声所垂，至今不朽，天生神勇，固不虚也！"帝"大勇所负，真有勇夺三军，威镇华夏者矣……然精忠所孚，日月为昭；正气之充，天地与贯；功存漠室，义耿万世，固宜其血食于无穷。况懔懔生气，聚而为神，英灵不显，流行宇宙，犹能翊国运，护宗社，庇生灵随在赫然，昭著于时"①。

---

① (明)晋朝臣：《重修关帝庙记》，《三晋石刻大全·洪洞卷》，三晋出版社，2009年，第1038页。

二、宋庄关帝庙壁画

宋庄关帝庙位于霍州市辛置乡，关帝庙现存大门、戏台、正殿、献殿，分上下两重。宋庄关帝庙不知创建于何时，据庙内民国12年（1923）碑文记载："自鸿蒙未辟以前，闾阎无安居之所，宅浴呈□，而后村庄有庙宇之设，如我宋庄古有庙一座，庙貌巍巍一堂而龙光整肃，殿宇辉煌，□序亦鸠列森严，但霜霖落，不无殿宇之摧残，日月消磨，每伤神圣之暴漏，村人目心伤坐视难安。重修焉则工程浩大，经济困难，欲袖手焉，乃栋拆□解，损失过巨，无奈经理人等任鸿基、范福祯邀集村人商议，劝令各输己囊，以为经费之需。幸而众皆乐从，捐钱□百余吊。"①关帝庙民国12年进行重修，2002年村民集资再次重修。

1. 基本情况

关帝庙正殿坐北朝南，为砖砌窑洞3孔，明间设格扇门，供奉关公、唐王塑像，两侧列关平、周仓塑像，两次间设有格扇窗，墙壁绘有人物出行图壁画，保存较好。戏台坐南朝北，创建年代不详，现存为民国时期建筑，戏台上屏风，绘有八仙人物和花卉等，墙上绘壁画。正殿内设窑洞式供龛供奉关公、唐王并坐塑像，东西两墙绘有壁画，无题记。东壁为关帝故事壁画，西壁为"唐太宗游地府"壁画，应出自《西游记》。东墙右下角破坏，其余部分保存较好，窑洞吊顶设正方形小格壁画，白色为底，上绘各种各样的绿叶红花、腾云仙鹤。

正殿全图

①此碑现存于霍州市宋庄村关帝庙内。

东墙壁画　　　　　　　　　　　　　　三顾茅庐

　　东墙壁画右下角脱落，现存可以分辨的有四幅场景，上排两幅，下排两幅。左上角有一凉亭，一着灰袍人，头戴逍遥巾，一手执蒲扇，悠闲地倚靠在石桌上，头扭向外，应是诸葛亮，院门口一小童在扫地，身后是围着整齐栅栏的小院，院旁边有一棵树，前面是身着红袍的刘备，刘备身后是着绿袍的关羽与着黑袍的张飞，更远处有几座大山。这个情景是《三国演义》第三十七回"司马徽再荐名士，刘玄德三顾茅庐"①中的"三顾茅庐"。右上角是一幅三人围绕一人战斗的场景，一人骑马在前奔跑，向后观望，双手持戟刺向后方，应是吕布，三人在后骑马追赶，关羽居中执大刀，左右为刘备持双剑、张飞持长矛。与稷山关家窑壁画中的三英战吕布绘画场景基本相同，每个人的形象与所执武器也基本一致，都只绘画了刘关张与吕布，突出人物，故此情节为《三国演义》第五回"发矫诏诸镇应曹公，破关兵三英战吕布"中的"三英战吕布"。左下角描绘了关羽身着绿袍，坐于厅堂之内案桌前，桌上置烛台，背后绘黑龙吐水的屏风，关羽捧书夜读。身前侧方位置，一直立的猿猴手执大刀指向关羽。其故事情节应是《三国演义》第二十五回"屯土山关公约三事，救白马曹操解重围"②中的"秉烛达旦"。但画面增加一只猿猴耍大刀，增添了意趣，似乎寓意"关公门前耍大刀"——自不量力。

　　壁画右下角有毁坏，现存的壁画内容是一身穿黑袍的人撑船靠在岸边，双手撑竿，岸边一身穿红衣之人与身穿绿衣之人并立，红衣之人双手上举。故事情节因壁画损毁无法判断。

　　西墙壁绘据《西游记》第十一回"游地府太宗还魂，进瓜果刘全续配"，绘

---

①（元末明初）罗贯中：《三国演义》，人民文学出版社，2005年，第238—239页。
②（元末明初）罗贯中：《三国演义》，人民文学出版社2005年，第214页。

西壁全图

制唐太宗游地狱故事，分别是判官崔珏拆观魏征书信、阎罗王审问唐王、刘全地狱进瓜的故事。

关帝庙中塑立关帝与唐王并坐，壁画分别取自《三国演义》和《西游记》，说明明清以来这两部小说非常流行，深入影响了民众的精神世界。

2.壁画特点

东墙壁画构图采用通景式构图，画面中心以大山形成三角形构图平和稳定，人物分布在三角形外围，画面留白也比较多，主次分明，上方远景勾勒以云雾，增加了画面的纵深感。

线条方面，山体的用线多用铁线描，人物的用线圆润，云的用线空灵，三种线相互配合，线条粗细、疏密、转折变化等技法使用自如。用线非常简洁大气，尤其是山和云的勾勒，都是简单几笔，祥云的形状，各不相同，山势起伏，形态各异，绘画水平比较高。

用色方面，人物用色红、黄较多，醒目明快，周围环境用色则较浅淡，突显了人物的活动。关羽都穿绿袍，其余人都着红袍或黑袍，特别醒目，一目了然。树的颜色都选用绿色、淡墨色。如柳树、松树形态各异。

人物造型强调动势，衣纹配合动态表现人物的内心活动，性格不一样，衣纹的组织也不同。张飞身上的衣纹粗乱，表现他的急躁性格。刘备身上的线则恭顺有序，表现出其内心思贤之情。

壁画故事情节有三顾茅庐、三英战吕布、秉烛达旦。其中"秉烛达旦"是当"操欲乱其君臣之礼"，让关羽与二位大嫂同住，关羽一人独自在屋外秉烛读书，表达的是关公对兄嫂的忠义，对刘备的忠君，其中还有纲常伦理的体现。一个故事蕴含了丰富的精神内涵，选取"秉烛达旦"这个最具典型的故事，一举三得。"所谓义者，为人臣忠，为人子孝，少长有礼，男女有别"[1]就是对关公忠义的最好概括，"秉烛达旦"是关公忠义最好的体现。"三英战吕布"是忠勇的体现，元李俊民在《关将军庙》中曰："鼎足相吞势未分，谁能倾盖得将军？曹吴不少中原手，天下英雄有使君"[2]，对于关公忠勇的赞扬一样，世人皆叹。宋庄关帝庙墙壁虽然只有简单几幅壁画，但完全囊括其精髓，"足以鼓人之忠肝义胆，足以助人之刚勇正气，足以启人之仁孝诚敬，足以惬人之奸党邪媚，为一方御灾捍患而祐人文之盛者端有赖焉"[3]，诚忠义所感，节烈所昭，而浩然正气之流行。

壁画中关公夜读，秉烛达旦情节中，绘一只直立的猿猴，手握大刀，直指关公，而关公，手捧书卷，坦然自若，仿佛并未注意到有人在其面前耍大刀，充分表现出关羽正气凛然、自信从容的大丈夫气度，而反观在关公面前耍大刀者则有类尚不同人性之猿猴。绘者在三国故事绘画中脑洞大开，增加新鲜元素，颇有意趣，也极具教化意义。

三、普安村关帝庙壁画

洪洞县普安村关帝庙内2005年立石碑文记载："普安村关帝庙坐落在村内东南部，坐北向南，面宽三间，始建于十九世纪初，即清朝道光年间，关帝正殿的东西两侧的砖窑系公元一九三七年补建，东侧砖窑现为老君殿……值此关帝庙修建十周年之际特勒石……"庙宇正殿内横梁题记载"修建于一九九五年夏秋竣工"。正殿内供奉关公塑像，左右两侧墙上绘有关公壁画，均是1995年重绘，整体绘画比较粗拙，色彩搭配也极不协调。东侧殿宇内供奉太上老君。殿内木窗、

①高亨：《商君书注释》，中华书局，1974年，第144页。
②（清）张镇著，宋万忠、武建华标点注释：《解梁关帝志》卷三，山西人民出版社，1992年，第265页。
③（清）安邻：《创建关王庙记》，《三晋石刻大全·乡宁卷》，三晋出版社，2014年，第48页。

木橼上亦绘有刘关张三人和风景画。东西两墙壁画属于现代画，每幅壁画以山水间隔，吸收了西方画注重明暗对比的特色。壁画附题记，东墙上题记为东岭关斩孔秀、古城斩蔡阳、洛阳关斩韩福、单刀赴会、汜水关斩卞喜、荥阳关斩王植，西墙上的题记是三战吕布、诛文丑、温酒斩华雄、喜得赤兔马、桃园三结义、斩颜良、斩车胄。殿宇重修未遵循修旧如旧的文物保护原则，完全是民间自发组织进行，因此对文物实际破坏应是彻底性的，"皮之不存，毛将焉附"，旧有壁画完全被毁，新壁画无论绘画水平抑或是颜色用料等都远远不及古代壁画。

普安村关帝庙

东墙壁画

西墙壁画

四、沟东关帝庙壁画

沟东关帝庙位于翼城县隆化镇沟东村，现存戏台、献殿、正殿，两侧有土地殿、西配殿、西廊房，为清代建筑。正殿面阔三间，进深四椽，悬山顶；土地殿面阔一间，进深三椽；西廊房面阔三间，进深四椽，嵌石碣一方。庙内献殿横梁题记载"峕大清康熙四十二年岁次癸未四月十六日寅时竖柱卯时上梁创建"，"乾隆四十二年岁次丁酉二月廿八日丑时竖柱卯时上梁合社全心协力移基改建"。沟东关帝庙于清康熙四十二年（1703）创建，乾隆四十二年（1777）移基改建，正殿次间匾额上书写"义高千古大清乾隆四十八年五月望日沟东村合社全部"，左侧"精忠贯日"，右侧"山西夫子"，是对关公精神的高度概括。

沟东关帝庙

正殿内有绘制的关公生平故事壁画，山西翼城县委员会在2010年编著的《翼城古建图鉴》[1]中有载，也有壁画照片，共有6幅，当时壁画保存还很完好，现已几乎完全被盗割。根据《翼城古建图鉴》中照片，壁画分两列三排，每幅壁画面积相同，成正方形，边框以黑直线间隔，构图简洁明了，让人一目了然了解关公的生平故事。可以辨别6幅壁画的题记，分别为□梦西川、□□□□、许田打鹿、

---

① 山西翼城县委员会编著：《翼城古建图鉴》，2010年，第87页。

壁画残存局部

会合三□、关公辞曹、挂印封金。第一排第一幅□梦西川来自《三国演义》中第一百十六回"哭祖庙一王死孝，入西川二士争功"①。第二幅题记模糊，根据图片中刘备、关羽、张飞站于一侧，中间一人拉弓射箭，呈向后仰状，左侧站一人，远处有一类似门框的架子，中间倒挂一根长长的枝条，与《三国演义》第十六回内容相符，"吕奉先辕门射戟，曹孟德败师淯水"中："吕布曰：'我请你两家解斗，须不教你厮杀！'这边纪灵不忿，那边张飞只要厮杀。布大怒，'教左右取我戟来！'布提画戟在手，纪灵、玄德尽皆失色。布曰：'我劝你两家不要厮杀，尽在天命。'令左右接过画戟，去辕门外远远插定。"②判断题记应为"辕门射戟"。第二排第一幅许田打鹿源自《三国演义》第二十回"曹阿瞒许田打围，董国舅内阁受诏"③。第三排"关公辞曹""挂印封金"均出自《三国演义》第二十六回"袁本初败兵折将，关云长挂印封金"④。

沟东关帝庙壁画题记

□梦西川	□□□□
许田打鹿	会合三□
关公辞曹	挂印封金

---

①（元末明初）罗贯中：《三国演义》，人民文学出版社，2005年，第634页。

②（元末明初）罗贯中：《三国演义》，人民文学出版社，2005年，第137—138页。

③（元末明初）罗贯中：《三国演义》，人民文学出版社，2005年，第344页。

④（元末明初）罗贯中：《三国演义》，人民文学出版社，2005年，第223—225页。

五、北张庄关帝庙壁画

北张庄关帝庙位于翼城县隆化镇，据正殿内墙壁戏班题记"乾隆五十三年三月十六日戏三台"，剧目有《盘龙山》《日月图》等，故庙为清乾隆五十三年（1788）以前的建筑。中轴线上现存戏台、献殿、正殿，中轴线两侧有东西耳殿、马王殿、娘娘殿、东廊房、西茶房、山门。由于历年已久，风雨飘摇，而垣墙覆矣，瓦兽敝矣，神形之暴露，厢貌之颓残，既非所以肃观瞻。依据当地老人介绍说，在他们小时候庙宇十分辉煌，每个殿内都有塑像，金碧辉煌，壁画也都存留，他们当时在关帝庙中上学，老师就在殿宇中讲课。正殿绘有玉帝壁画，后殿坐北朝南，内有关羽壁画。殿宇均为砖券窑洞式结构，壁画均是在砖墙之上涂抹白灰后作画。北墙中间是扇面壁画，黑色为底，棕色为边，内绘有绿叶红花，霸气龙身。左右两边各绘有一人一松。东墙左下角绘松石，右下角绘山石，中间张飞与一人在对打，关羽、刘备坐在马上提刀呈打斗状，推测其出自《三国演义》第五回"发矫诏诸镇应曹公，破关兵三英战吕布"中的"三英战吕布"。西墙壁画内容是张飞居于古城城墙上，双手举鼓槌，大鼓放在城墙上，旁边有一着红袍之人。城楼之下，关羽骑赤兔马，手执宝刀，挥向对面之人，对面之人被斩落头颅。壁画的左上角和右下角绘树木。情节内容源自《三国演义》第二十七回"美髯公千里走单骑，汉寿侯五关斩六将"中"古城斩蔡阳"。

壁画采用通景式构图，恢宏大气，景致、建筑与人物和谐交融，笔力遒劲，人物形象传神，绘画水平比较高。

北张庄关帝庙

殿内西墙关帝壁画

殿内东墙关帝壁画

殿内北墙壁画

六、屯里村关帝庙壁画

屯里村关帝庙位于蒲县黑龙关镇。段毅强在《山西晋南寺观壁画中的音乐史料研究》[1]中提到屯里关帝庙有壁画25平方米，经实地调查，未发现。据管理关帝庙钥匙的大爷说，在他小时候曾有壁画，但在20世纪70年代左右毁坏。关帝庙平时不开门，每逢初一十五有人上香才开门。庙内存有大殿一间，左右各有一

屯里关帝庙

间偏殿，对面是戏台。大殿内供奉关羽塑像，左右两侧是关平与周仓。但塑像都是新塑的，庙内存有四通碑，三通是20世纪以后所刻。

关于关帝庙的沿革，不知创建何时，但重修于咸丰七年（1857），碑文记载："尝谓人依神而□神依人而灵，非神□□养人，非人又何以栖神也？敝村天堡屯旧有关帝龙王先天圣母诸神祠，有求斯通，有祷即应，圣神之功德遍于苍生者荡荡难名矣。但历年久远，殿宇倾颓，□像剥落，其始王公□□□有重修之志，大功未起，遽而殁没，厥后人跂前而□，后畏难而苟安补茸，无闻而延至咸丰七年三月时逢祭祀□□□共□□，愿重修以继前人之志，同合村□力商议，皆踊跃从

---

[1]段毅强：《山西晋南寺观壁画中的音乐史料研究》，山西大学2012年硕士论文，第5—7页。

事，于是募化四方，不□勤梦，鸠工庀材，克尽身心，因而□圣像金妆，殿宇辉煌，戏台以及东西厢房焕然一新，此虽神灵默佑，心亮得善心之所起□四方□□□子捐施资财之所助也，功成之后勒石刻铭以垂不朽云。"[1]民国7年（1918）重修碑文"昔圣人以神设教，诚以神也□者，德被苍生万世永□者也。敝庄天堡屯古有关圣帝君庙一座，全神咸在，诚为一方保障，但历年久远，风雨摇摆，□□倾圮之患，凡我村人日观□伤□□，重修以妥神灵，用壮观□第，工程浩大，独力难支，伏祈四方神祠□，乐善好施，共劝负材，始得集□成裘，未几而殿宇辉煌，庙貌巍峨，神灵□□，人民安乐□□□一切焕然维新矣。爰将布施其名勒请贞珉，以志一时之盛，云雨谨序。"[2]碑阴记录了捐资人的姓名。

七、杜家河关帝庙壁画

杜家河关帝庙位于蒲县黑龙关镇杜家河村村口一个小山头上。段毅强在《山西晋南寺观壁画中的音乐史料研究》[3]中提到杜家河关帝庙有壁画31平方米，经实地调查，在2012年左右已经毁坏，只保存一些边角。关于庙宇的创建沿革，只剩残留的一通碎裂石碑，"盖闻天下之善念天下之善人起之也，世界之□□□□□□哉？斯□信不□□□□□西□距城五十里许有村名杜家河者其村，古有庙一楹南奉真武大帝，北祀南海大士□□□□□，德即应道德高崇灵庇一方，前人奉祀，后世遵行，惟不知创自何代，建于何时，无□可□□□，其神遥想焕然可观，辉煌可望耳。讵意，前清同治六年既受□匪之害，光绪三年又遭大旱之灾害，□并至困苦已极，民不聊生，万难罄述，□□村人流离失所，庙宇屡被塌损，神像剥落，目不忍睹，将近百年。迩年以来，住斯村者多系客籍，度日维艰，何暇顾及圣庙宇？起此善念为此□事于民国三十二年袁君□□由河北原籍携家眷□来到斯村，竭力田亩，勤劳异常，忙时则耕耘，闲时即传道□蒙，神佑□□斯兴置□田庄，堪为土著。本年春季，曾起善念独力重修庙宇，重新□金妆神像，虽未能恢复原状，而略事重修庶可以妥神像，以壮观瞻耶。然此不□□此善念□此善事已耳，更可钦佩者袁君传道之举，望□迩□名疗病之医术，妇孺咸知，夫所谓传道者□成绩卓著，如隰县午城镇，吉县窑渠镇，蒲县大东门均设立

---

①此碑现存于蒲县屯里村关帝庙内。
②此碑现存于蒲县屯里村关帝庙内。
③段毅强：《山西晋南寺观壁画中的音乐史料研究》，山西大学2012年硕士论文，第5—7页。

杜家河关帝庙

三义堂公所，渡人参加清帮，劝人戒清烟酒不遑枚举，□我司参平香极端赞助，其令下弟子更宜恭维敬颂矣。工竣之后，时余为记。故不揣愚陋籍，重修庙宇之功德，并将袁君之道义勒石永垂以示后人永久，□尤尔，是为记。"①根据碑文，庙宇不仅供奉关圣帝君，还供奉了真武大帝、南海大士等诸神，不知创自何时，历经同治六年（1867），光绪三年（1877），民国32年（1943）重修。

　　殿内没有塑像，只有一黑色排位，北墙有四幅壁画，分上下两排。上排两幅左侧壁画只有左下角可以看见两个伞状物，剩余破坏，右侧壁画一人穿黑袍站立一院前，院门上对联一副，上联可以辨别"西地生"三字，下联可以辨别两字"一冬"，门楣书五福二字。对联下排两幅壁画以黑色粗边框分隔，壁画已经毁坏，能看清的就是一些衣服的丝带或者衣服边角。东墙四幅同样大小的长方形壁画，蓝色边框与白底黑色不规则条纹分隔，自左至右第一幅顶上有墨绿色大山，中间被破坏，最下一穿绿色衣服的人站立，面部已经破坏，不能辨别。第二幅右上角有题记三字，无法辨别。第三幅右上角题记为"五龙捧圣"，此幅壁画内容应该是真武大帝题材壁画。第四幅上半部分是绿色山峦，以及树木，以不同深度

――――――――――
①此碑现存蒲县杜家河村关帝庙内。

的绿色绘画。西墙与东墙绘画形式相同，四幅壁画以蓝色边框分隔。第一、二幅只有一些绿色山峦和树木可以辨清。第三幅完全破坏。第四幅中间是一个亭子，三个人站立，但面部都已破坏，不能辨别。壁画旁边题记"一点周□□三战吕布"，判断东墙壁画为关公壁画。

西墙壁画

北墙壁画

东墙壁画

八、杨家河关帝庙壁画

杨家河关帝庙位于翼城县桥上镇。2018年12月考察时，通过询问当地老人得知，此庙于2018年6月大雨坍塌，庙内现存正殿、戏台、偏殿。大殿顶横梁题记"峕大清乾隆十年乙丑仲秋二十六日乙丑寅时扶柱巳时上梁主事人杨生满、杨典云监督人合社创立舞楼台座吉祥如意"，戏台顶亦有横梁题记"峕大清乾隆贰拾壹年岁次丙子九月初六日辛未合福生黄道宜用寅时扶柱上梁"，推测此庙应为乾隆时期修建。戏台东墙上下半部分墙皮脱落，侧面绘苍松，树干遒劲，树枝以墨色点缀，树旁绘墨色条纹猛虎。西墙绘墨色龙，配以祥云，寓意生龙活虎、龙虎

杨家河关帝庙戏台

杨家河关帝庙偏殿

杨家河关帝庙

精神。戏台后边次间内，墙壁书戏班题记如"民国□年七月初十日立写翼城县木天村，同乐班唱小旦来有……唱老生中卫……" "民国十二年，沁邑郝□村义合班八月初三日道□乐也自乐班到此唱戏三天"等。偏殿墙上根据现存判断，曾有壁画八幅，大小一致。直线间隔，几乎全部破坏，残留一些壁画的边角。

九、燕家庄关帝庙壁画

山西翼城县委员会编著《翼城古建图鉴》载："燕家庄关帝庙位于隆化镇燕家庄村，占地144平方米。现存正殿为清代建筑，面阔三间，进深五椽，悬山顶，六檩前廊式，前檐下斗拱七攒，次间不设门窗，绘有水墨壁画，殿内有关公塑像一尊（头为补塑），现存壁画17.6平方米，题记'岁在癸酉'。"[1]调查时壁画已经

①山西翼城县委员会编著：《翼城古建图鉴》，2010年，第157页。

燕家庄关帝庙　　　　　　　　　　关帝塑像

全部毁坏，只剩塑像一尊。

十、吉家玉帝庙壁画

吉家玉帝庙位于翼城县中卫乡。庙内乾隆三十三年（1768）《创建玉皇大帝关圣帝君风雨龙神庙碑记》载："大抵自天地覆载之外，凡名公巨卿德足为民表，恩足结民心，皆有血食后世之报焉。或庙祀达天下，或崇禋于一方，义各有当，要非无因而起者也。予翼治东四十里许吉家庄，创建庙宇舞台，鸟革翚飞，画彩轩翔，工起于丁亥春，成于戊子秋。是岁十月，哉生明庄之人士，欲砻石以纪厥事，丐予言，予问庙祀何神，曰正殿玉皇大帝也，左殿为汉关圣帝君，右祀唐名臣李卫公、药师，谥景武者，即风雨神是也。予曰：创乎？因乎？曰：玉帝之庙先世有焉，惜圮废已久，止一钟空存，钟铭玉皇神，点画宛若。今祀玉帝益盖因先人之事而继之者也，敢言创乎。至若关帝之灵，家祀户奉，维蚩蚩者众，每一言及无不起而钦之，若在眉睫，是其忠义之表，闻者莫不兴起，所谓百世师也。虽创祠乎，实因人之思而祀之也。风雨神为此方土神，轮祀在五社，会赛于七月，此庄与焉。饮食必祭，旱疫必祷，祷则辄应，所谓御灾旱患者此也。此方之人，熏蒿悽怆，若或见之亲若父母尊者，元后一如韩昌黎之在潮，诸葛公之在蜀也。滴水浮姬之说岂果诬哉。人心唧恩，因而并祀。何创之与有？予闻之，知此庄之人感天地，德神明，善继善述，是庙之建良有此也。夫有因而创，必因创而继，古云：'莫为之先，虽美弗彰，莫为之后，虽盛弗传，'使后起者世承不替代代相因，庶不至复有钟□空存之慨也。夫是为纪。"①又嘉庆三年（1798）《创建玉皇大帝关圣帝君风雨龙神庙碑记》载："粤稽先代度地建庙答神休也，因庙树碑纪人功也。翼治东乡吉家村，自国初定鼎而后庙宇久废，迨乾隆丁亥岁因古钟之存创建神宫玉皇大殿，南面殿之两侧左为汉关圣祠，右为风雨龙神宫，均系石室成檐，至若乐楼北向，则鸟革翚飞，焕乎足见辉煌焉。迨戊子秋工竣予序，其事而志之矣。当年施疆壤垫囊金以及督事输财者载在穹碑。迄今昭然越数十载，予适至其庄，见庄之人士建桥孔，壅水渠，坦然有荡平之势。予问其故，金曰：'庙者，貌也，所以仿佛先人之形状而祀之也。'旧时建立之庙未获塑神，且因钟而起而未获悬钟。兹合社商议，将吉文林、吉文华、吉文梦原施庙地兑安祥罗地叁分三厘，所兑之地仍为神所凭依，他日塑神悬钟或以展其未展之忱，广其未广之思也。予闻之曰：'盛哉！斯举甚非易，易不数年而殿列九间，舞亭鼎建，置月台，砌影壁，巍然，庄享祀之观瞻。'虽前石载有吉统隆、吉绍隆之施地仍存故处，不惟图此后成功，亦以使奕世之人识先代创庙之所猗欤，休哉。更旧建新功底有成人之力，实神之灵，神之灵亦人之力也。自是向之未获塑神者，今已塑神矣。向之未获悬钟者，今已悬钟矣。庶几入庙拜答之下，闻声而警心，睹像而起敬。熏蒿悽怆真恍乎如在矣。大功落成，理宜勒诸贞珉，社之督事者，复以文嘱予，予自惜髦年艰于笔墨谨书所闻见之事，据始末而详志以答神庥以纪人功，工始于壬子春，成于戊午之秋云。"②根据庙内现存两通碑文内容，再附横梁"峕大清乾隆五十七年岁次壬子三月初八日丁丑吉期宜用寅时扶柱巳时上梁合社移建正殿伏愿福履无疆吉祥如意谨志"，庙内正殿供奉玉皇大帝，左侧殿内供奉关帝，右侧为风雨龙神宫，创建于清乾隆三十三年（1768），乾隆五十七年移建至此。依据"创建庙宇舞台，鸟革翚飞，画彩轩翔，工起于丁亥春，成于戊子秋，是岁十月"，可知壁画绘于清乾隆三十二（1767）至三十三年，现庙内壁画已毁坏。

玉帝庙现有正殿一间，偏殿左右各一间，正殿对面殿宇坍塌。正殿门口东墙绘有猛虎和松树，并有"引子出谷、桂月"的题记，西墙绘巨龙。殿内壁画两侧已经毁坏，中间绘龙头，下为水流。

晋南地区关帝庙壁画留存数量比晋中地区、吕梁地区、忻州地区、晋城地区

---

①此碑现存于翼城县吉家玉帝庙内。

②此碑现存于翼城县吉家玉帝庙内。

吉家村玉帝庙外景

残存壁画

和长治地区少，比晋北大同地区、朔州地区多。运城地区关家窑、西位村三义庙、宝泉村关帝庙、永丰庄关帝庙壁画都保存较好，临汾地区只有霍州宋庄关帝庙壁画保存比较好，临汾地区关帝庙壁画破坏最为严重。总体上，因为晋南地区保存下来的关帝庙多为清代建筑，绝大多数未被列为文保单位，或者文保级别比较低，因为长久无人看护维修，毁坏较为严重，另一方面是在现代维修中被重新绘制，壁画被彻底毁坏。

十一、晋南地区关帝壁画的特点

晋南一带大量祭祀人文祖先神灵，诸如炎帝、汤帝、尧帝、舜帝、禹帝等，以文人知识士绅之倡导为主，尤其是文人知识官僚的倡导发挥了决定性的作用，关帝也属于此类人文圣贤之神，这与山西北部地区有一定的差别。

山西北部边地，寒冷干旱，地瘠民贫，关帝庙修建多由守边将领领衔，如朔州东梁村关帝祠于万历三十二年重修，主要由分守大同井坪城等处地方参将等人主持修建，"国统边陲……厥后边城获磐石之固。"[1]修建关帝庙主要寄寓勇武对

---

[1]《重修关王祠记》，《三晋石刻大全·朔州卷》，三晋出版社，2012年，第62页。

敌，巩固边防的愿望，护国爱国之心，跃然碑铭。

边地庙宇以龙王庙等民间自然神灵为主要供奉神灵，以抵御干旱风沙等自然灾害和战乱边患等人为灾害，而供奉人文神灵较少，即使是本地籍贯的人文神也较少被特别立庙祭祀，这说明在边地主要是以边防为主要职责和任务，地方官员多为武将，对于人文神灵的宣传教化作用不予重视，而一般民众则迫于生活之压力，更无暇顾及此类问题。

中国知识阶层始终通过其文化权力和政治权力、话语权力、记述历史的权力塑造民间文化信仰，并通过民间信仰进而影响民众的精神信仰、思想道德实现其文化价值、精神传统的向下传播和植入，从而实现了上下一体，上下互通，也保证了国家思想和意识形态的统一和稳定连续的传承。也就是说，关帝类民间信仰是上层文化的传导器和融合器、改造器，使得枉骜拗口、雅致难解的文化道德得以简单明了化、亲民化，而民间民众则出于生活和情感的需要也自然而然地创造神灵，但因缺乏话语权和文化权特别是书写的权力，因而也就无法传承，受制于知识文化，并受到知识文化的统领。

1. 壁画主要绘于单独建立之关帝庙中

晋南地区的关帝壁画大多都在关帝庙宇中，这些是以关帝为主神的庙宇，体现对关帝的最高敬畏，也是关公故里的地域特征。忻州地区关帝壁画亦有很多，但不完全是绘于关帝庙中，作为山西佛教最为兴盛的地区，忻州地区关帝壁画大多是绘于佛寺中之伽蓝殿或者关帝殿之中，作为伽蓝神之一，绘于佛寺，如代县佛光寺、代县洪济寺、繁峙龙兴崇山寺、偏关护宁寺、五台山塔院寺、五台山寿宁寺等，在这些寺庙中，关公都是作为伽蓝神存在。

2. 壁画故事内容基本以《三国演义》为依据

晋南地区的每座关帝庙中之关帝壁画故事内容数量较少，基本都以人们所熟知的内容为主。晋南地区大致是以忠义、勇猛、结义为主题的壁画，其中忠义主题壁画内容主要有秉烛达旦、挂印封金、关公辞曹等，勇猛为主题的主要有过五关斩六将、刺颜良、诛文丑、大破黄巾、单刀赴会、三英战吕布等，结义为主题主要有桃园结义、三顾茅庐等，其次还有刘备张飞比较著名的典故但又有关公在场的有故事壁画鞭打督邮、三顾茅庐、单刀赴会等。

忻州地区的关公壁画中的关公故事内容涉及较丰富，而且不完全是关公故事，有些属于三国故事。如五台山塔院寺、代县佛光寺等处壁画的关公故事比较丰富，几乎囊括关公一生，有酒肆初会、桃园结义、苏张进马、造置刀剑、大破黄巾、平原赴任、鞭打督邮、三英战吕布、生擒刘岱、活捉王忠、温酒斩华雄、土山观兵、刀劈远志、议允三事、秉烛夜读、大宴关公、怒斩杨龄、曹赐袍印、曹公进马、许田打猎、曹进美女、曹托付金、请给刘表、怒诛文丑、奏正下书、写表辞曹、辞曹不见、挂印封金、怒斩门官、灞桥辞别、廖化献功、东岭关斩孔秀、洛阳关斩孟坦韩福、汜水关斩卞喜、胡班夜袭、荥阳关斩王植、黄河口斩秦琪、大战夏侯惇、卧牛山收周仓、古城斩蔡阳、古城聚义、三顾茅庐、攻打樊城、河梁保驾、华容释曹、义释黄忠、单刀赴会、威震华夏、大战庞德、怒斩庞德、刮骨疗毒、叱退诸葛瑾、西川托梦、敕封关帝等。

代县佛光寺东墙壁画题记简表

刺文丑	曹进赤兔	曹进美女	活捉刘岱	许田打围	粮门射戟	三战吕布	首败黄巾	酒楼初会
孙乾报信	封汉寿侯	阿□赠金	上山议事	煮酒论英雄	豫州赴任	三让徐州	安喜上任	桃园结义
关圣辞曹	白马坡解围	请早问安	圣入曹营	圣斩车胄	白门诛布	磐河救公孙	鞭打督邮	打造军器
封金挂印	圣斩关□	□□□□	□□□□	□□□□	义杀文远	□□□□	怒斩华雄	苏张进马

代县佛光寺西墙壁画题记简表

斩庞德	义释黄忠	三送徐庶	子龙投公	卧牛山收仓	黄河斩秦琪	圣斩卞喜	夜宿胡华	□□□□
□樊城	威镇华夏	三请诸葛	古城重会	张公战关公	路遇孙乾	胡班漏信	怒斩孔秀	霸桥饯别
玉泉显圣	单刀赴会	火烧博望坡	荆州依表	斩蔡阳	大战夏侯惇	斩王植	斩韩福孟坦	千里寻兄
神诛吕蒙	水淹七军	华容释曹	单福相马	圣收关平	郭子盗马	刘延报信	普静敕圣	廖化献功

五台山塔院寺北墙壁画题记简表

怒斩庞德	华容释曹	古城斩蔡阳	胡班夜袭	灞桥辞别		
刮骨疗毒	义释黄忠	古城聚义	荥阳关斩王植	廖化献功		
叱退诸葛瑾	单刀赴会	三顾茅庐	黄河口斩秦琪	东岭关斩孔秀		
西川托梦	威震华夏	攻打樊城	大战夏侯惇	洛阳关斩韩福	挂印封金	写表辞曹
敕封关帝	大战庞德	河梁保驾	卧牛山收周仓	汜水关斩卞喜	怒斩门官	辞曹不见

五台山塔院寺南墙壁画题记简表

		许田打猎	秉烛夜读	温酒斩华雄	平原赴任	酒店初会
		曹进美女	大宴关公	土山观兵	鞭打督邮	桃园结义
□□□□	奏正下书	曹托付金	怒斩杨龄	刀劈远志	三战吕布	苏张进马
□□□□	望□□信	请给刘表	曹赐袍印	议允三事	生擒刘岱	造置刀剑
公□□□		怒诛文丑	曹公进马	□□□□	活捉王忠	大破黄巾

3.构图形式上以通景式为主，故事数量整体比较少

晋南地区关帝壁画在构图上、形式上多样化，以通景式构图为主，界格式较少。通景式壁画使得整个墙壁浑然一体，如一幅宏大精美的融合山水景致与人物故事为一体的风景画，但因山水、建筑、树木等衬景占据较多的空间，因而使得众多的故事不能同时表现，只能选取比较主要的关帝故事予以呈现。忻州地区的关帝壁画基本以连环画界格式构图为主，形式较为单一。界格式壁画显得比较规整划一，但容易程式化，呆板化。但另一方面，因为界格式壁画节约了空间，因而能够最大限度地利用有限空间展示更丰富的关帝故事。

第五章　晋南地区关帝信仰盛行原因

关帝信仰的传播离不开一定的载体，"神之所以佑人，为德至盛；人之所以敬神，用心须诚。诚无形，每因有形而始见；德无象，每因有象而始尊。"①"有象"有很多种表现形式，修建关帝庙，绘画关帝壁画就是最直接、最能让更多人接受和受到教化的方式。

第一节　官方的大力推崇

关帝信仰到清代达到了顶峰期，其地位超越了一般人间神。关羽的封号也达到了二十六字之多，追封其曾祖为"光昭王"，祖父为"裕昌王"，父亲为"成忠王"，自关羽以上三代，三王一帝，地位显赫。

一、屡加封号，不断提高关公的地位

关帝在明代封帝的基础上，在清代又进行了十余次加封，顺治九年（1652），敕封其为"忠义神武关圣大帝"；雍正三年（1725），封其"三代公爵：圣曾祖——光昭公、圣祖——裕昌公、圣考——成忠公"；乾隆元年（1736）封其为"山西关夫子"，乾隆三十一年（1766）加封为"灵佑忠义神武关圣大帝"，乾隆四十一年（1777）再次加封为"忠义侯"；嘉庆十八年（1813），敕封其为"忠义神武灵佑仁勇关圣大帝"；道光八年（1828），晋封其为"忠义神武灵佑仁勇威显关圣大帝"；咸丰四年（1854），敕封其为"忠义神武灵佑仁勇威显护国保民关圣大帝"，咸丰五年（1855）加封为"忠义神武灵佑仁勇显威护国保民精诚绥靖关

---

① （清）李焕升：《重建关帝庙碑记》，《三晋石刻大全·乡宁县卷》，三晋出版社，2014年，第641页。

圣大帝"；同治九年（1870），晋封其为"忠义神武灵佑仁勇显威护国保民精诚绥靖翊赞关圣大帝"；光绪五年（1879），敕封其为"忠义神武灵佑仁勇显威护国保民精诚绥靖翊赞宣德关圣大帝"。清代关公信仰发展已达顶峰，除了官方的敕封，还有其他的表现形式，但官方敕封是最直接的一种。关公最后的封号，竟然多达26个字，这足以证明关公在清朝统治者心中的崇高地位。

二、列入国家祀典，广泛开展关公祭祀活动

清朝把祭祀关羽列入国家祀典，定为中祀，《清史稿》卷二十八《礼》记载："清初定制，凡祭三等：圆丘、方泽、祈谷、社稷为大祀；天神、地祇、太岁、朝日、夕月、历代帝王、先师、先农为中祀；先医等庙、贤良、昭忠等祠为群祀……咸丰时，改关圣、文昌为中祀。"[①]

除了官方祭祀提升外，地方上对关公的祭祀范围亦很广，关庙碑文中对此盛况有很好的描述，"自历代至我朝，而圣庙之制载在祀典，凡城都大邑，以及穷乡僻壤，无不立庙崇祀，诚钜典也。"[②]

清统治者在力倡和助推关帝庙修建的同时，开展了大规模、高规格的祭祀活动。"尝谓天下必有非常之人而后有非常之功，有非常之功而后有非常之祀，以是知崇祀大典非偶然也。"[③]关公作为清代护国神，进入清政府最高的神祇系统，享受到前所未有的祭拜。皇帝及王公大臣将关公作为与佛祖同等重要的神明进行祭祀。《浮山县志》载："国朝顺治元年，定每岁五月十三日祭，九年，以四月八日、五月十三日祭，六月廿四日以太牢祀。"[④]此外，地方还以四月初八为关帝的受封之日，九月十三日为忌辰，均祭祀，还在清明节和中秋节进行祭祀。清康熙二十八年（1689）《新立清明节会捐输银碑记》载："遇清明节会，除官祭外，附近居民如楚之漳乡，照民间拜扫例，上坟祭奠，倏兴倏废，不知其几……又八月十五，帝驾回庙，三村猪羊炸盘献戏，是日，圣父母前无祭，将卑职同朱吏募化。州绅李仙质台前沙地五亩，粮已过入西庙，今议租种，取课买羊，祭圣父母塔前，以慰帝心，以尽创立之诚。"[⑤]

①（民国）赵尔巽：《清史稿》卷八十二，中华书局，1977年，第2485页。

②（清）张升元：《关圣庙碑记》，《三晋石刻大全·乡宁县卷》，三晋出版社，2014年，第621页。

③（清）赵朋循：《屡修关帝庙碑记》，《三晋石刻大全·新绛县卷》，三晋出版社，2015年，第142页。

④（民国）《浮山县志》卷十六，成文出版社，1976年影印本，第156页。

⑤此碑现存常平关帝庙内。

每年祭祀关帝的节日都盛大举行祭祀活动,尤其是解州关帝庙,使这座"武庙之冠"逐渐成为世人朝圣之地。

第二节　官员士大夫对关公精神的理解与推崇

虽然关帝已经被神化为所谓的"神",但其在士大夫官员和一般民众的认知中存在差别,士大夫更多的是关注关帝的"神道教化"以及社会治理作用,如解州同知毛为光认为,"汉去今二千有余年,而其灵爽之显赫,恒足以御灾而悍患,禁邪而慑奸……自兹俾居王之乡者,岁时奔走肃拜;而慷慨忠直者有所风放;辟邪慝者有所畏灾;诊疾疗者有所祈祷。又俾过王之里者,瞻其庙貌,而展其夙慕之忱;睹其山川,而知其笃生之自,其于风教不为无补也。"[①]关帝可以御灾而悍患,禁邪而慑奸,有利于社会教化,维护儒家伦理道德,和谐族群关系,维护国家一统。

知识阶层之士绅多从关帝之现实道德精神方面宣扬,如元至正二十六年(1366)张昌《新修关公行祠记》:"襄陵陶寺里旧有关公祠,建于大德五年,后值坤震倾圮……独关公之祠遍于天下焉。岂非以魏王尝画关羽,战克庞德,愤怒于禁,降服之状于高陵之屋,为之权舆乎?而说者,以为公有义勇之烈,故后人慕之尔。岂真知公者哉?若公之大节,惟在乎佐昭烈,讨乱贼,以图复汉室而已,庙而祀之,不亦宜乎?予恐后人慕公之小,而不知公之大。故特表而出之。"[②]可见,在元代关公崇拜已经非常兴盛"遍于天下",而且张昌认为,民众祭祀仰慕关公的最重要原因在于其为国为民之大节,并非简单的忠勇小义,也非因为魏王称赞图画关羽形象这么简单。

解州人,赐进士第户部云南司主事张淳甫撰《重修义勇武安王庙记》论曰:"今天下后世高王之义而祀王之遗像者无间华夷。夫古今将帅多矣,而王独神何?义高于诸将也;神之分布于世者亦多矣,而王独庙食于天下何?灵显于天下也。显灵天下,天下且享之,而况河东运司城又密迩王之故里者哉。吾人敬仰前哲,其矧敢后?呜呼,此先民立庙之意也……凡殿而寝者,廊而复者各一庑,而列者

---

①(明)毛为光:《重修常平武安王庙记》,《三晋石刻大全·运城盐湖区卷》,三晋出版社,2010年,第127页。

②(元)张昌:《新修关公行祠记》,《三晋石刻大全·襄汾县卷》,三晋出版社,2016年,第48页。

二门，而辟者之三，一则门之正，而则门之仪者也。寝以祀王之配，廊以设王之几，而庑则绘王平生履历之迹也。门之正者为王神路，门之仪者，以便祷祀之出入也。缭之以垣，以为周匝之卫，树之以屏，以为签验……若约维王庙祠镇乎阛阓，吾民之贸易于斯，诚者、狡者、屈者、直者、是者、非者，与夫作伪而受欺者，举于是乎！监之有赫其临，而祸福加焉，福祸而善者，劝恶者惩，则王之著灵显验，其功岂小小哉！"①张淳甫阐明民众尊崇祭祀关帝之原因是作为武将，与历史上众多将帅比较，关帝之正然大义高于诸将，维护正统，维护统一；作为被神化之后享受恭奉的"神灵"，关帝之灵验高于诸神。

徐祚为嘉靖乙未年进士，后任夏县、掖县县令，又于御史台任职，又任职青州、宁州，后转任解州。徐祚对于关羽之历史评价以及被崇奉为关帝之原因也有独到的见解，"撰国志者阿晋有魏，乃谓王刚而自矜，以短取败。噫！是恶足窥王所蕴哉！是恶足窥王所蕴哉！夫王之所以力辞于曹，绝婚于吴者，良以委质汉廷，耻结霸伪，实为大一统，人臣无私交之义，兹固仲尼之志，《春秋》之法也。学问之功，于是为大，匪徒诵习，厥惟允蹈，彼陈寿、戴溪果足以窥王仿佛耶？近去汉千余载，蒙、逊之鬼不灵，权、操之祀久绝，而王直气凌霄汉，神威贯宇宙；家祀户祝，庙遍寰区。向使王少屈厥志，俯就功名，又恶能充塞两间，久而愈灵，顾若是之煊赫哉！王庙在解城西郭外，每岁孟夏八日，秦晋汴卫邻省之人，男女走谒，拜于道者蚁相联，因炜华震耀矣！"②徐祚认为关帝被千年崇奉主要是因为其人格道德魅力，虽败犹荣。关羽不为权力地位而动摇志向，秉持大义，这一大义即是孔子和《春秋》都宣扬的大义，即维护国家的大一统之公义，而非为个人利益、私交利益考虑。徐祚的这一评价将对关帝的整体精神境界提高到了一个新的高度，也就是说关帝维护刘备，根本是在维护汉朝正统统治，同时也是维护国家大一统的历史传统。关帝的大义并非简单的只是"三结义"私人交情之小义、私义，而是为了国家一统、民众安居、社会稳定的国家社稷大义。同时，也批评了陈寿等人认为关帝"刚而自矜"导致失败的评论，实际是认为关羽"居大义而不拘小节"，在一般人眼中的"刚而自矜"实在是真正展现了关羽当仁

---

①（明）张淳甫：《重修义勇武安王庙记》，《三晋石刻大全·运城盐湖区卷》，三晋出版社，2010年，第94页。

②（明）徐祚：《解州常平里重修汉义勇武安王庙记》，《三晋石刻大全·运城盐湖区卷》，三晋出版社，2010年，第110页。

不让、当义不让、公义为先、天下为公、利群为公、行事尚公、圣人无私、傲视天下、纯正专一、表里如一的持义刚正、正气浩然的英雄气概。为公的目的是为民，是为平息暴乱，而归于大治，也就是首先要为社稷江山（国家）和民众考虑，选择君主则是正统的君主，具有维护国家正统和国家一统的强烈历史意识。

又如万历十三年晋朝臣《重修关帝庙记》载："以王之明敏忠勇，载在青史，仰慕于人心者，不能忘也……知《左氏春秋》为扶正统、黜夷狄、诛乱贼而作，有精义存焉。故不独书诵，而犹继以夜。反复□绎，考究始终，务了全书之大意，而措诸躬行。岂琐碎章句之末者，可比十一于千百哉……护宗社，庇神灵，随在赫然，昭著于时。故人心敬畏奉承，上至王公国都，下逮士庶里巷，咸建祠秩祀。"①文中主要表彰关帝夜读春秋、桃园结义、秉烛达旦、挂印封金、威震华夏等故事。夜读春秋，被赋予关帝"维护正统"的政治意义，也是表现其忠的道德品质的体现，这一点为绝大多数王朝统治者所认可，并且认为是儒家正统思想的践行者，与正统思想相互一致，这既是《三国演义》的主体思想，也是历朝统治者所认可的道德标准，这一道德标准对于入主中原的少数民族统治者，同样实用，也就是说，少数民族统治者一旦入主中原也就成为事实上的正统统治者，因而"维护统治者正统地位"是关帝被赋予的重要政治意义，也是历朝统治者极力推崇的原因所在。当然在这个过程中，关帝作为无论是汉族统治者还是少数民族统治者都是被推崇的圣人，在促进民族融合，族群和解，族群团结，促进中华民族共同体意识的形成过程中发挥了精神领袖、道德楷模的重要作用。

钦差巡按山西等处督理河东监察御史王远宜认为，关帝之精神与尧舜之精神一脉相承，是"浩然正气"的代表，"合观帝生平，非用正气，正气自帝出也；非正气秉于帝，帝即一团正气也。宇宙千年不毁，帝神千年不灭，人心万古有觉，帝神万古如在。随境□□，端必由此，奚啻一醭池之徵庇已耶？孟夫子指浩然正气，未言充塞，先言直养。帝虽雅嗜《左氏传》，不闻作学人存养功。然生而威震华夏，殁而灵耀古今，此何如充塞者，帝可谓从容中道天纵之仅见者乎？论其世，想见其正气，不第汉家二十四帝之灵爽实为凭依，即尧舜以来相传之正统，直以单刀尽挑之耳。"②古代中华文化的传承以儒家思想为核心，特别是主张

---

①（明）晋朝臣：《重修关帝庙记》，《三晋石刻大全·洪洞县卷》，三晋出版社，2009年，第1038页。
②（明）王远宜：《重修常平关帝庙记》，《三晋石刻大全·运城盐湖区卷》，三晋出版社，2010年，第190页。

"以道德治天下"，周公孔子是道德文章的创制者，也是实施者，但被认为淋漓尽致的风行者，道德文章的践行者是关帝，且是内外皆修，文武双全，表里一如，被认为是"正气浩然"的典型代表，因此得到上层社会尤其儒家官员的大力崇奉和宣传。而传导至民间，向民间传导"道德文章"则是通过关帝类榜样的"神奇神异"来引导民众，正如荀子曰："君子以为文，而百姓以为神。"儒家所谓祭祀鬼神具有强烈的人文意义，充满浓郁的象征含义，其实际目的是把祭祀之礼与捍卫自然、伦理责任、自我反省、敬仰人文先贤结合起来，把看似神秘莫测的祭礼导向郁郁人文的现实世界。这种务实的理性精神，使得礼乐文明下的中国与其他国度明显不同，既不迷恋于虚幻的宗教天堂，也不沉溺于无节制享乐的现世人生，把对上天的信仰融入朴实的人间社会，日常伦理、政治追求就已是安身立命的所在。

士大夫更加关注天下国家、江山社稷以及黎民百姓的生存与延续问题。士大夫官员在崇奉"神灵"方面一直秉持一定的"尺度"，也就是"君子以为文"，君子"不语怪力乱神"，以致能"敬而远之"，保持了人文理性，防止导向"淫祀迷雾"影响民生，因而在论述如关帝类的"人间神"的时候，对于过分的虚幻的"故事情节"也会不时地出现怀疑和批判的声音，追求"务实"的倾向就比较明显。如解州知州江闿在允许道官许礼垣之请重修常平关帝庙之时，他亲自撰写碑文，对于关帝故事之虚无夸大神化之内容进行辩驳。文中提到韩昌黎撰"处州孔子庙碑"，不称呼孔子为"文宣王"，因此认为世人也不应称呼关帝为"寿亭侯"，因其是曹操所封；并批评罗贯中，将"汉寿亭侯"认为是汉代，实际是"汉寿县"地名之意；对于关帝祠庙的创始延续情况也力求实证，"今公祠于此，相传始于宋元，碑碣无存"，对于关羽之父母墓以及夫人之史实则言"事无所考"；对解州牧王朱旦因于昌一梦而考寻到关羽先世名讳表示怀疑。江闿的文章具有强烈的历史实证主义倾向，并且以反佛名儒韩愈为榜样，其反对过分夸饰、虚幻历史的意图非常明确，那就是反对淫祀、反对过度虚幻，防止"神信迷雾"导致劳民伤财。解州知州江闿充满人文主义、理性主义的思想倾向。江闿讲到修庙时特别提到"需金若干缗，尽出崇宁宫香火之余，别无募助"[1]，也就是说修庙使用的是庙产，没有增加官府的财政负担，也没有增加民众的经济负担，慎用民力，爱

---

[1]（清）江闿：《重修常平寝殿碑记》，《三晋石刻大全·运城盐湖区卷》，三晋出版社，2010年，第246页。

惜民力，表明其关注现实民生、民心之治政理念。

康熙三十七年（1698）江闿又专门撰写《解梁关公父祖辨》一文，再次详细对关公父祖名讳发现过程等问题进行考辨，并勒石。"公父祖从未见之史传，见之自解梁近日始。予于康熙壬申冬来守是邦，越二年，甲戌八月，公事稍闲，作崇宁宫碑及常平寝殿记，因考公之先世。先是康熙戊午，州守王朱旦以于昌一梦一砖，遂执残砖所见字，指为公之父祖讳。"[1]随后江闿又招来"亲历者"乡绅于昌和盐池巡检王闿核实，"殿西适浚井，得碎砖，砖有字画，拼凑验之，左偏字五曰'生于永元二'，右偏字三曰'永寿三'，中十七字曰'先考石磐易麟隐士关公讳审字问之灵位'，旁有字三曰'男毅供'，砖背字二曰'道远'"。又招来王闿核实，"自庚申比奉张参议大本修石磐沟墓，掘地得旧碑于墓所，碑亦楷书刊'汉寿亭侯关公祖考石磐公之墓'，但无建碑岁月、建碑人姓氏。"[2]由其调查结果来看，于昌发现的砖刻和王闿的碑刻是可以相互印证的，但江闿提出可能历史上有同名同姓者，抑或是后人穿凿附会之造作。总之，江闿认为将于昌、王闿的发现认定关公父祖名讳的结论并不十分可靠。

我们认为，于昌发现的砖刻和王闿的碑刻是可以相互印证，另一方面江闿考证并不严谨，所谓"碑碣无存""公父祖从未见之史传，见之自解梁近日始"显然不符合史实，实际情况是最迟至金代已经有关公碑志记载，并非"碑碣无存"。首先，常平关帝庙井塔南侧嵌有金大定十七年（1177）《汉关大王祖宅塔记》曰："义勇武安王，世祖解人。兴于汉灵帝中平元年（184）甲子……今者本庄社人王兴将一千五十四年前祖塔重加完葺。"[3]可见，祖宅塔在金大定年间已经存在，并且需要重修，表明其已经破败，说明其建立时间比较早。因为文中未说明此塔是否有更早文字信息，也未言及关羽父祖名讳，因此不能确定其始建年代，但其言距离金大定十七年是一千五十四年，似乎也不可信。但推测其在北宋年间应该已经存在，这也说明应该是在宋代以后随着关公信仰的兴盛，故里民众也非常重视，因此在其"故宅"建塔纪念。又，明正德十四年（1519）立石《关公祖考石磐公之墓》提到，关羽父亲"石磐公"[4]。明嘉靖八年（1529）《重修关王祖庙塔

---

[1]（清）江闿：《解梁关公父祖辨》，《三晋石刻大全·运城盐湖区卷》，三晋出版社，2010年，第253页。
[2]（清）江闿：《解梁关公父祖辨》，《三晋石刻大全·运城盐湖区卷》，三晋出版社，2010年，第253页。
[3]（金）张开：《汉关大王祖宅塔记》，《三晋石刻大全·运城盐湖区卷》，三晋出版社，2010年，第36页。
[4]（明）《关公祖考石磐公之墓》，《三晋石刻大全·运城盐湖区卷》，三晋出版社，2010年，第91页。

莹施银碑》①记载，将塔称作了"塔莹"，表明其地为关羽家族祖坟所在地。嘉靖三十四年（1555）《解州常平里重修汉义勇武安王庙记》载："父老相传庙即王旧居，有塔屹立，袭称塔下为井。王初避难出亡时，其父母沈葬于内，后人因为起塔以表之。惜史传失记，郡志无征。"②徐祚曾为解州知州，重修常平关帝庙，其认为"庙即王旧居"以及"塔下为井"之论都是当地民众口口相传之事迹。"礼失求诸野"而史失何尝不也需要求诸野，这种历史被民间口口相传的说法是比较可信的，并非空穴来风，或者完全杜撰，综合判断，塔井发现刻有关羽"祖父名讳"青砖的可信度比较高。

又有所谓嘉靖四十年（1561）《汉前将军关壮缪侯祖墓碑记》曰："惟公钟灵于解，而常平原有公之祖、父两莹，岁时致祭，至今不辍。但父莹在庙，而祖莹居条，历代典祭者惮于步艰，每望祭神道碑前，未尝躬登垄隧。且二世字讳及生亡甲子，变乱频仍，湮没失传。揆诸公心，宁能释然于怀？予转运圣里，兹春斋诚，瞻谒圣像，因暇而询公之遗迹，并其祖父丘垄。而解州吏目朱仔及长乐司章用中、盐池司王闰进而言曰'圣考讳毅，字道远，今之故庙塔即道远公窀穸之所，独祖莹未至焉。'于戊午之夏，郡庠生于昌肄业常平庙，昼梦圣督视殿西井内物。于昌瘵而往观，适有浚井者得碎瓦，神主篆刻隐然，急合而读之，上勒云：'石磐易麟隐士，讳审，字问之。生于汉和帝永元二年庚寅，卒于桓帝永寿三年丁酉，享年六十有八，葬于原著读处，旁勒男毅供。'乃知道远公奉祀厥考之主也。"③高梦说为河东都转盐运使司加敕管盐法道官员，他力图寻找关公父祖遗迹，据称井中碎瓦勒"石磐易麟隐士"。"石磐易麟"很可能是关公祖父关审之号。令人费解的是康熙十九年（1680）《汉前将军关壮缪侯祖墓碑铭》为解州知州王朱旦撰写，是关于关羽身世家族及其生平最为详细的记述，详载其父祖名讳以及事迹，并称"康熙十七年，常平士于昌肄业塔庙，即道远公之旧居。昌醇笃划，梦关侯呼授易碑二大字，督视殿西物，急白郡，瘵而就焉。有浚井者得巨碣，悉字碎，昌即合碣，即侯考奉祀……郡守王朱旦愍然曰'旦于丁酉秋旅宿

①（明）《重修关王祖庙塔莹施银碑》，《三晋石刻大全·运城盐湖区卷》，三晋出版社，2010年，第94页。

②（明）徐祚：《解州常平里重修汉义勇武安王庙记》，《三晋石刻大全·运城盐湖区卷》，三晋出版社，2010年，第110页。

③（明）高梦说：《汉前将军关壮缪侯祖墓碑记》，《三晋石刻大全·运城盐湖区卷》，三晋出版社，2010年，第115页。

涿，梦侯揖迎。'"①云云。其中于昌做梦、解州吏目朱仔及长乐司巡检章用中、盐池司巡检王闰名字与嘉靖四十年（1561）高梦说撰《汉前将军关壮缪侯祖墓碑记》碑刻所载信息完全一致，但时间相隔近120年，过于久远，不可能是同一批人。一为高梦说考寻关羽父祖，以为解州知州王朱旦之述说。不同之处是碎瓦变成了巨碣，又言于昌合碣，既然是巨碣，何以能合之？极有可能是知州王朱旦作伪。但另外两通碑刻康熙二十二年（1683）《万老爷遗爱碑记》②、康熙二十三年《创塑关圣父母金身碑》中均记载有于昌其人，而且显示其身份确实是庠生，也就是说于昌确实是康熙年间的人物。于昌也曾经参与重修关帝庙，"今于康熙二十三年甲子暮春，创建乐楼，重修塔亭，已告成功矣……凡往来之过客，只见其塔，不知其塔为墓者十有八九……于是日之夜，张正经、宸发科梦塔亭之中有二铁人，从地下分土而出，遂呼众扶置供桌之上。次日，二人言梦中之事，略无异焉。"③创塑关圣父母金身的缘由据说也是因为关圣父母托梦显灵，因而众人惊异，都愿意捐资云云。康熙二十八年（1689）郝惟谦《募修常平关夫子庙记》④也提及"生员于昌"参与重修常平关帝庙，其时解州知州是万象。所谓嘉靖三十四年（1555）《解州常平里重修汉义勇武安王庙记》之碑刻的刊刻时间并非明代而应是在康熙年间，或许是康熙三十四年，高梦说是康熙以后之人物。从追溯关帝父祖名讳并予以修缮庙宇，举行祭祀以及官方的大力介入等现象可以发现，关帝崇奉的最盛期应该在清朝时期。

高梦说为河东都转盐运使司加敕管盐法道官员，既属于儒家知识分子，也属于官吏，完全可代表主流社会的思想，"然而天下之人仅知公之忠而不知公之孝也，非不知公之孝，以为忠之不能兼及乎孝，而孝之适，足以妨乎忠也。"⑤高梦说力图以推理的方式证明关羽不仅是忠臣，而且也是孝子，做到了忠孝两全，"孝以承先之志为大。凡人平居考业，其祖与父必勉之曰'尔他日得志，务为忠

---

①（清）王朱旦：《汉前将军关壮缪侯祖墓碑铭》，《三晋石刻大全·运城盐湖区卷》，三晋出版社，2010年，第229页。

②（清）《万老爷遗爱碑记》，《三晋石刻大全·运城盐湖区卷》，三晋出版社，2010年，第236页。

③（清）于昌、于叔雄：《创塑关圣父母金身碑》，《三晋石刻大全·运城盐湖区卷》，三晋出版社，2010年，第236页。

④（清）郝惟谦：《募修常平关夫子庙记》，《三晋石刻大全·运城盐湖区卷》，三晋出版社，2010年，第241页。

⑤（明）高梦说：《汉前将军关壮缪侯祖墓碑记》，《三晋石刻大全·运城盐湖区卷》，三晋出版社，2010年，第115页。

臣，勿为佞臣。'及委赞为臣之日，能公而忘私，国而忘家，祖与父未有不色喜者。喜其能成吾志也。不独此也，即千百世后，人咸指其祖父之丘垄曰'此某忠臣之祖也；此某忠臣之父也。'而为之祖、父者，亦因以传之，勿替其为孝，不亦大乎。"①当然关于关羽忠于汉室的例证很多，一般观点也认为，关羽忠于刘备，实际就是忠于汉室，就是忠于国家，忠于正统。但是关于关羽奉行孝道的例证流传比较少，而孝对于中国的伦理道德是第一位的，因此必须证明关羽是恪守孝道之人，也证明"求孝子于忠臣之门"的思想。孝道伦理在中国传统社会具有文化之源、社会之基的重要地位。孝被看作是子女与父母关系中必须秉持的一种善行和美德，进而扩展到尊祖敬宗，以致也包含了传宗接代、光宗耀祖的家族责任，成为人格养成的核心伦理道德，亦成为治国安邦的基本伦理素养。孔子对孝道思想极为重视。据统计，"孝"字在《论语》明确提到的有18次。孔子认为："其为人也孝弟，而好犯上者，鲜矣；不好犯上，而好作乱者，未之有也。君子务本，本立而道生。孝弟也者，其为仁之本与。"②《国语·周语下第三》曰："孝，文之本也。"③《左传·文公二年》："孝，礼之始也。"④儒家孝道思想的集成之作《孝经》在《三才章》亦曰："夫孝，天之经也，地之义也，民之行也"。在这里"孝"道彻底成了天经地义。民众需要根据这"天之经、地之义"之道而行事，便成为人们的天然行为准则，即是"孝"。

高梦说首先论证，为公为国是大孝，是家族教育中代际传承的核心思想，是美好家风的体现，因此即使子孙在外不能奉养家亲，但只要是在为公为国操劳奋斗，忠于国家就是大孝，也是家族祖辈长辈的期望。子孙后代为公为国赢得荣誉和敬仰也必然归功于祖上和家族，使得家族荣耀，祖上增光，甚至被后世崇奉祭祀。高梦说当然也认为关羽是忠孝两全之英雄。

高梦说从现实出发基于教化世人的目的去实地考察寻找关羽祖与父的坟墓，力图恢复并祭祀，"非以之邀名也，非以之获福也，正欲表公之忠孝两全，以告天下后世之为忠孝者。"⑤"惟公钟灵于解，而常平原有公之祖、父两茔，岁时致

---

①（明）高梦说：《汉前将军关壮缪侯祖墓碑记》，《三晋石刻大全·运城盐湖区卷》，三晋出版社，2010年，第115页。

②杨伯峻译注，《论语译注》，中华书局，1980年，第2页。

③徐元诰撰，王树民，沈长云点校，《国语集解》，中华书局，2002年，第89页。

④杨伯峻编著，《春秋左传注》，中华书局，1981年，第527页。

⑤（明）高梦说：《汉前将军关壮缪侯祖墓碑记》，《三晋石刻大全·运城盐湖区卷》，三晋出版社，2010年，第116页。

祭，至今不辍。但父茔在庙，而祖茔居条，历代典祭者惮于步艰，每望祭神道碑前，未尝躬登垄隧。且二世字讳及生亡甲子，变乱频仍，湮没失传。揆诸公心，宁能释然于怀？予转运圣里，兹春斋诚，瞻谒圣像，因暇而询公之遗迹，并其祖父丘垄。而解州吏目朱仔及长乐司章用中、盐池司王闰进而言曰'圣考讳毅，字道远，今之故庙塔即道远公窀穸之所，独祖茔未至焉。'于戊午之夏，郡庠生于昌肄业常平庙，昼梦圣督视殿西井内物。于昌寤而往观，适有浚井者得碎瓦，神主篆刻隐然，急合而读之，上勒云：'石磐易麟隐士，讳审，字问之。生于汉和帝永元二年庚寅，卒于桓帝永寿三年丁酉，享年六十有八，葬于原著读处，旁勒男毅供。'乃知道远公奉祀厥考之主也。"[1]高梦说通过庠生于昌梦兆从井中获知关羽祖父名讳云云，又通过另一庠生李倬堪舆之术寻找到中条山中"佳兆"，被老樵指示为"关公祖兆"，并得石供桌和碑刻云云。高梦说考察寻访关羽祖父名讳及坟墓的过程颇富神秘色彩，反映了地方社会和一般民众对英雄圣贤的史实记忆传承具有模糊性和再造累加性，但其精神脉络是相同的、贯通的、一致的，这也是中华文化得以绵延不绝之奥秘所在。中国人对英雄的追思与祭祀，累代叠加，尤其故土民众对具有全国影响的英雄人物尤为珍重，其故居宅第、坟茔祠庙被不断保护延续，其传说故事也不断增益丰富。这样的英雄圣贤成为某一地域人杰地灵的象征，既告慰往者，更为昭示天下，激励鼓舞来者，从而形成一种精神传统，习染为一种社会风气，为社会的良性发展注入历史传统的人文精神之魂。从中也可见，地方官员的责任与担当。因为地方官员多是通过科举获得功名，而科举之业与为官之道合一使得知识分子与官僚阶层基本合一。知识官僚利用其独特的权利在地方社会可以将儒家忠孝仁义等治国伦理得以有效实施，并且乐此不疲。因此，知识官僚在地方上修建庙宇、祭祀神灵、崇奉圣贤、表彰节义正是其最重要的职责所在，也是其维护地方稳定，和谐邻里乡民，纯化民风民俗之必要方式。

又如刺史龚廷□论"君子上达"也体现了儒家士大夫对于关公精神的理解。雍正三年，刺史龚廷□讲述，临邑秀才建议其立石"君子上达"，并讲述了一个灵验故事，"明万历年，蜀中孝廉，平生疑惑'君子上达'，至公车路途过解梁，宿于关公庙，夜梦关公云'汝疑君子上达乎？要知此书实理，即以吾解之生为烈

---

[1] (明)高梦说：《汉前将军关壮缪侯祖墓碑记》，《三晋石刻大全·运城盐湖区卷》，三晋出版社，2010年，第116页。

丈夫，殁为英神明。'孝廉梦觉，顿为豁然。比赴京入闱，题即四字，因得及第。回关庙遂立石镌'君子上达'四字。"[1]万历间，蜀中孝廉疑惑于"君子上达"四字，路过解州关帝庙时夜梦关公为其解释"君子上达"，赴京入闱，考题即此四字，似乎暗示是关公显灵保佑了蜀中孝廉得以考中，于是在关帝庙立"君子上达"碑。之后，这通碑刻在康熙四十一年（1702）大火中损毁，龚廷□重立'君子上达'碑，并且做出了符合"理学"的解释，大加阐释，"按朱子'君子上达'注云：君子循天理，故日进乎高明。'天理'二字，人之所以人者，此也，神之所以神者，此也。无人徒见关公生为大将，威震华夏，殁为生神，灵赫中外。几疑关公别有神奇莫测之异，不知关公一生学问只是循理而已矣！辞曹归汉，秉烛达旦，不过理当如此。认理不确，便至淫于富贵，移于贫贱，屈于威武。关公研之以定识，守之以定力，是以百折不回之概，直至塞天地而无间，贯古今而不变，迄今人不死，神不没，总由理不磨也，此其所以上达也。关公循理，何以若此明且确也。噫！其得力于《春秋》乎？"[2]可见，龚廷□作为士大夫官员秉持儒家正统思想，尤其是极力以"理学"思想来解释关公的成功与品格。他一方面否认所谓的"神秘莫测"，将关公的成功和不朽归结为遵循了"天理"，并认为是人之所以为人的根本遵循，关公是从一而终的践行者，并认为，"天理"思想源自《春秋》大意，源自孟子等儒家先贤的思想。

解州知州江闿、刺史龚廷□等士大夫官员论证关羽是文武兼备、忠孝两全之英豪，无论是思想还是行为，都统一于为国为民，护国庇民，是一个知行合一、惟精惟一、纯然一诚的国家英豪。

这些士大夫官员的治政理念，特别是如何处理宗教与政治关系方面颇具官方代表性。中国政治始终将宗教控制在一定的范围、一定的规模、一定的程度之内。宗教在此包括了几乎所有类型的宗教形式，既包括帝王祭祀类活动，也包括崇拜类活动，当然也包括官员、民众、神职人员之宗教活动。官方坚持的基本原则仍然是儒家的"敬而远之"的态度和行事原则，基本的底线是不能影响国家政治和民众生活。思想层面不能被神秘主义迷雾左右，而应以"天理人心""忠孝仁义"等伦理道德为第一位遵循原则；在社会生活层面应以家族、家庭生活为第

---

①（清）龚廷□：《重立君子上达碑记》，《三晋石刻大全·运城盐湖区卷》，三晋出版社，2010年，第273页。

②（清）龚廷□：《重立君子上达碑记》，《三晋石刻大全·运城盐湖区卷》，三晋出版社，2010年，第273页。

一位，不能以宗教生活为第一位；在政治方面，应对国家王权抱有服从认同之思想和情感。"主此教者，在乎牧守令长而已。民者，冥也，智不自周，必待劝教，然后尽其力……此则明宰之教也。"[1]一般民众随从性比较严重，因为地方官员和儒生的大力宣扬，因此，几乎每个村落均有关帝庙，以致各类宗教庙宇之中都有关帝殿，真正是全民信仰。

第三节　晋南地区的区域优势

关公故里有狭义和广义之分。狭义的关公故里为今运城市盐湖区董家庄以东、曲村以西的范围，包括常平村、曲村、蚕坊村。雍正《山西通志》载："关圣故里，东十八里常平下冯村。"[2]《关圣帝君圣迹图志全集》中记载："帝，解州常平下冯村宝池里五甲人。"[3]广义的关公故里解释是河东，《关羽传》记载："关羽字云长，本字长生，河东解人也。"[4]河东郡，大致相当于今天的山西省运城地区全部及临汾地区。河东地区是中国历史上一个令人瞩目之地，"条山嶷海，地脉钟灵"，是中华民族的重要发祥地之一。

盐商作为运城地区经济发展的支柱，自明代崛起，发展至清代已成为十大商帮之首，关公既是晋商的同乡，又是官方大力敕封的神灵，还由于关公的忠、义、信的精神，成为晋商供奉神灵的不二之选。清代遍及各地的晋商会馆几乎都供奉关公。晋商会馆关庙既是他们办理商贸事物的场所，又是祭奉关公、祈求庇佑、实现财源广进理想之所在。清鱼恋翔《□□山西会馆碑记》载："爰是晋之商贾，监诸省会，仿之邻封，切切然，有会馆之谋；殷殷乎，为募化之举。此其居心颇厚，而用情者亦良笃矣。至雍正元年，晋之通都经商者，输资丰盈，足供缮修之资。于是卜其地邑之西城门内，鸠工庀材，大兴土木。丹楹刻桷，鸟革翚飞，以极辉煌之观。又虚氓之蚩蚩，匪神莫依，因之公同聚议，中妥关圣帝君神位，春秋崇奉，以祈神之降灵而昭格之也。斯其尊礼之意，与封侯称王尊帝并我朝加封三代之盛典，不隐相符合哉。且于每月朔望之期，众旅毕集，或修和好，

---

①《周书》卷二十三，中华书局，1971年，第384页。

② 雍正《山西通志》卷六十，中华书局，2005年，第1405页。

③（清）兰第锡纂，陈廖安主编：《关帝圣迹图志全集》，新文丰出版社，2001年，第13页。

④（西晋）陈寿：《三国志》卷三十六，中华书局，1982年，第939页。

而亲友拜揖，或讲商体，而劝诫必严。"①修建会馆，在供奉神灵之时，关公居于中位。各地晋商会馆的关庙大都建筑精致、富丽华贵，堪与皇家关庙媲美。这一方面表达他们对关公的尊崇和景仰，另一方面也充分展示了各自雄厚的实力。晋商及其他商帮对关公崇拜，使关帝信仰有了很好的传播途径，也有了很好的经济基础。另一方面，晋商亦会回馈乡里，为家乡助资或者出资创建或者重修扩建关帝庙宇，捐资事迹均记载于碑文中，"余里有志未逮，比来里人贸易陕西山阳者，伙缘情投意合，各发虔诚，于乾隆五十三年出金百有余，邀请里老，愿作建庙之资。"②还有商号纷纷捐资修庙。关公成为晋商的保护神和财神，在会馆建立在各个地方的过程中，将关帝信仰推广到其他地方。

晋南地区是关公故里，民众对于关帝的信仰与崇拜在清代达到顶峰，"数千百年间，上自朝廷名公卿，下及村野愚夫妇，近而僻壤穷乡，远而要荒侯甸，莫不奉俎豆而荐馨香。"③又由于清代政府对关帝的多次加封，民众捐资修建或重修关帝庙的活动也随之频繁，"物有本末，事有终始，故撰记者必并其始末而戴之，方可以垂千古而示万世，但庙之所以建楼，之所有兴城，之所构筑，尔时各勒诸石，其地、其年、其功、其德，前辈志之详矣。"④晋南地区各个地方修建重修关帝庙的盛况反映在数量众多的功德碑记载之中。

关帝精神也能更好地教化民众。主要有"司命禄、佑科举、治病除灾、驱邪避恶、巡察冥司、招财进宝、教化民众"等多种角色于一身。"兹庚寅岁暮，薛加铠等陡起创建神庙之念，此为迎风聚瑞之谋。修理庙宇，绘成神像，扶风补气，以振村纲"⑤；"则当夫庙成，对越瞻帝，而思其卫社稷、振常者，君子将益以触其为善之心，小人亦以其为悲之念，疵病不作，灾害不生，食旧德而农服先畴，自群然见像修福也，不诚盛举哉"。⑥"是非欲夸厥善美，第庄耳目之观瞻，盖将以振风俗而励人心也。后之人倘能仰而生畏，望而起敬，触目惊心，共相勉

---

①（清）鱼恋翔：《□□山西会馆碑记》，《三晋石刻大全·绛县卷》，三晋出版社，2014年，第217页。

②（清）王大成：《创建关帝庙碑记》，《三晋石刻大全·临猗卷》，三晋出版社，2016年，第121页。

③（民国）《芮城县志》卷十五，凤凰出版社，2005年影印本，第239页。

④（清）李体刚：《重修关帝庙云寿寺钟楼暨东西城碑记》，《三晋石刻大全·霍州市卷》，三晋出版社，2014年，第156页。

⑤（清）李体刚：《重修关帝庙云寿寺钟楼暨东西城碑记》，《三晋石刻大全·霍州市卷》，三晋出版社，2014年，第156页。

⑥（清）李殿扬：《创建关帝庙记》，《三晋石刻大全·绛县卷》，三晋出版社，2014年，第297页。

于纲常名教之途而不以俗懦自安焉，是固重修者之所厚望。"①这类载述都体现了关帝信仰教化民众，提振村纲的社会作用。其次还有"御灾防患者则祀之，祀之则必营构殿宇。所以，俾过庙思敬而治民于此也"②。关公对于民众来说，职能还有很多，主要是所谓护佑和教化民众的职能。

第四节　关公信仰蕴含的伦理道德符合社会需要

关公精神寄托了伦理道德，既符合统治要求，又符合当时社会需求。"大抵以忠直照日月，义勇冠三军，其扶汉也，正气卓乎千古；其显灵也，神威及于万年。刚大之概塞于天地，凛冽之风满乎乾坤，使天下不忠不孝之辈见之心寒，无恩无义之徒对之胆落。是以生则为人，没则为神，因宜享祀无穷，血食万载，遍历天下，无不称德颂功，粢盛丰洁，以报恩于万一。"③关公精神早已被民众所熟知，忠、义、勇、仁符合统治者的需求，又符合封建社会的伦理道德，能更好地教化民众。"后之人倘能仰而生畏，望而起敬，触目惊心，共相勉于纲常名教之途而不以俗懦自安焉，是固重修者之所厚望。"④关庙与关公壁画都是关公精神的载体，修建关庙，绘画关公壁画，信奉关公信仰，即是信奉伦理道德。

关公的忠勇精神符合满族人马背上打天下的性格，以努尔哈赤、皇太极为代表的满族首领，带领清军东征西战，崇尚武力，马上夺天下，是其扩张疆域的重要方式。满族首领在征战之初便深刻意识到，尚武就必须有一位崇拜的神灵作为精神支柱，而关公首先是"历唐宋元明以迄于今，至大至刚之正气充塞两间，抑且泥刀挥欧亲逆子流，马回万里穷军显像，解临清之围忠魂破，虽尤之崇，照照英灵，捉发难纪"⑤的超神灵，又有"大勇所负，真有勇夺三军，威镇华夏者矣……夫以王明敏忠勇，其于恢复中原，轴成漠案，若唾手然。"⑥关公勇猛忠义，并且未抗击过外民族入侵，种族意识并不浓厚，所以把关公作为军队守护神，是满族统治者的不二选择。

---

①（清）郭锡铭：《重修关帝庙碑记》，《三晋石刻大全·新绛县卷》，三晋出版社，2015年，第196页。
②（清）秦镜：《重修关圣庙碑记》，《三晋石刻大全·襄汾县卷》，三晋出版社，2016年，第198页。
③（清）赵朋循：《屡修关帝庙碑记》，《三晋石刻大全·新绛县卷》，三晋出版社，2015年，第142页。
④（清）郭锡铭：《重修关帝庙碑记》，《三晋石刻大全·新绛县卷》，三晋出版社，2015年，第196页。
⑤（清）柴士登：《新建关帝庙记》，《三晋石刻大全·曲沃县卷》，三晋出版社，2011年，第212页。
⑥（明）晋朝臣：《重修关帝庙记》，《三晋石刻大全·洪洞县卷》，三晋出版社，2009年，第1038页。

统治者利用关公的忠义思想，巩固统治。清朝入主中原后，采取了抚恤和礼待明朝将士，重用汉族官吏等举措，用来消除反抗情绪。在思想上，采取了提倡和宣传忠君思想，大力神化推崇关羽，"惟帝挺生汉代，躬秉大义，浩然之气，塞于天地，亘乎古今。上自帝王，下逮氓赤，达之中外，极之窮寐，无一人一时而不有威灵在心目间，呜乎盛矣！"①清朝统治者在武力征服全国的同时，为怀柔民众，和谐族群，更需要在思想意识层面获得认同和诚服。因此，统治者在思想文化领域尊崇儒学，实际主要的受众群体在于官僚阶层和知识阶层，如何与广大的底层民众形成共同的精神共鸣，取得思想上的认同，就必须选择在民众中具有普遍影响的亲民偶像，关帝就充当了这样的角色，因此关帝对于中华民族多民族融合、族群和谐、社会团结，特别是中华民族共同体意识的形成发挥厥功至伟的、不可替代的作用。关公是实实在在的人，有血有肉，出生于社会底层，与绝大多数民众有共同的生活环境和生活境遇，使得一般民众感觉是同类，感觉亲切亲和，具有类比和学习的可能性。

关羽的人生故事也非单打独斗式的英雄，人生故事丰富精彩。关帝不同于帝王类、文化圣贤类、先天神话类、武将类被神化的神灵，关帝根植于底层民众，在思想上、情感上、人生境遇上、活动上等诸多方面民众都可找到自己生活中理想的影子，也可以以此去和别人交流，要求别人，因而关帝被崇奉最重要的原因是关帝生于民众、长于民众。

普通民众与官员士大夫对待关帝的认识也有一定的差别，普通民众比较关注关帝的个人品格，尤其是其人际交往中忠义肝胆的精神品质，希望通过这种榜样和标准来约束人际关系，形成群体利益，以获得社会资源和集体利益；另一方面则是基于关帝所谓"护佑"的功能而祈求关帝并希望获得利益。

中国民众特别是底层民众崇奉祭祀神灵，最大的驱动力和本意就是求得神灵之"回报"，认为通过祭祀等奉献活动以及极尽赞美之词的祈祷会令诸神喜悦，按照人之常情，人之交往关系，推演至与神之交往关系，通过互换关系来解决现实问题。因此，民众敬神，最看重神灵是否"灵验"，灵验主义正是中国民众信仰的功利性追求目标之一。"世俗民众视灵验与否来选择宗教人士与神祇，他们根据自己对人性的认识，来理解神的行为。中国民间宗教的这种简易性，给了信徒和宗教人士以充分的主观发挥余地：不管是谁，只要能够提出最令人信服的解

---

① (清)范仲虎：《创建关帝庙碑记》，《三晋石刻大全·洪洞县卷》，三晋出版社，2009年，第1085页。

释，就可以说服别人信奉他（她）所崇祀的神的威力。这一灵活性意味着民间宗教对于信徒们生活中出现的变化尤其敏感。"①自己的贡献和祈求是否能得到回应和满足。

关帝信仰虽然隆盛，但从本质上仍然属于民众自发的民间信仰，民众更注重的是现实的需要，并会根据实际需要进行调整和变化，如乾隆三十九年（1774），运城郭村村民王绥等人就将泰山庙中的关帝殿改建成为"药王殿"，"且兴工于关帝旧址，改建药王祠三楹，而立之像，以其起死回生，使东西相配焉。"②以药王殿与牛马王殿相对应，均是与民众日常生活最为紧密的事物。泰山庙即东岳庙，一般认为是掌管人们人死、管理地狱的庙宇，在庙宇之中同时供奉关帝、药王、牛王、马王等神灵也是中国民间信仰的特点，实际是中国民众的思维习惯和生活的智慧。民众希望解决的现实困难和需求很多，都希望能得到解决，因此需要祭祀不同的神灵，人为神灵也是各负其责，越有针对性似乎越加可靠，越是可信，因而有不同的神灵。但中国人又希望集体主义的聚集，如果一个庙宇之中只是供奉一个神灵显得太过冷清，似乎众多神灵齐聚一堂才显得热闹，有生气，有威严，有气势，也可能会更加有效果，同时也节约了修建更多庙宇赀材成本，因此，诸神杂处是常态。但其一定有主神，其他的则可以在两侧殿宇中互相搭配，实际其搭配也比较随意，除非有特别意义或者地位的神灵，其搭配可以根据民众喜好和常识进行"合理化"安排。

一般民众对关帝的信仰则更多从"显灵""灵异"故事角度去宣说，"吾县林村岭，介在山谷，旧有武安神祠，累著灵异。昔有响寇行劫，至此乃就擒。又一人为山魈所苦，悬藤□绝，闻帝咤获免"③。倡修庙宇者力图通过神异故事获得更多的信众和捐助。由此也可以看出，知识阶层之士绅更多的是从如何使关帝信仰发挥更多道德教化作用，实现良好的社会治理的"公理""公天下"角度考虑问题，即使使用了"梦境"等所谓神秘话语，其目的也更多的是进行社会教化。一般民众则更多地从希图借助神秘主义改变现实境遇或者获得个人利益，以及避免遭遇灾祸，冲撞冒犯"强大力量"而带来灾难的角度考虑，多是出于"私心私

---

① [美]韩森著，包伟民译，《变迁之神——南宋时期的民间信仰》，中西书局，2016年，第76页。

②《建造药王牛马王二祠壮塑诸像记》，《三晋石刻大全·运城盐湖区卷》，三晋出版社，2010年，第305页。

③（清）张德桌：《林村岭重修关帝庙记》，《三晋石刻大全·沁水县卷》，三晋出版社，2012年，第161页。

利"而考虑问题，或者是按照历史既定流传条规习俗去应对，或者是根据当下之上层权力之要求而行事。进而民众甚至认为，建庙立神可以解决一切的生活和社会问题。

关帝被民众推重也是因为其与刘备、张飞的结义故事，极大地满足了中国社会底层民众"结交朋友"的广泛心理需求。"朋友关系"是人际关系中最重要的关系之一，能令人精神愉悦，特别是最值得信赖的朋友，更是会使人产生依赖。桃园结义故事影响巨大，成为无数民众的楷模，特别是关帝"重信义"，体现了担当精神、重情重义精神，激励无数人在团体中信义处事。

关帝也是与朋友"信义相交"取得成功的典型。刘关张是"信义"象征，可以说也是其成功的秘诀。底层民众希望改变命运，单打独斗是不可能的，因为在社会中必须与人交往，而通过"朋友群体"结合成社会组织，是获取事业成功的重要路径。因此刘关张结义式的团体，也成为希图通过奋斗改变命运的民众心中的"理想国"。希望通过这种信义第一的"结义式团体"能干出一番事业。

第五节　儒释道经典及文学作品对关帝信仰的推动作用

关公信仰在中国传统信俗"儒释道"三大教派中都备受尊崇，儒家尊其为"武圣"，道家推其为"真君"，佛教崇其为"伽蓝菩萨"，

儒家对于关帝信仰的推动作用主要通过统治阶层封号、祭祀以及重修关帝庙得以实现。另一方面是关公精神被官员士大夫不断进行诠释和推崇。"忠义礼智信"与儒家的思想相统一，在推崇儒家思想的过程中，推动了关帝信仰的发展。清代流传广泛的《关圣帝君觉世真经》被频繁刊刻于各地关帝庙内，"帝君曰：人生在世，贵尽忠孝节义等事，方于人道无愧，可立身于天地之间……敬天地，礼神明；奉祖先，孝双亲；守王法，重师尊；爱兄弟，信友朋；睦宗族，和乡邻；别夫妇，教子孙。"①《关圣帝君觉世真经》内容符合儒家思想，"上自帝王，下逮氓赤，达之中外，极之窜寐，无一人一时不有威灵在心目间。"②关庙内亦有碑文与之呼应"帝生平读《春秋》，大义了然，其于汉昭烈所谓朋友而兄弟，兄弟而君臣者也。事行谊超绝古今，脍炙人口，谓非人伦之至乎！帝尝撰《觉世

①（清）《重修关帝庙碑记》，《三晋石刻大全·陵川县卷》，三晋出版社，2013年，第646页。
②（清）范仲虎：《创建关帝庙碑记》，《三晋石刻大全·洪洞县卷》，三晋出版社，2009年，第1085页。

真经》，首重伦常，家喻户晓。吾顾庄人之入帝庙者，瞻仰威灵，倍深景慕，于以孝双亲而爱兄弟，睦宗族而和乡邻，别夫妇而教子孙，奉行众善，群相勉为盛世之良民焉。则斯举也，有裨于风俗人也者，岂浅鲜哉？"①民间崇奉关帝风气大盛之际，一些人伪托称关帝撰《觉世真经》，以行社会教化。这也意味着关帝被进一步神化，被民众推崇为可以造作经典的"天神"。

道教对关帝也非常推崇，尊其为"伏魔大帝""荡魔真君""协天大帝"等。宋徽宗于崇宁三年（1104），正式将关公拉入道家体系并赐号"崇宁真君"。关庙一般都是"道人"掌管，"道人"更多的情况下并非"道士"，而是一般的普通民众，但其"道"字也体现了其和道教较为亲近的关系。如乡宁西交口乡老爷庙由"住持道人付一寺"掌管，襄汾县古城镇京安村关帝庙由"住持道人焦太玄偕门徒柴金斗、柴茂云、吉介生、刘清应"掌管，新绛县北张乡西庄村关帝庙"住持道人张仁贵"掌管等。乡宁县云丘山五龙宫内关帝庙，在风雨漂泊之时，"住持道李姓，讳宇林，字茂济者，年甫弱冠，器宇非凡，以为不能兴废举坠，何贵天生我材也。于是海邀善士，罗致义金，创前人所未逮，启后人以所尚，为废者兴，故者新，则金碧犹是辉煌也"②。道人王时信与其侄高进学募化修庙，王时信去世，其家人持续修庙。

佛教作为有组织的外来宗教，通过在思想、制度、组织、活动等方面不断中国化，获得发展。尤其是在神灵谱系方面，适应民众需要和喜好，不断吸纳中国本土神灵，构建佛教新的神灵谱系。关帝信仰在南北朝以后逐渐兴起，中国本土佛教祖师通过编撰神异故事，将关帝纳入佛教神灵体系。

佛教中关帝的角色，其一则是传说隋代智颛为关帝受戒，主要是借关帝之威名弘扬佛教，将中国民间之英雄神纳入其神灵谱系，以壮其神威，同时将关帝至于级别比较低之护法行列，负责惩戒不法违戒僧徒，如明智旭《见闻录》卷一载："高明寺沙弥岳弘，管库事。侵尅大众，无所不至，每于库中私造饮食，偏众独享，并偷常住豆米等以供己用。甫及一年，于元旦夜梦关帝割其舌去，至初四即大病滨死，乃惶怖无地，尽卖衣单求众忏悔。告辞库司，病始渐愈。高明寺又一沙弥灵灏，素不持戒。有瑞光上座率清众各出己资结大悲忏期，灏亦预焉。正在期中，仍私行不轨，遂梦关帝截其首去。次日即呕血不已，重病数月而

---

① (清)朱杲：《永丰庄创建关帝庙记》，《三晋石刻大全·新绛县卷》，三晋出版社，2015年，第211页。

② (清)吕大化：《重修关帝殿叙》，《三晋石刻大全·乡宁县卷》，三晋出版社，2014年，第251页。

死。"①关帝被作为护法神，"惩罚"了高明寺管库事沙弥，原因是其"吃偏食"，梦到被关帝割舌，后大病濒死，不得不求众忏悔。高明寺沙弥灵灏犯戒更为严重，因而梦到关帝截其首去，重病数月而死。关帝被作为佛教护法其作用是赏善罚恶，但都被限定在"佛教徒"的范围之内，并不会越界去赏罚一般的"民众"。

又如，明代戒显《现果随录》卷四载："顺治丁亥年，尧峰一行僧夜窃韦驮前灯油，口出吴俗俚语云：'莫管他娘'。次日僧忽自反缚跪韦天前，呵云：'汝前日在玄墓偷吃一盘面，我姑宥汝。今又窃我灯油，且口出恶语，罪死不赦。'合院僧惊惧，代礼跪陈忏悔。乃曰：'若非关圣垂慈解劝，立杵死。'罚跪安香，一炷香将完，众扶腋上禅单。又呵曰：'尚有香二寸在灰内。'依旧反缚跪床上，众拣灰内香果二寸，香毕乃放缚。罢翁曰：'此安禅菴虚白老师亲见为余说。'"②此故事中行僧因偷吃食物，偷窃佛教护法神韦陀像前灯油，被"神灵附体呵斥"，并称是关帝为其解劝，故而饶其一命，但罚其跪香。又，清周克复《观音经持验记》卷二载："明万历甲寅，歙县吴奕德随叔正鸥受业临塘寺。鸥叩普门大师有省，遂皈佛法，且晚率诸生持斋，顶礼西方。奕德尤深敬信，发愿书《大悲经》五十卷，《金刚经》三十卷。五月二十九日，浴琴溪，暴病气绝，掖归卧尸于床，忽言曰：'我乃佛前左护法关，奕德因误杀，宿冤摄入冥府。以彼奉佛许经善念，特来护之。鸥可为念佛讽经，候其初七还魂。'……西方到。见韦驮与关帝在空中。"③吴奕德念佛还魂故事中，关帝被作为"佛前左护法"。可见，佛教因果报应故事中引入关帝作为"为人解劝，消除罪障"的角色，并与佛教护法神韦驮天并列，是肯定关公作为佛教护法，也极力推崇关公之崇拜，进而吸引更多的信众，也反映了佛教吸纳中土神灵进入其神灵谱系，实现中国化佛教的发展态势。

其二，佛教主要借助关帝宣扬其"灵验"思想，如明代戒显《现果随录》卷一载："陈益修，字玉笥，山东济宁州人。为诸生时，见回回教门杨生花等欲毁关帝庙，扩大回回清真寺。陈公力讼之官，得寝。后癸未春，流贼破兖州。生花等集千百众乘变团练回回兵，途遇陈公，以前忿呼众捶击立毙之，且剜去其两目，复曤以灰，掷尸于其舍。陈公自见变为中阴身，止二尺许，守其尸中，夜忽

<hr>

① (明)智旭：《见闻录》卷一，《卍新纂续藏经》第88册，新文丰出版社，1976年，第25页。
② (明)戒显：《现果随录》卷四，《卍新纂续藏经》第88册，新文丰出版社，1976年，第44页。
③ (清)周克复：《观音经持验记》卷二，《卍新纂续藏经》第78册，新文丰出版社，1976年，第104页。

见关圣降其家谓曰：我分中亦不在此一庙，只难为汝好心致丧汝命，然汝阳禄还未尽，应有功名分，吾当使汝回生。"①据说后观音帮助陈益修复原眼珠，陈益修高中科举。这个故事主要宣扬陈益修保护关帝庙有功，立得报应，宣扬关帝的所谓灵验，从中可见关帝和观音信仰之盛行。佛教之灵验记中借助关帝宣扬观音，可见佛教对关帝之重视。

明代戒显《现果随录》卷一载："太仓张受先先生，讳采，事母至孝。崇祯戊辰未发榜前有友梦会榜第三名，下注孝子二字。生平不甚信佛，独信关帝。乙酉元旦梦帝送一乾坤正气匾到家，公大喜，逢人说项。先是，州中豪杰吏胥多结党蠹民。公负性刚正，白于钱希声州侯案，治其罪。群小衔恨，欲甘心焉。是岁五月十三，乘乱要，劫公于路，拥至城隍庙，丛殴惨酷，血肉糜烂。有童子自外入，见城隍神以身翼蔽公，公僵仆不动。群小谓已死也，命丐者负公尸弃之小校场关王庙侧。夜分，庙中一僧谓同住者曰：'张公正人也，尸弃于此，恐有毁伤，吾等当舁还其家。'然无别物可盛，乃下一乾坤正气匾舁焉，到家以酒浆灌之，忽唇动得甦，调养不半月而愈，真神祐也。明年，捕凶党骈斩于市。戒显曰：公系余诸生时业师也……昔显频侍师侧，商确古今文艺，极蒙器受，一谈及佛法，便面赤责让。及显以甲申之变恸哭别庙，焚书出家，师却极口赞叹。"②张受先在当地应比较有影响，信仰关帝，因举报豪杰吏胥而遭到毒打，后侥幸逃过一命，被认为是关帝"显灵"救助，而实际是居住在关帝庙中的僧人救了张受先。张受先由不信佛而专向信佛，作者戒显是其学生。该故事通过张受先奇幻经历宣扬佛教和关帝的灵验，故事情节中将佛教信仰和关帝信仰完全区分开来对待，通过张受先故事，似乎作者目的也在打通关帝信仰和佛教信仰之不同，使二者融通于一人之身。

第三类故事是关帝灵验故事与佛教无关系，但也被载录于佛教类典籍进行弘传。佛教类典籍编撰者一般为佛教学僧或者信徒，受众也以佛教信徒为主，因而这类"关帝灵验故事"在佛教内部的弘传增加了佛教信徒对关帝的崇信。如明代戒显《现果随录》卷3："大仓卫汪指挥最善射，施百户最不谙射。某宪台素严暴，巡方至州。施君惮之，乃具牲牷酒醴乞神力于关帝，止求中二箭以免责辱。方祷告，汪指挥猝至，大笑曰：'为甚白日见鬼乎，但以酒肉请我，我教汝射百

---

① (明)戒显：《现果随录》卷一，《卍新纂续藏经》第88册，新文丰出版社，1976年，第30页。

② (明)戒显：《现果随录》卷一，《卍新纂续藏经》第88册，新文丰出版社，1976年，第33页。

发百中矣.'言讫即乱取神前酒肴大噉，侮慢而出，施大恶之。及宪司下操场，汪首出射，三连发皆风吹斜不中，方寸遂乱，全围皆脱。施信手射，九矢皆中，施受上赏。汪捆责六十棒，几毙。罢翁曰；此今娄事也，父老传之最确。"①此故事与佛教没有关联，汪指挥虽然善射，不敬关帝而箭未能射中，受到责罚；施百户不善射，但因敬关帝而全射中靶心。此故事也是为说明关帝灵验，从"父老传之最确"也可反映出这类故事是在民间流传而被记录，由此可见，民众信仰关帝主要是祈求关帝"显灵"解决实际生活中遇到的问题。

清周梦颜《西归直指》卷三载："余尝于文昌、关帝、东岳庙中进香，礼拜之后，必祝云：愿帝君尊信三宝，发菩提心，往生西方，行菩萨道。又尝顶礼斗母尊天及昊天上帝，虽诚惶诚恐，稽首顿首之后，亦愿至尊念佛往生，行菩萨道，广度一切。何以故？只因有智慧人看得世间极高明事，无如念佛。最有福事，莫若往生。念佛往生，非一切福德所可比拟者也。斗母尊天即经中摩利支天菩萨，昊天上帝即经中所称忉利天王。世尊每说法时，忉利天王无不恭敬礼拜侍立左右。今日闻此默祝必然欢喜，断无反开罪戾之事。"②净土宗信徒劝诫念佛往生，将关帝、文昌、东岳以及道教神灵斗母尊天、昊天上帝多作为其劝诫对象，并将斗母尊天、昊天上帝直接指称为佛教神灵之摩利支天菩萨、忉利天王，作为释迦佛的臣属，明显是抬高佛教地位，宣扬佛教，同时也是倡导以佛教为主导的三教合一。三教合一是明清时期社会思想文化领域的一种趋势，不仅促进了三者之间的交流与融合，并影响了当时传统艺术的创作。在实践中，民众对三者神灵的塑造，是基于其现实利益的需求，而不太在意他们之间的区别。此外，我们从以上山西地区三教合一情形来看，佛教在与儒、道的较量中，占有主导地位，也深刻影响了儒道思想理论和实践活动。③

明清时期《三国演义》盛行也极大地推动了关帝信仰普遍化。《三国演义》曾被清朝统治者奉为政治、军事教科书。清太祖努尔哈赤非常注重学习汉文化和历史文化，其中《三国演义》更是其喜爱的书籍，经常随身携带，查阅其中的兵法与韬略。清太宗也非常喜爱读《三国演义》，魏源《圣武记》卷十三《武事馀记》亦载："太宗崇德四年，命达海译《通鉴》,《六韬》,《孟子》,《三国志》,

①（明）戒显：《现果随录》卷三，《卍新纂续藏经》第88册，新文丰出版社，1976年，第42页。
②（清）周梦颜：《西归直指》卷三，《卍新纂续藏经》第62册，新文丰出版社，1976年，第118页。
③ 侯慧明：《净石宫玄天上帝应化图初探》,《世界宗教研究》2015年，第6期。

《大乘经》，未竣而卒。顺治七年，翻译《三国演义》告成……以翻清《三国演义》授之，卒为经略，荡平三省教匪。是国朝满洲武将不识汉文者，类多得于此……故朝廷开局，译为官书，以资教胄。"①《三国演义》被译为官书，地位提升，传播更广泛。对此，清王嵩儒《掌固零拾》亦载："本朝入关之先，以翻译《三国演义》为兵略，故其崇拜关羽。"②清王侃在《江州笔谈》载："《三国演义》可以通之妇孺，今天下无不知有关忠义者，演义之功也。"③

由于《三国演义》的盛行，关公戏的发展也达到顶峰，清代关公戏在京剧中出现最多。关庙碑文对关公戏记载："又立神会百有余人，每逢四月初一日朝解、初八日献戏，或一岁一朝，或数岁一朝，总之默体乎神意者。"④可见，关公戏之兴盛直接推动了关帝信仰的发展。

---

① (清)魏源：《圣武记》卷十三，朱一玄、刘毓忱主编《三国演义资料汇编》，南开大学出版社，2012年，第619—620页。

② (清)王嵩儒：《掌故零拾》卷一，朱一玄、刘毓忱主编《三国演义资料汇编》，南开大学出版社，2012年，第615页。

③ (清)王侃：《江州笔谈》卷下，朱一玄、刘毓忱主编《三国演义资料汇编》，南开大学出版社，2012年，第618页。

④ (清)王开基：《修理关帝神驾鸾仪新建卷棚碑》，《三晋石刻大全·新绛县卷》，三晋出版社，2015年，第228页。

第六章　关帝信仰的复杂社会功能

　　山西村社中庙宇林立，供奉神灵非常庞杂。"因为中国宗教传统并不互相排斥，民众不必只选择一种宗教。面对各种选择，他们求助于所有的神祇，他们同时向源于不同宗教传统的众多神祇寻求保护"①如道光十九年（1839）《圪垛村整修观音神堂碑记》载："圪垛村旧有观音菩萨神堂、三官大帝神堂、玄天上帝、二郎真君、关圣帝君神殿、眼观菩萨、子孙圣母神庙、五岳帝君神堂、龙王神殿、土地神祠，由来久矣。"②民众崇奉神灵中以观音与关帝信仰最为流行，"观音、关帝之神之在天下，如水之行于地中，无所往而不在也。人之崇奉之者，即牧竖樵童、妇人女子，处幽崖北户之中，一思观音即如在心头，一念关帝即如在眼中。故尊事者愈多，其所最信者，观音菩萨、关圣帝君也。"③

　　关帝信仰的性质应该是民间信仰，既不属于道教系统，更不属于佛教系统，而从其社会意义和政治意义上考量其民间信仰性质更接近于儒家的思想理论，正如韩森等学者所认为的，道教对地方神仙的祭祀与纯道教教义有极清楚的界线，佛教亦然。④不光是在崇奉神灵以及神灵来源的区别上，在神灵的功能、崇奉组织、祭祀仪式与政府的关系等方面都有着明显的区别。

---

　　①［美］韩森著，包伟民译，《变迁之神——南宋时期的民间信仰》，中西书局，2016年，第29页。

　　②（清）杨洪：《圪垛村整修观音神堂碑记》，《三晋石刻大全·灵石县卷》，三晋出版社，2010年，第390页。

　　③（清）武有平：《重修观音关帝新建文昌魁星》，《三晋石刻大全·方山县卷》，三晋出版社，2015年，第147页。

　　④韩森著，包伟民译，《变迁之神——南宋时期的民间信仰》，中西书局，2016年，第24页。

第一节　关帝庙之存在形式及神灵组合

关帝庙的存在形式大致分为三种情况，第一种情况是关帝被单独建庙崇祀，关帝塑像居于正殿之中间位置，置关平、周仓陪祀，或者其他民间神灵陪祀，或者在正殿两侧建偏殿或者厢房供奉其他民间神灵。第二种情况是关帝附属于道教及其他民间信仰庙宇之中，关帝作为主像的配祀列于正殿之中，或者单建关帝殿，列于关帝殿之中。第三种情况是附属于佛教寺院之中，作为寺院之配祀建筑存在，一般情况关帝不会在佛教寺院正殿之中陪祀佛教主尊。

第一种情况是关帝庙单独建庙，有"看庙人"或者处于无人看守状态，只在民众需要时来祭祀或者节日时由地方官员或者村社"香首"组织祭祀。当庙宇破败时，由"纠首"组织重修，无论是"看庙人""香首"还是"纠首"都是村社中在家的普通民众或者回乡的"乡绅"。如乾隆十一年（1746）《再重垒饰庙碑记》载："尝思天地以清宁为道，万物以成立为最。而物之大者，莫君神圣所栖之庙而已，可不成立乎哉。兹者水峪村曩昔有关帝庙，左有眼光、牛王、土地三圣祠，右有子孙圣母殿。"①乾隆四十年（1775）《创修庙记》载："忠义炳炳能维名教而振纲常者，关圣帝君称盛焉。藏炭于山，使取不尽而用不竭者，老君之泽莫大焉。昌明文学继往圣而不坠开来，学而不已，孰不颂文昌帝君之维持。是皆宜立庙祭祀者也。言甫毕，又群谓：华佗之持医术以济人，财神之操福柄以富人，子孙娘娘显扶默佑，使人子孙之繁盛，亦不可忽而不祀也。闻者唯唯。于是卜吉日，命工匠于村东桥北先修砖窑三孔，中塑关圣帝君，左配华佗，右配财神。后又于窑背之上修砖窑三孔，中塑老君，左配娘娘，右配文昌。"②嘉庆三年（1798）《重建庙宇功德碑记》载："吾尝读《三国志》，则见关夫子之刀，其即孔子之笔乎？孔子作《春秋》，而乱臣贼子惧；若关夫子，则精于《春秋》者也。故以之扶汉祚，于孔子之尊周室见焉；以之讨吴、魏，于孔子之堕三都、讨陈恒并诛少正卯事亦无弗见焉。由是观之，则义光泗水，道接尼山，故自天子以至于庶人，莫不尊为圣人而建庙以祀之。至于财神、福神，尤为民生日用饮食所急需

---

① (清)郝登仕：《再重垒饰庙碑记》，《三晋石刻大全·孝义县卷》，三晋出版社，2012年，第137页。
② (清)李馥：《创修庙记》，《三晋石刻大全·孝义县卷》，三晋出版社，2012年，第204页。

者也。往往有关夫子庙，多有财神、福神祠。"①嘉庆六年（1801）《重修关帝庙创建大士阁记》载："北苏庄之南，有圣帝关夫子庙，不知创自何时……复于院之东南创修大士三楹，以临通衢，其外则西房五楹，为憩息之所。北建舞楼三楹，下设门以通神道，而西翼以楼，东翼以阁，开偏门焉。庙貌虽狭隘，每当春秋祈赛，歌舞娱神，村中父老子弟长跽荐□，肃然生敬，于以颂扬忠烈，兴起颓风，胥于是乎系之……惟圣帝祠宇遍九州……而精忠大义，实足以弥宇宙而贯古今……观音大士相传保赤子而渡群迷，建阁祝禋，亦神道设教之意也。"②嘉庆十三年（1808）《重修关帝庙并建圣母堂财神庙碑记》载："戊辰春，爰举公直，合峪募化，得百有余金。因而奉请堪舆卜吉择日，自正殿、献殿以及舞楼、门厢皆为鸠工庀材，葺垩丹腹，焕然一新。又左隅之缺补建子孙圣母堂，右隅之缺补建福禄财神庙……使后之人闻风兴起，知有尊君亲上之谊，而纲常名教赖以不坠，则有功于生民者固大也。"③关帝为中，配以其他民间神灵，其目的声称是为维护纲常名教。《重修关帝文昌财神庙碑志》载："城西北五里居义村土脊民殷，最近古服，食器用奢。其所祀庙绝无淫祠，不过曰关帝、文昌、财神而已。乾隆六十年，阖村公议，卜地于旧庙路南，建无梁窑三眼。祀关帝于正中，左文昌，右财神。殿之前左设钟楼，右设鼓楼，迁建乐楼三楹于正南，以为演乐守神之所。又于庙西买舍基壹块，计柒分贰厘，亦无粮税，修马棚戏房，为梨园子弟所栖息。其旧庙内建东西房四间，门楼转扇，以志故迹。"④咸丰九年（1859）"余庄坎方自乾隆己卯岁创建关帝庙一座。左列药王，右列财神，前建献殿三楹……庙后空缺之处，先世曾留土地堂遗基……继复因其余赀，创建戏楼之偏房一间，庶报赛有资，可无湫隘之患矣。"⑤

晚晴民国，随着佛教民间化势力扩展，⑥很多关帝庙被佛教僧人占据，但其主殿仍然是关帝，并陪祀以中国民间诸与民众生活息息相关之神灵，如安泽杜村

---

①（清）张墙甫：《重建庙宇功德碑记》，《三晋石刻大全·孝义市卷》，三晋出版社，2012年，第254页。

②（清）祁汝装：《重修关帝庙创建大士阁记》，《三晋石刻大全·高平市卷》，三晋出版社，2011年，第445页。

③（清）王青梧：《重修关帝庙并建圣母堂财神庙碑记》，《三晋石刻大全·绛县卷》，三晋出版社，2014年，第354页。

④（清）任学彰：《重修关帝文昌财神庙碑志》，《三晋石刻大全·孝义市卷》，三晋出版社，2012年，第311页。

⑤（清）张献其：《重修关帝庙并创建土地堂暨戏楼耳房碑记》，《三晋石刻大全·新绛县卷》，三晋出版社，2015年，第445页。

⑥侯慧明、赵改萍：《论汉魏六朝时期佛教的地狱思想》，《宗教学研究》，2008年第1期。

关帝庙，在民国8年（1919）被洪水冲毁，"东边广生祠、五瘟殿完，西边牛王殿宇、东西僧房，南边舞楼以及学堂学生两三，木匠二人，而河水洋洋，澈底旋空，飘然而去，亦无踪迹矣。惟有正殿关公显应，独坐中央无碍耳。"①有的关帝庙中并立观音殿，咸丰四年（1854）撰《关圣帝君大庙重修并新建后土殿大王殿碑序》载："南吉村庄旧有关帝大庙，财神殿亦在其中，但代远年湮，殿宇不无破漏。承首人竭力赞勤，勤于修理，且于大殿左新建后土殿，右新建大王殿。"②光绪三十二年（1906）《重修关圣帝君庙增福财神敕赐广福院碑记》载："本庄乾方旧有关圣帝君庙，创建数百年矣。真武、二郎、伯王、八蜡配飨左右，宫阙壮丽，神灵显赫，诚一乡之保障也……将军殿、土地祠均施补葺之功，以及道士斋房、伶人宿所无不焕然一新……至于财神庙之大殿、乐楼，广福院之北殿、南宫，或补其屋漏，或增其式廊，亦皆以次而奏功。"③民国8年《重修关帝庙并村北黄帝庙碑序》载："小吉村震方旧有关帝庙一所，祀关帝圣君于正中，精忠贯日，大义参天。左则后土圣母，右则大王神圣，以及财神殿、火星殿、南北两廊、献殿、乐楼、廊门并村北黄帝庙。"④村民集资对村中庙宇进行统一修缮。关帝庙中并祀诸神，而关帝处于主神地位。《重修立碑记》载："村东关帝庙创始于万历年间……正殿三间，仍其旧也。左右创建耳殿各一，奉龙王、财神、牛王、马王。乐楼移置南面数武，东面新设看楼三楹，西面增修房舍数椽为办公寓所。又于西南筑室，备演戏时优人停止。乐楼后空基围墙俱各阔壮，自正殿以至山门丹楹刻桷金碧辉煌。今而后春秋祈报乐可知也。"⑤民国6年（1917）侯丕烈《重修关帝庙并村中南舞楼天池后河菩萨殿土地祠碑记》载："余村坤隅旧有关帝庙，两旁雨神殿并风雨龙神，左有祖师殿，右有高媒祠，以及舞楼、南北两廊、四角亭亭、山门距路，莫不咸备。"⑥民国7年"余庄古有关帝神庙一所，左列药王，右列财神，并献殿、戏楼。西北玉皇庙，正南观音堂，东南龙王庙，正北土地

---

①（民国）杨阴堂：《重修关帝庙碑记》，《三晋石刻大全·安泽县卷》，三晋出版社，2012年，第169页。

②（清）马崇本：《关圣帝君大庙重修并新建后土殿大王殿碑序》，《三晋石刻大全·安泽县卷》，三晋出版社，2012年，第286页。

③（清）王泽沛：《重修关圣帝君庙增福财神敕赐广福院碑记》，《三晋石刻大全·安泽县卷》，三晋出版社，2012年，第311页。

④（民国）祁燕芳：《重修关帝庙并村北黄帝庙碑序》，《三晋石刻大全·安泽县卷》，三晋出版社，2012年，第332页。

⑤（清）赵昌槐：《重修立碑记》，《三晋石刻大全·孝义市卷》，三晋出版社，2012年，第497页。

⑥（民国）侯丕烈：《重修关帝庙并村中南舞楼天池后河菩萨殿土地祠碑记》，《三晋石刻大全·绛县卷》，三晋出版社，2014年，第478页．

祠，均各历年久远，风雨飘摇。"①村庄中不仅修建了关帝庙，其余庙宇一体整修一新。

关帝庙中所供奉神灵除主神关帝外，多塑绘供奉与民众生产生活密切相关之民间神灵。或塑于一殿，或分治各殿，组合较为随意。民间在重修或者遇到特殊情况，因一定原因也会改变庙宇的位置以及神灵的组合。②

与关帝配祀之民间神灵均与民众生活息息相关，或者负责保护民众子嗣繁盛，或者保护民众身体健康，或者保护民众财产六畜兴旺，其神灵组合则比较随意，并无一定的规律，似乎完全按照民众喜好和需要塑造，体现了关帝与诸多乡村民间神灵已经没有归属性质的区别，只是其地位高于一般的民间神灵。

清代民间信仰庙宇以及道教庙宇中增设关帝作为配祀的情况也比较普遍。关帝作为配祀也遵循了一定的等级观念，一般情况是配祀帝王，而高于其他一般民间神灵之地位。

总之，关帝与其他神灵共同奉祀，以何神灵配祀，比较随意，主要出于民众的需求。另一方面因为民众文化水平比较低，对于立什么塑像并没有章法可循。

第二种情况是附属于道教及其他民间信仰庙宇之中。元代关帝与其他圣贤英雄一并祭祀，至治二年（1322）《修建圣王行宫之碑》载，因为求雨有应，"就墅东古迹，护国显应王之遗址，创构虞舜、成汤二帝之行宫。其正殿三楹，设二帝之圣位，东西二室，左为护国显应王之祠，右为义勇武安王之庙。廊庑厨库，布置严整，兼标拨赡庙地土，岁时致祭，香火不缺。每遇岁旱，祷则应之，是以怀神之德，食息不忘焉。"③"护国显应王"即崔钰，崔府君，唐代贞观年间任长子县令（今山西省长子县），因其有功于潞地，被建庙祭祀，后传说于唐玄宗时"显灵"，被封为"灵圣护国侯"，宋代加封"护国显应公"，后又加封为"护国显应王"，在潞州、泽州一带信仰兴盛。义勇武安王与护国显应王并列，作为虞舜、成汤二帝的陪祀神灵，具有护持一方的含义。嘉靖三十一年（1552）《重修玉溪村三官殿记》载："村之正中，崟然而立者庙也，居北为三教堂，堂东曰关王殿，堂西曰三官殿，南有乐舞庭。"④万历四年（1576）《重修府君神祠记》载："祠正

①（民国）贾金铭：《重修关帝庙玉皇庙观音堂龙王庙土地祠暨戏楼耳房碑记》，《三晋石刻大全·新绛县卷》，三晋出版社，2015年，第326页。

②侯慧明：《净石宫玄天上帝应化图初探》，《世界宗教研究》，2015年第6期。

③（元）侯励：《修建圣王行宫之碑》，《三晋石刻大全·沁水县卷》，三晋出版社，2012年，第18页。

④（明）陈策：《重修玉溪村三官庙记》，《三晋石刻大全·沁水县卷》，三晋出版社，2012年，第43页。

宇祀府君神，左祠二，白龙神、武安神；右祠二，子孙神、牛王神。其东为庑。为厨舍；其西为庑，为李公祠。其中为拜堂，次乐舞楼，次二门。门之外有地藏殿、五道殿，居左右焉。至南为大门，门之内又有厦数间，列于门之两旁。"①康熙三十年（1691）《创建关圣庙记》载："创建关圣庙于大士殿院，重修灵宫陶帅于玄帝庙内……复理山峪土地堂，下用砖石以固其基。自是庄之周围，无一缺陷之处，所以聚风气者在是，所以安人民者亦在是矣。"②村中修建庙宇时，往往会将村社中庙宇全部整修，这也说明庙宇进一步成为村中公产。

因为关帝信仰兴盛，因而在民众因陋就简，盖造简单的过门楼阁时也喜欢在阁楼之上塑关帝像，"聿成过路门洞一孔，建楼其上而祀神。□镇之西向则大士居中，帝君居右，财神居左，而魁星东向也。规制虽狭，格局庄严，金碧朗曜，焕然成一乡之巨观。"③"此至丙辰，甫及八载，而东门遂告竣。而且于门顶又建圣殿二楹，东塑关圣帝君，西塑子孙圣母，南北则修厦房四间，以为栖僧之所。上下辉煌，金碧炫耀。"④民众因陋就简在过路门洞之上建阁楼，塑神像，一般为东塑关帝，西塑南海观音，其主要原因是关帝和观音最为流行，也是一般民众从众心理使然，认为其"最为"灵验有效力，能够护门驱邪，除灾去难。

关帝作为信仰兴盛之神灵，在与其他神灵相互配合陪祀的情况也远远多于其他神灵，尤其在不同区域会与主要信仰神灵和区域性特殊神灵相互配合，"孝邑董屯、岭北村等村，古有龙天庙，其旁有□□所，而狭隘不堪。自雍正七年，洞静禅师撞锡，至十年会通村中纠首而捐资施工，建正窑一孔，塑圆通教主、护法韦天、关圣帝君圣像。"⑤"正殿三楹，为玉帝圣宇，关夫子居左，尉迟公居右，次及钟鼓、舞楼、举凡神宇无不□饰焉。"⑥再如沁水冶内村舜帝庙，"即特兴工，经营戏楼、东西两廊以及大门。东建关王庙，西设土地神祠，汝塑金像，其余诸神饰以五彩，合群力共修之。"⑦"古有神庙一座，北而正殿，汝塑有虞圣帝，南而舞庭，奏乐酬神。又及东西二门，以便出入。中而献殿七间，陈设俎豆。并正

①（明）韩可久：《重修府君神祠记》，《三晋石刻大全·沁水县卷》，三晋出版社，2012年，第59页。

②（清）孙锡龄：《创建关圣庙记》，《三晋石刻大全·新绛县卷》，三晋出版社，2015年，第119页。

③（清）高恒祥：《创建东门楼记》，《三晋石刻大全·孝义市卷》，三晋出版社，2012年，第109页。

④（清）马承辇：《创建东门并庙碑记》，《三晋石刻大全·孝义市卷》，三晋出版社，2012年，第118页。

⑤（清）福华：《创建龙田庙告成碑记》，《三晋石刻大全·孝义市卷》，三晋出版社，2012年，第146页。

⑥（清）王汉雯：《重修社庙碑记》，《三晋石刻大全·孝义市卷》，三晋出版社，2012年，第175页。

⑦（清）党□访：《冶内新修戏楼两廊碑记》，《三晋石刻大全·沁水县卷》，三晋出版社，2012年，第182页。

殿两侧，东而关圣帝君，西而高禖尊神，举皆金妆。"①嘉庆十四年（1809）《重修兴隆庵碑记》载："中塑观音菩萨，紫竹林中大士垂恩，慈云霭霭，法雨蒙蒙，兼制韦陀护法，持杵降魔，所以村无作恶之徒，人有福善之庆。左建关帝圣君，护国佑民，通工惠商，神之为灵昭昭也。然神何灵，因人而灵。惟人有恪恭寅畏之心，斯神有潜孚默佑之报。"②《创建庙宇神祠乐楼碑序》载："盖以无庙则神无以妥，无乐则神无以侑，将奚以为祀事之吉。故凡被诸神无暨之德者，应宜设宫寝以妥其灵，奉丞尝以肃其祀，献歌咏舞蹈以侑其享，庶酬其德于万矣。于是愊慨闻见之情，正有醒醒难昧者。兴云降雨，普济群生，莫甚于龙王圣君之德广恩深也。大义参天，精忠贯日，几见有协天大帝之威灵显应乎。呵禁不详驱虎狼以遁迹高明，时瞷闲妖孽以藏形，尚有如山神土地之保障为无疆耶。坐北向南盖窑三孔，中塑龙王圣像，旁立斋厨栏三间，中窑以上又修华阁一处，以栖大帝之神，旧桥洞上北为庙堂门阶，南造庑窑数楹。创建乐楼，台阁焕灿，栏□□奇，围墙连桥，以接两山之脉，气概乌革翚飞，庙外西方特建山神、土地祠堂，雕妆极其工丽。"③

第三种情况是附属于佛教寺院之中，作为寺院之配祀建筑存在，如元代至元二十九年（1292）"里人运事，分张有等，重兴寺貌门墙，序妤蚜、灵显、广禅、武安王之位，皆西南而朝之。每祀境神，亦即其内，甚有瞻望。"④

乾隆二十二年（1757）《高阳镇重修寂照寺碑记》载："必配之以诸佛菩萨、护法诸将，左罗汉、右十王、中韦陀、下天王者何？人西方之人，学西方之学，以其皆自西方来者似也。更配之以节义之关帝者何？时时扶社稷而卫乾坤，万代之所瞻仰者，其崇祀更宜何如哉。复配之以济孤之长者，司牧之马王，风雷变化，润济群生，行雨之龙王与夫炎蝗不作，五谷丰盈，好螯神者何？以其有功于社稷，有利于生民，均祀典之所不可缺者也。"⑤襄汾赵康镇史威村普净寺《重修关帝庙并寺院碑记》载普净寺住持曾于乾隆三十六年（1771）募化重修寺中关帝

①（清）张士贤：《重修土地殿并两廊碑记》，《三晋石刻大全·沁水县卷》，三晋出版社，2012年，第183页。

②（清）张拱端：《重修兴隆庵碑记》，《三晋石刻大全·孝义市卷》，三晋出版社，2012年，第296页。

③（清）任奉璋：《创建庙宇神祠乐楼碑序》，《三晋石刻大全·孝义市卷》，三晋出版社，2012年，第418页。

④（元）曹思敬：《赵郡王里佛堂之记》，《三晋石刻大全·汾阳县卷》，三晋出版社，2017年，第1670页。

⑤（清）李明周：《高阳镇重修寂照寺碑记》，《三晋石刻大全·孝义市卷》，三晋出版社，2012年，第166页。

庙。①又如曲沃县北董乡景明村龙岩寺光绪八年（1882）《重修关圣殿三清殿坤元宫娘娘庙碑记》载："岁在辛巳暮春，陶土兴工，毁瓦画墁，始则三清殿、坤元宫，继而娘娘庙、关圣殿，终焉东廊五间，大小庙门五座，又于娘娘庙建观止楼三间，西北隅建办公所三间。"②光绪十五年（1889）《重修关圣帝殿碑》载："且万事人极，我皇上御笔篆额，遍告天下，盖因关帝有圣德，理合久禋大祀，百代长绵。各处庙宇，渐已创建而新加，旧有宫阙，岂可久缺而无补？况吾广胜飞虹塔院乃大众瞩目之地，浮图攸关，尤护法之所不可少者，左有祖师，必当右配关圣，始可有状观瞻。"③光绪皇帝为关帝庙御笔篆额"万福攸同"，促使天下兴起大修寺庙之风气。广胜寺作为洪洞最重要的寺庙设置关帝殿，佛教寺庙供奉关帝，将关帝作为护法，另一方面迎合民众敬拜关帝的心理，争取信众。

与关帝组合的神灵非常丰富，种类繁多，但这些神灵均有现实意义，即有助于民众现实生活的精神期盼，体现出民间信仰的浓厚生活化色彩和功利性目的，同时将关帝置于中间位置，也说明民间认可其地位崇高，"负责管理之事务"更加重要。另一方面，关帝作为民间神灵配祀其他主神，一般情况为上古帝王神，这也说明民众心目中神灵的等级区分比较明显，关帝地位仍然属于掌管具体事务之地方神层次，具有亲民性，并非至上之尊神。

关帝庙中塑像一般情况是关帝居中，关平、周仓居于左右，但也有关帝左右祀其他神灵的情况，因此可以看出关帝信仰总体上属于民间信仰，民众在塑像时，比较随意，按照其意图，或者为了获得更多的神灵护佑和帮助或者为了节约空间、节省经费等原因，改变了一般的关帝神灵组合的模式，由此也说明民间信仰实用性和功利性是其首先考虑的因素，因而具有很强的随意性和盲从性以及偶然性。民间信仰甚至不能用一般的规律和经典来解释，民众崇祀神灵的动机和愿望简单、直接甚至比较偶然，但最终目的都是为了解决社会生活中遇到的实际问题。"据说神祇的言行与人无异，任何人都可以根据自己的经验及其对人类动机的理解，来解释神的行为。这既不需要受教育也不需要宗教训练。一般认为，神

①（清）张大雅：《重修关帝庙并寺院碑记》，《三晋石刻大全·襄汾县卷》，三晋出版社，2016年，第303页。

②（清）梁笃亲：《重修关圣殿三清殿坤元宫娘娘庙碑记》，《三晋石刻大全·曲沃县卷》，三晋出版社，2011年，第304页。

③（清）柴廷桢：《重修关圣帝殿碑》，《三晋石刻大全·洪洞县卷》，三晋出版社，2009年，第576页。

祇对人类祈求的感应，完全视其受公众崇奉的程度而定。"①民众塑造之神灵也仅限于其知识认识范围内能想到的和耳熟能详的神灵，甚至是不知具体名姓的类属性神灵，直接称呼其为"天神""山神""河神"等，也不涉及神灵来源以及故事，只是来源于其模糊性的"神灵信仰"和一知半解的了解——也就是相信神灵的力量比人强大，能支配人间的祸福兴衰，因而需要祭祀崇祀神灵。

第二节　民众修庙的原因以及机缘

关帝庙新建原因主要是基于对关帝的崇奉，重修原因客观上是因为自然破败或者因灾害损坏，主观原因既有官方的倡导也有民间的推动以及历史传统的影响。民间信仰比较复杂，有的时候民众并不刻意侍奉某个神灵，而只是因为其是"神庙"而修建，目的是为补乡村所谓之风水。或者因出现所谓的关帝之"显灵与灵验"的偶然事件而大兴土木。

修庙被作为敬神的表现，进而和"行善"联系在一起。"有因作善而建者，有因祈祷而建者，有因补风邀脉而建者。建虽不同，其为见像作福则一也。"②因关帝为"忠义"之楷模，因此民间效仿关帝"义举"，建造施舍茶水之地而建立关帝庙，作为为善行义举之地，"孝邑城西二十里许，有下上□南营村者，风土醇茂，人多杰士，故河北陵下也。山临流地，故其灵难路石，□□□河崎岖。若□城府县而车声马鸣，连络不绝，何□市井都会。每当炎暑之际，蕴荫虫虫，负肩担□之子于此，苦无解渴休息之所。值此严寒之时，坚冰在地，牵车服贾之徒，至是叹无热汤舒温之地。村人目击心伤，羽士张道人痛念维殷，出经资三十两，少于河北平阔之处，募化义士，治地三亩，以为创建茶房之所。二村咸欣慕乐从，量力输舍，聚银壹佰叁拾两有余。鸠工经营，脩砖窑三眼，内塑神威之镇关圣帝君一尊，以保河山孔固，叹曰人之义举。然河滩旷野，忽尔成此快境，岂非天有意于斯人乎。从此隆冬之月，施茶以温饥寒，炎夏之日，设水以解渴烦。"③

村社将庙宇的存废与村落的兴衰相互联系，"且夫庙社，关一村之盛衰；建

---

①韩森著，包伟民译，《变迁之神——南宋时期的民间信仰》，中西书局，2016年，第49页。
②（清）许维成《重修观音堂碑记》，《三晋石刻大全·曲沃县卷》，三晋出版社，2011年，第121页。
③（清）霍文煜：《创建茶房碑记》，《三晋石刻大全·孝义卷》，三晋出版社，2012年，第116页。

修验人心之向背。我村关帝庙旧有戏楼，由来久矣，层楼耸秀，今古奇观，远近驰名，军民皆仰此，先父老之雄心至今不没也。"①修建庙宇被认为是善举，而对于地方风物则是其标志性象征，可发挥"壮观瞻"的作用，"欲知一邨之盛衰，先观一邨之庙之修废。未有人心浇漓而庙有不摧残者，亦未有神宇剥落而民命有不颠连者，盖幽明相通。神人一致，理固然也。而武安邨之关帝庙，有足志焉。"②民众修庙似乎只是着眼于"庙宇"，而并不十分强调"关帝庙"，主要是起到所谓"补风水""壮观瞻"的作用。又如乡宁念家岭村于乾隆四十二年（1777）曾为创建关帝庙而四方募化，"鄂邑南乡念家岭者，形处万山，势连林涧，□间而居，室家饶裕康阜，休风数数睹也。不意近年来村纲倾折，室家空乏，物畜欠泰，凡往来商戚无不感慨系之，况本庄士民，有不目睹心伤愀然而嗟叹者乎。兹庚寅岁暮，薛加铠等徒起创建神庙之念，此为迎风聚瑞之谋，修理庙宇，绘成神像，扶风补气，以振村纲。"③文中未题及"村纲倾折"具体原因，但村民由富转贫如果不是自然灾害原因，抑或社会动乱，很可能因为"赌博"之类歪风邪气。因而，村民将修建关帝庙作为团结民众、重树道德、重振民风的契机，振奋民众精神，也有在神前表示痛改前非，继往开来之寓意，无疑对于民风不振之村落具有重要的标志性意义。

村社中多建庙宇或者塔以"补风水""镇风气""自来庙貌之故新，系村运之盛衰，尤系国运之轮替，实系神灵之呵护。"④修建庙宇和砖塔多由民间之阴阳先生指导为之，置于建何主神的庙宇，实际比较随意，即使有解释，也比较牵强，建庙祀神的目的最终又落实于对民众的所谓消灾捍患，赐福予祥等现实利益。

民众已经将关帝视作超人间的神灵，祭祀祈求之愿望各不相同，包罗万众，凡是民众认为有需要、有愿望之事皆可祈求，因而很显然是民众赋予了关帝众多的"功能"，如临猗县程村"我程村震地，旧有关帝神庙一座，居娘娘庙东，由来久矣。至大明万历四十七年，孟君升为祈嗣有应，会村众起盖正殿三楹，向南树柏两行，苍然挺秀……又传本朝康熙十四年，大兵经过，呵护举村平安，是威

①（明）杨济川：《鹅毛口修关帝庙碑记》，《三晋石刻大全·怀仁县卷》，三晋出版社，2014年，第52页。
②（清）牛士奇：《重修舞庭记》，《三晋石刻大全·沁水县卷》，三晋出版社，2012年，第173页。
③（清）王鈇瞻：《创建关圣帝君神庙募序》，《三晋石刻大全·乡宁县卷》，三晋出版社，2014年，第130页。
④（清）刘祖基：《西沟村修补各庙碑记》，《三晋石刻大全·和顺县卷》，三晋出版社，2012年，第209页。

神之声灵，非不赫濯也……合村议定，因人地出钱，每丁银五分，每亩银三分，连募化银若干"①。关帝被赋予了赐嗣求子的功能，又被认为可保护平安。

明末清初修建关帝庙众多，主要因为社会长期极度动乱，民众遭受巨大苦难，为寻求精神安慰得到所谓的神灵护佑而修建关帝庙。顺治十一年（1654）《创建关帝庙碑记》载："绛东五里许，名曰路村者，旧有堡垣，人烟壮盛，孝悌力田，有古仁里风。惟兵荒频罹，户口渐凋，至明季之时，止王、撤两姓，王暨撤姓之半附居郭外，而郭之内独为撤有。至崇祯七年，值流氛猖炽，自秦及晋，由沃入绛。大师追剿，住歇本村浃旬有奇，军拥民舍，民苦乏栖，议迁入堡而掣肘难行。本村处士王一增，率子王可宠并撤守干等，集众共商，为久远之图，遂请堪舆卜基址，于村之东北创筑土堡……至我大清己丑之夏，姜壤猖獗于云中，而绿林红巾又弄兵潢池，平水以南，处处皆有屠城、劫官、掠赀、焚屋。盘居绛城几逾半载，一时猖狂之徒，有索饷索炊者，有乘机报复者，而路村受害为多……惟有可宠之弟可泰者……一日忧闷，昼寝于他舍，梦夫子指示津梁，觉而贼众奔溃，得脱坎坷。即本堡遭险，妇女预徙，人口安全。俯而思之，种种获福，实夫子默佑之功也。允宜建祠塑像，朝夕焚祝，以答神庥。爰是鸠众共图厥事。时物价腾涌，独立难成，仍告之全侪亲眷，亦慷慨乐施。遂于堡之干地，创建正殿、大门，刻妆神像。"②修建关帝庙也会因为比较偶然的原因，如因为做梦，或者得救，归结为关帝所谓显灵护佑。堡寨为避难而创建，修建关帝庙对于堡寨避难护佑的功能和民众祈求平安的心理高度契合，更能赢得民众的认可。

民众认为关帝具有捍患消灾的功能，山西各地以山地为多，农业收成主要依赖天雨，因此，"拔旱祷雨"成为民众经常性活动，"关帝"也被民间赋予"降雨"的职能。"祷雨"如能"应验"则会被认为"灵验"，民众则会竭尽全力重修庙宇，重塑金身，载入碑志。如成宁《重修解州关帝庙碑》载嘉庆十四年（1809）重修关帝庙就是因为"关帝显灵""拔旱降雨"。此次重修解州关帝庙捐款者主要是山西巡抚、布政使、按察使和前任官员以及富户和河东商人，未向一般民众倡捐，主要是因为河东遭遇较大旱灾，民生凋敝。重修关帝庙直接的原因除了旱灾已过，民力渐苏，可能也与盐法道刘大观的所谓神秘主义观念有关，

---

①（清）孟尚润：《重修关帝庙碑记》，《三晋石刻大全·临猗县卷》，三晋出版社，2016年，第123页。
②（清）赵拱碧：《创建关帝庙碑记》，《三晋石刻大全·绛县卷》，三晋出版社，2014年，第157页。

"是举也,既以报帝之德,且足以仰慰圣祖褒崇神圣之灵于陟降焉。"①刘大观在另一篇关于重修关帝庙的碑文中讲述比较详细,嘉庆九年甲子(1804)"河东旱,民饥。圣天子忧之,命缓征,舒民力。乙丑又旱,民益以不支,命发帑抚恤,又以廪粮食河东二十六州县之饿。"②随后被朝廷委任河东,"道中见有庙,庙帝者。肃而入,伏地告帝以天子所命,而以苍生流离默乞履庇于帝。一日一见则一告,数见则数告,自如晋境无日不见,亦无见不告也。行至介休,见前任翼城县令蔡曾源者,自言能扶乩,甚灵。乞其扶乩,乩动赋五绝二首,大书汉寿亭侯,乃知乩中诗,帝诗也。"③刘大观、蔡曾源均认为是关帝降下"乩言",并会救济饥民。据说在当天夜里,就降下了大雪,"感帝之德,喜民之有食也。秉烛冒雪行,行至灵石,蒲解平阳诸州邑被灾者悉报得雪尺余及数寸不等。是年,麦有收,秋复大稔皆帝之赐。帝之矜怜拙吏,而舒其部下之困民,使登于衽席者,何其神哉!是帝庙之重修,观尤不敢不竭其诚用殚其力也。"④刘大观认为其拜祷关帝庙,扶乩应验,因而竭尽全力重修关帝庙。"灵验主义"是中国民间信仰的重要特色,民众信仰多基于灵验主义的观念。

遇到地震、干旱、风雨灾害等重大自然灾害之时,人们迫切寻求精神庇护,有人则借助关帝之名稳定民心。关帝庙重修的原因其中一方面主要因为地震自然原因的损毁而集中重修,"康熙乙亥年四月初,平阳大遭逢地震,而帝庙以致动摇,虽未十分崩损,然已破漏不堪。众等意重修,争奈力不足焉。本镇有居士安承奉者,纠合同志八人,设立积粟小会,每人出麦斗许,营运多载,得麦数十余石,因而鸠工选材,置买灰石,不两月间而殿宇重新。"⑤康熙乙亥年大地震是指康熙三十四年(1695),重修已经是在24年之后,此时民众生活仍然比较艰难,只能以小麦的形式出资。

遇到瘟疫而修庙驱疫,一定意义上发挥了精神安慰的作用,严重的自然灾害

①(清)成宁:《重修解州关帝庙碑》,《三晋石刻大全·运城盐湖区卷》,三晋出版社,2010年,第323页。

②(清)刘大观:《重修解梁关帝庙碑》,《三晋石刻大全·运城市盐湖区卷》,三晋出版社,2010年,第324页。

③(清)刘大观:《重修解梁关帝庙碑》,《三晋石刻大全·运城市盐湖区卷》,三晋出版社,2010年,第324页。

④(清)刘大观:《重修解梁关帝庙碑》,《三晋石刻大全·运城市盐湖区卷》,三晋出版社,2010年,第324页。

⑤(清)李椿沐:《重修关帝殿题记》,《三晋石刻大全·乡宁县卷》,三晋出版社,2014年,第617页。

和疾病、瘟疫很容易引起民众的极度恐慌和焦虑，进而促使民间的神秘主义思想高涨。道光二年（1822）"至村民告疫，由是凡兹邻村信士同祷于神，愿作新斯庙以答神休。已而有□疫炽盛，而邻村蒙神默佑，完全无患，则所谓众信士同祷于神，新斯庙，神休者自不容已，而本村首事曹梁等，遂鸠工募化，去其旧址，广为三楹。"①将庙宇的存废与村落的兴衰相互联系，实际也是中国传统"天人合一"观念的反应，民众认为上天决定人事，上天在人间的代表则是大大小小、各行各类的所谓神灵，因而需要通过祭祀、贡献来讨好神灵，则可以迎福避祸。不敬神灵则会带来灾祸，反之，灾祸的降临也是神灵为之。

民众修庙的原因主要为祈福消灾，捍患消灾治病，遇到瘟疫、地震等自然灾害之时，人们迫切寻求精神庇护。民众在日常生活中遇到最多的困难是"疾病"，关帝被认为可消灾治病，民众修庙的原因主要为祈福报恩，亦是关帝庙修建之目的。民众认为天灾流行，可能是不修庙宇所致，因此积极修补寺庙。

第三节　关帝庙修建的组织与资金来源

关帝庙或者毁于自然灾害水火地震等，或者毁于兵火。明清以来村社庙宇的修建，成为村社的公共事务，重修过程中多由地方乡绅首倡谋划，众人共同集资完成，实际也发挥了凝聚人心，和谐乡里关系的作用。如果是府县治所之关帝庙则地方官一般会主持修建。"顾府州县郡之庙，大抵以祭祀设，而镇抚赖之；山野乡疃之庙大抵以风水设，而祈报因之。盖水势山形，维本天造地设，而乾旋坤转，实寓鬼斧神工。"②

府县治所之关帝庙一般会由地方官组织修建，如临猗县"吾城之庙□坐落学宫之东，自宋开宝以来规模已备，而添修改葺，不知凡几……乾隆丁亥，邑侯华亭廖公□意兴修，捐俸倡首，焚修道人胡德盛会同乡老协比经营……沿门持钵，共襄厥事……偕同道官荆正引远迹秦中，复得好善乐施者凡若干金。群聚而谋曰，聚沙磨杵，成功终非易易也，盖暂权子母之利，以充裕之，又令道人杨正强同里老经其出纳。越今岁癸卯，共计本利银二百八十金。"③清咸丰六年（1856）

---

①（清）王希贤：《重修关帝庙碑记》，《三晋石刻大全·乡宁县卷》，三晋出版社，2014年，第181页。
②（清）韩永祚：《创修关帝庙碑记》，《三晋石刻大全·和顺县卷》，三晋出版社，2012年，第113页。
③（清）王追湛：《重修关帝庙并创建影壁石桥碑记》，《三晋石刻大全·临猗县卷》，三晋出版社，2016年，第117页。

《重建关帝庙记》载："平河郡城之建有武庙也，屋宇宏敞，威灵显著，癸丑岁毁于兵火，故址仅存。余于次年秋七月来宰临，睹民间房舍多属焚余，而庙宇亦同罹劫火，每朔望瞻拜，心焉伤之。视政逾年，民情安定，闾阎次第修，所谓'成民而后致力于神'，正此时也。然事巨而力微，功成而费大，势非登高而呼，众擎共举，未有能成者……倡捐平阳府知府奎文、知州衔临汾县知县王应昌，襄捐兼护太原镇总兵署平阳营参将和□、监工署正标右营守备张□。"①可见，主持重修关帝庙者，主要是官府主官，并且因刚刚镇压太平军，多兼有军职。

官府出于政治目的修庙，祈福消灾、粉饰太平者居多，但作为"疗饥"与"弥盗"之举，实是官员之奇思，如崇祯九年（1636）监察御史杨绳武在面对严重的大风干旱之天灾和李自成农民起义之严峻局面之下，为了防止一些人加入起义军而大规模修建庙宇，其目的就是防止民众在极度饥荒的情况下，投奔起义军。通过修建庙宇，提供劳动机会，给予民众生活资粮，从而使民众避免铤而走险，"乙亥岁，河东复大饥。麦将熟而秕于凄风，禾告登而屠诸烈日，此亦极凉燠之变矣。乃秦寇且与河俱长，盐无胫不走，百姓日见嗷。又间有殣于道者，谁实视此，其何能不彷徨？忆苏长公之言曰：'以财与人，不如以法活人之为多'，时池神各庙不知圮自何年，予仰而观，俯而察，豁然得所以待此阻饥者，盖本乎古人策荒，每大兴工作，使民有所从事之意而仿之也……因之有材者得售，有艺者得酬，强者负重，弱者挈轻，日倚此中生活者无虑数百人。"有人提出天灾人祸，民生凋敝，大兴土木是否不得事宜，杨绳武反驳曰："四方麋骋，民有力无所用，且日不再食则饥，不死将为盗耳。予有此举，张空拳者日得一饱，是疗饥也。所余数钱，持归以见其父母妻子，勤动之息，竟夜驹骊而不作他想，是弥盗也。"②可见，统治者为巩固统治采用非常手段，实际上是割肉补疮之举。

对于乡间村社关帝庙，在修庙过程中，一般由社首或纠首、维首、香首组织，全社各家各户均参与其事。会社可能由一村组成，也可能由临近的多个村落组成，主要是由民间的社首组织，主要功能是组织"祭祀敬神"活动，以及庙宇的管理，因此，此类之村从功能上界定应为"神社"。如沁水县柿庄镇南王村清水寺《阖社补修碑文序》"三村一社，庙居锁口、山明水秀、地灵人杰，古之名

---

① （清）王应昌：《重建关帝庙记》，《三晋石刻大全·临汾市尧都区卷》，三晋出版社，2011年，第220页。

② （清）杨绳武：《重修池神庙记》，《三晋石刻大全·运城市盐湖区卷》，三晋出版社，2010年，第202页。

地，瑞气冲宵。先人创修于庙貌，有起兴之，莫敢废也。吾社南王村、柳树湾、柏崖底三村共合一社。旧有圣水寺、蝗王宫神庙一所，由来久矣。蝗王有吞蝗之功，有恤民之德；古佛有润禾之能，有救世之苦。维首公商，纳工按以家社，捐资按以地亩，老幼同愿，踊跃争先，遂起补葺之心，不惟近者获福，即远者亦可蒙恩矣。"①《张山村整社纪念碑》载："建庙以来斯有神社，历今数千年□□□。旧历重阳十五日，为村人秋赛报神之期，衣冠整肃，升降□□，其祭品之隆，祀神之诚，一时称盛，甲于邻村。"②修庙对于村社是非常重要的大事，因此往往会付诸"公议"。修庙所需费用均摊到每家每户，财用按照地亩捐钱，土工按照人口摊派。"按照地亩和人丁摊派"应与雍正摊丁入亩有关，也是一种民间捐资体现公平公正的方法。在民间，土地是最为重要的财产，按照土地的多寡捐资，也就意味着各尽其能，富者多捐，贫者少捐，体现了基于财产多寡支应社会公务的普遍认可的"公平仁义"之处理原则，也体现了保护弱者和能者多劳的社会公平思想。为保证公平公正，齐心协力，社首在开建之处会举行一定的仪式，焚香拜祝，立盟约为誓的仪式主要是约定协同合作，相互配合，防止退悔中止。另一方面，村社民众自发联合组织会社属于民间组织，制度松散，所谓的"神前盟誓"，主要靠信誉和自觉以及"神灵监督"，缺少现实的监督机制，因此遇到贪污营私、贪蚀公产者往往束手无策，会社组织失去民众信任，导致庙宇修建工程无法完成，势必导致民众失望而漠视公义之事务。

修庙事务已经成为村社之公共事务，积极参与被认为是一种勇于公义、乐于从善的高尚行为。如同治三年（1864）新绛县北董庄民众集资为关帝庙献石狮一对，献金字大匾一块，悬瓦面金字对联一对，共捐布施银四十一两三钱，使银四十一两六钱九分，净亏银三钱九分，"首事人均摊"③。关帝庙修建过程中，所捐资财种类繁多，既包括钱银，也包括土地、树木以及砖、石、瓦等建筑材料以及米麦油等实物，其中也有一些特殊情况，比如捐款入不敷出的情况下则由组织者也就是"首事人"均摊补齐。

村社中组织修建有以某一家族或者姓氏为主，也有几个家族联合的情况，如"至本朝世宗宪皇帝，尤加隆礼，追封帝君先代，春秋祭大牢，勒示天六典，何

---

① （清）李凤玉：《阖社补修碑文序》，《三晋石刻大全·沁水县卷》，三晋出版社，2012年，第422页。

② （民国）王友贤：《张山村整社纪念碑》，《三晋石刻大全·沁水县卷》，三晋出版社，2012年，第474页。

③ （清）《北董庄关帝庙石狮题记》，《三晋石刻大全·新绛县卷》，三晋出版社，2015年，第260页。

德□淮，谓浮凤厚似之乡，而悉帝君庙制之颓残不为之整理者哉。何家庄旧建万寿□，其基地宏阔，中有帝君神像以为四民瞻望，组有规模，未克周偹，且历年久远，不矣凋零。乡人杜、常、李、郝四姓等，无不捐资募金，坏者补之，缺者增之，乐楼东侧添茶房一闻，拆其地畔筑围墙，如事至黄瓦金砖，俨然□旧，雕梁画栋，焕然一新。然吾人素怀忠义，应必为关帝君之所庇，被布人面而蓄鬼谋者，能不望帝君之安而落胆。"①关帝庙主要由杜、常、李、郝四姓家族捐资修建。又，嘉庆十六年（1811）《下马宧重修关帝庙碑记》载："旧有朝山一会，次神威之显著，亦乐善之盛举也。正宜流芳奕禩，历世常新，无如会中空匮，以致屡兴屡败，迄于今銮驾黯淡，职司褴褛，使无人而理之，将神灵之祀典前人之功德不几湮没弗彰乎？因于嘉庆十四年三月间复聚摇会，各出几囊，使一切职司銮驾缺者补之，旧者新之，后余银两五十有余，以备异日修补之资。自今以往，凡我会人因材任事管理，务慎遴选，量入为出，匪颁必立经制，将会中余资日有所增，不得少有所亏，庶几斯会绵绵亦，安复有倾覆之患也哉。"②朝山会中共150余人，设置总管、分首，会中之人绝大多数都姓梁，杂姓极少，最多者捐款2000文，少者200文。可见这是一个具有浓厚血亲关系的村落，其不仅是一个小的"熟人社会"，还是一个"亲人"社会，可能其最初有共同的祖先。在这样的村落之中，辈分比较高的族长，具有很高的威望，祭祀神灵、主持公共事务无疑是其权威的重要彰显途径，通过其组织，公共性事务也更容易办成，同时也增加了其在村中以及家族中的威望。

又如，程村关帝庙于嘉庆十八年（1813）再次重修，主要是创建享殿，"我程村震地，旧有关帝神庙一座，居娘娘庙东，由来久矣。至大明万历四十七年，孟君升为祈嗣有应，会村众起盖正殿三楹，向南树柏两行，苍然挺秀……又传本朝康熙十四年，大兵经过，呵护举村平安，是威神之声灵，非不赫濯也……合村议定，因人地出钱，每丁银五分，每亩银三分，连募化银若干……于是乡中父老相聚集议，于乾隆四十九年公举孟实好、孟慎德等，谨修缘薄，募化赀材。厥后嘉庆四年，本邑孟尚会来自陕省，募银二十七两，意欲即时起盖，奈事功浩大，未敢遽动，仍将原银寄寓村中营运。至十七年计利数倍，又连前所授缘薄交收清

---

① （清）王绪新：《何家庄村重修关圣帝君庙记》，《三晋石刻大全·汾阳县卷》，三晋出版社，2017年，第1801页。

② （清）梁德音：《下马宧重修关帝庙碑记》，《三晋石刻大全·霍州市卷》，三晋出版社，2014年，第198页。

楚，及随心布施零星积累，共银二百余两，大功可就。"①程村关帝庙前后两次修建都为同一孟氏家族，都有共同的人参与，父子侄于碑文中可见其辈分。也说明该村落为同一姓氏的家族化村落。

村社中某一家族或者姓氏集体修建关帝庙，对于家族来说发挥了强化联系、团结宗族、凝聚人心、彰显实力、光耀门楣的作用，尤其在其他家族和姓氏面前展现了其团结聚力、兴旺发达的气象，同时因为组织者很可能是大的族长，因而也巩固了其权威和地位。

庙宇修建筹集资金过程中纠首也经常组织联会，以会社中民众为主。如乾隆五十七年（1792）《东关村关帝阁会期布施碑》载："霍郡东关，旧有关帝阁一座。阁下五道、土地、李能老爷三圣位焉。诚有祷即应。一方人民咸被保佑也。但惜神前之香火，每虑其无资，终非所以妥神灵也。合会等目睹心伤，因联请百人一会，积成银两，以为端阳节献神之资，庶可以妥神灵矣。"②又，新绛龙兴镇站里村乾隆六十年（1795）《关帝庙统协会碑记》载："纠集本庄诸君子（下阙）跃争先者共集会友十一人，取名统协会，盖因敬统天大帝而攒此会，非为一己之利而设也。诸公量力，共捐银二百（下阙）年起，至乾隆六十年，十余年间，约有七百余金。"③嘉庆十八年（1813）《补盖关帝庙序》载："昔叔孙豹论不朽云，太上立德，其次立功，其次立言，是三者，固合之而浑为不朽，亦分之而各为不朽也。"④修建关帝庙募化资金涉及地区广泛，广涉兰州、西宁府、平蕃县、新站驿、咸阳县、密云县、成德府、太平县等，文中还载述了庙宇的四至范围，确定其土地财产。可见，这种会社专门为庙宇祭祀和维修而结社成会，会社集资之资财有盈余时往往也会向外借贷生息，使庙宇实际成为颇有一定实力和社会影响的地方社会经济组织。会社积累钱财，以供关帝庙修建和祭祀所需，积累资财持续的时间比较长，也说明其会社成员有诚信，会社规章严明，从而保证了会社的长期运作和活动，可谓是民间自发的"敬神组织"。乾隆六十年以后"统协会"继续存在，并为关帝庙的修建持续筹款，如嘉庆十八年（1813）《重建关帝庙碑记》

①（清）孟行瑜：《创建关帝庙享殿碑记》，《三晋石刻大全·临猗县卷》，三晋出版社，2016年，第134页。

②（清）许达观：《东关村关帝阁会期布施碑》，《三晋石刻大全·霍州市卷》，三晋出版社，2014年，第169页。

③（清）杨纶祖：《关帝庙统协会碑记》，《三晋石刻大全·新绛县卷》，三晋出版社，2015年，第190页。

④（清）范励操：《补盖关帝庙序》，《三晋石刻大全·新绛县卷》，三晋出版社，2015年，第199页。

载："站庄东南旧有关帝庙一座，以为拜仰祈祷之所，数十年来，而家裕户饶而凶化庆聚，比微神之功不及此。不意汾水泛滥，倾圮颓废，因将圣驾请于村中药王庙内。今合庄缙绅追感盛德，另谋建立。慷慨轮赀，募化四方。遂卜吉于始基之西而其工兴，中建关圣殿，左为圣母殿，右为府君殿，以及台榭、院宇、墙堵、门槛，黝垩丹漆，期年观成，较从前之庙貌巍峨更隆。"①站里村关帝庙从乾隆九年（1744）重修到嘉庆十八年重建之69年间曾三次修建，前两次是重修，后一次是因为汾水毁坏而重建。站里村关帝庙修建频繁，也充分说明民众对关帝庙的高度重视。

从关帝庙建筑规制看，修建规模也不断扩大，庙宇之支持者，"敬神会社"都持续发挥作用，募化了大量的资金，并利用会社经营，使关帝庙赀材充裕，"收统协会银四百两，收兴盛会银五十两，收五月十三老会银并修庙余剩营运本利银壹佰玖拾肆两八钱九分，收旧木料卖银营运本利银二十两九千七分，收杨万年募化营运本利银三十两，收靳汝峰募化营运本利银二十两，收杨尚宁、靳汝纶、杨万年、杨尚直、杨必通、杨立平、杨炽七人募化银四十两，收王居易、杨绪祖、丁永顺、杨万年、杨必通五人在赊店募化银六十一两，收朱国栋募化银十五两，收杨万年募化银二十一两五钱，收杨必通募化银十七两五钱八分，收杨文晋募化银七两，收树皮卖银五两五钱五分，收旧绳索、木料、砖瓦、地租银十九两三钱，收灰卖银四十二两九分，收众布施银七百一十二两八钱七分。以上共收银一千六百五十七两七千五分……上共使银一千六百一十一九钱零五厘"②。为关帝庙募化赀材，既有以会社组织形式者，也有数人合伙者，也有个人单独募化者，如其中之杨万年、杨必通都是多次募化，既有个人之募化，也有与众人合伙之募化，且是多次募化。其中以会社形式募化数量明显多于个人，这也说明"会社"组织形式具有明显的优势，其重要特点在于集众人之力。这些"募化人"在碑刻中也是"总理首事"，应是关帝庙修建的组织者，也是平时关帝庙的管理者。

关帝庙重修历程从侧面印证了自乾隆以来，中国社会安定，民生富足，碑刻中所讲"家裕户饶"乃是实际情况。另一方面，我们也可以看到，乾隆以后商业在民间兴盛发展，固有的社会层级秩序被逐渐瓦解，最有力的证据就是，在乾隆初年监生等有科举功名者一方面捐款比较多，另一方面排在捐款名单的前端，到

---

①（清）杨汝照：《重建关帝庙碑记》，《三晋石刻大全·新绛县卷》，三晋出版社，2015年，第204页。
②（清）杨汝照：《重建关帝庙碑记》，《三晋石刻大全·新绛县卷》，三晋出版社，2015年，第204页。

嘉庆十八年的《功德碑》中监生捐款数量明显减少，名字也位于一些个人和商号的后面，或者夹杂于众人之间，"各处捐银姓氏开列于左，乐受祐二十两，乔佐洲二十两，王恒泰八两，陈兴章四两，大顺店四两，朱思敬四两，大诚笃号四两，久成虹号三两五钱，监生李永高三两，李永苍三两……"碑刻名字姓氏排列顺序按照捐款的多少，其中提到70余座商号，或者称作"号""店""行""铺""馆""记"等，可见商业之兴盛，尤其是金融借贷业非常兴盛。同时也反映了科举之人在商业等经济事业冲击下，地位正在逐步降低，而通过各种途径获得财富者的地位正在提升。

再如，"关圣帝君祠遍天下，厥声厥灵，盖赫濯哉。以故，穷乡僻壤，无不肖像以立事而立庙献享。余里有志未逮，比来里人贸易陕西山阳者，伙缘情投意合，各发虔诚，于乾隆五十三年出积金百有余，邀请里老，愿作建庙之资……积数年持筹算榷子母，更恳四方在外募化者，凡几合里按户出赀者，凡几积至六十年约六百余金……山阳积金乐输人王文升……本村董工首事人耆宾樊希禹……按户分排乐输人耆宾王详……四外募化布施人耆宾王大超。"[①]道光四年（1824）《北泉村补修关帝庙碑记》载："因集合社人等商议，选择四乡亲朋之可联者，联成和合一会，每会入神籤四根，将所拨布施于西边建立瓦房三厦，南边戏台一间，使庙貌略有可观而神灵愈觉不显矣。"[②]同治二年（1863）《重修关帝庙碣》载："吾侪睹庙貌之敝坏，视神像之倾圮，不禁黯然而神伤焉。爰举本村善士，共得七人，于是于道光二十五年间，按人均摊，买到高公村摇会一道，得钱三十三吊八百一十九文，仍不敷用。二次又纳到北洪段摇会一道，得钱三十一吊一百六十文，共宗得钱六十四千九百一十九文。遂于咸丰六年间，择吉动工，重修宝殿。"[③]可见，修建庙宇过程中最重要的是资金的筹集颇费辛苦，必须是众人合力运筹，分工协作，才能容易完成。关帝庙修建中用了七年的时间放贷积累财富，其间有人在本地募化，有人在外地募化，可谓辛苦备尝。民众积极参与，一方面是为所谓的"敬神求福"，修庙被认为是善事，捐资被认为是善举。乐于善事被认为又与所谓"积累福德"结合在一起，施舍被认为是行善、积德，能招致福气。另一方面是因民风淳朴，好义使然而热心公共事务。民众即使生活条件极为

①（清）王大成：《创建关帝庙碑记》，《三晋石刻大全·临猗县卷》，三晋出版社，2016年，第121页。

②（清）何所居：《北泉村补修关帝庙碑记》，《三晋石刻大全·霍州市卷》，三晋出版社，2014年，第216页。

③（清）何长烈：《重修关帝庙碣》，《三晋石刻大全·洪洞县卷》，三晋出版社，2009年，第544页。

艰苦，仍然愿意捐资，甚至村社直接均摊到每家每户出工出钱或者按照地亩均摊，民众亦欣然接受。除本村社均摊外，也会募化于周边村落庙社以及民人，捐助财物有银钱、土地、树木等。有的庙宇修建需要数年甚至十数年的资财积累，前赴后继，持续营建。可见，修庙事务已经成为村社之公共事务，民众热心参与，发挥了凝聚人心、敦厚民风的作用。

乾隆以后中国乡村社会商业逐渐发达，一些商人热心公共事务，也热衷于"敬神求财"，因此积极捐资修庙。人们思想可能也逐渐发生着变化，在捐资碑中将捐钱最多的商号至于首位，道光九年（1829）襄汾县南辛店西北堡《重修关帝庙碑记》载："合顺布行银十两五钱，洪升银号八两六钱，义新盛记银五两四钱……"①碑文中提到的商号近百家，将捐资商人放在捐资者首位的情况说明了乡村社会民众观念也正在发生着巨大的变化。"重义轻利""重农轻商"观念正在发生变化，商号成为捐资大户，证明其巨大的经济实力，排在首位，则是对传统士农工商的社会等级排序以及尊卑长幼礼仪观念的直接冲击。

民国时期，受到时代风气影响，为筹款修建庙宇，甚至引入博彩方式，民国15年（1926）武维一《北泉村重修关帝庙碑记》载："余等目睹心伤，意欲重修，苦于乏资，因请合社商议，通知绅商学界组一彩会，名曰助成会，公举分首售票夺彩，每张彩票售铜元一百枚，共得收票钱一千多吊。除按号码奖彩钱三百吊外，净落钱七百吊有余，连同布施三百来吊，共收实得钱一千有零，于是费用有资，兴工有赖……不意工程浩大，所如不及所出……赖请合社商议，按地均摊筹措款项，迄至六月开光演戏，共花钱三千一百来吊。满宇焕然而新，以壮观瞻。"②

出资形式多样。关帝庙重修多是因为自然破败或者因灾害损坏，在修建过程中，既有捐钱者，也有捐物抵钱或者出工者，各尽所能，各出所长，齐心协力，共同完成，"康熙乙亥年四月初，平阳大遭逢地震，而帝庙以致动摇，虽未十分崩损，然已破漏不堪。众等意重修，争奈力不足焉。本镇有居士安承奉者，纠合同志八人，设立积粟小会，每人出麦斗许，营运多载，得麦数十余石，因而鸠工选材，置买灰石，不两月间而殿宇重新。"③康熙乙亥年大地震是指康熙三十四年

①（清）宋泽远：《重修关帝庙碑记》，《三晋石刻大全·襄汾县卷》，三晋出版社，2016年，第395页。
②（民国）武维一：《北泉村重修关帝庙碑记》，《三晋石刻大全·霍州市卷》，三晋出版社，2014年，第350页。
③（清）李椿沐：《重修关帝殿题记》，《三晋石刻大全·乡宁县卷》，三晋出版社，2014年，第617页。

（1695），重修已经是在24年之后，而此时民众生活仍然比较艰难，只能以小麦的形式出资。康熙五十八年（1719）《补修关圣庙东殿记》载："吴令庄东古有关爷庙一座，于三十四年地震损坏，至五十八年，乔头沟西席大宾施银五钱，本庄聂文亮施银五钱，二人买砖修成……聂永支工一日……聂洪德饭二日……石匠樊日升工一日。"①修建关帝庙过程中，多数人是出工，最多者四日，说明工程量不是很大。从碑刻载述来看，民众都非常踊跃，但其按照地亩和人口摊派更加有利于富户，对于贫困者势必带来一定的经济负担。

一些工程持续时间长、耗费大。雍正九年（1731）《屡修关帝庙碑记》载："大抵以忠直照日月，以勇冠三军，其扶汉也，正气卓乎千古；其显灵也，神威及于万年。刚大之概塞于天地，凛冽之风满乎乾坤，使天下不忠不孝之辈见之心寒，无恩无义之徒对之胆落……自康熙甲子年……至雍正九年，一切工程咸告竣焉。年来所费赀材，除各社布施外，约费官钱八百余两之数。"②此一工程前后持续时间长，耗费大，时移世易，甚至中间有的参与者去世，主持者更换，但仍然能持续进行并完成，足见民众对于关帝庙修缮的热情。碑后载录主持僧道吴氏、赵清峨、刘清眉；主持道人单本玟，徒孔仁洽。"主持僧道"应该为信仰佛教和道教的人士，主持道人应该为信仰某一民间信仰者，极可能为专门管理关帝庙者。这说明一些佛教、道教信仰者也参与了关帝庙的修建。

关帝庙修建的捐款数额，不同的人差距也非常大，如新绛县龙兴镇站里村乾隆九年（1744）《重修关帝庙碑记》载："监生杨椿银十二两、岁进士杨枚臣银十两、监生杨杞银十两……杨廷裕以上一钱。"③捐款者有近180人，绝大多数捐款在一两银子以下。说明民众贫富差距悬殊，富家人户仍然是有科举功名者。新绛县三泉镇蒲城庄关帝庙《重修关帝庙金妆神像碑记》④，碑刻载最多捐款者只有四钱，最少者只有一分，可见村落之间富裕程度差别也比较大，民众生活艰难。

民国10年（1921）《创修关岳庙碑记》载："汉之关壮□，宋之岳武穆，真可谓救国豪杰也哉！一则鼎存西汉，一则中兴南渡，虽两人生不同时，而与忠□□有功斯民，二者如出一辙也。汉宋以来，累受追封建祠而分祀者伙矣，从未闻合祀之说。民国三年，政府令□□人民合祀关岳于武庙，理亦创建新祠，崇其德而

①（清）《补修关圣庙东殿记》，《三晋石刻大全·新绛县卷》，三晋出版社，2015年，第132页。
②（清）赵朋循：《屡修关帝庙碑记》，《三晋石刻大全·新绛县卷》，三晋出版社，2015年，第142页。
③（清）《重修关帝庙碑记》，《三晋石刻大全·新绛县卷》，三晋出版社，2015年，第148页。
④（民国）《重修关帝庙金妆神像碑记》，《三晋石刻大全·新绛县卷》，三晋出版社，2015年，第151页。

报其功……并改□□匾曰关岳庙……幸有村副令狐鉴古集众公议，拟售柏树以为修赀，一时靡不乐从。于是，□各庙中柏之大者，共三十余株，并外募布施洋八十余圆，共银三百有零，乃得择吉兴工重修大殿、香亭、献殿及大门外神路，同时又修村中关帝庙乐楼，及龙泉寺与村西边墙，无不焕然一新……又栽庙内柏树二百棵，并酬神演戏。"①民国年间曾下令将关帝与岳飞共祀于武庙之中。民间修建关帝庙之类庙宇为筹措资金，多向民众、商家募化，也向外地募化，或者结社共积金钱，放贷生息从而积累资金，也会向当地民众按照土地和人头进行摊派，但都会征得民众的同意，采取自愿的方式。一般情况之下，虽然可能也有不愿意捐施者，但在强大的社会舆论之下的熟人社会之中，如果不愿意捐资，无疑就向绝大多数人宣布了自己的"自私"，并可能从此脱离集体，甚而被孤立，因此都会从众去捐资。另一方面，捐资寺庙，被认为是取悦于神灵的行为，而神灵被认为是无所不能的，既可以赐福也可以降罪，因此，一般的民众并不敢"得罪神灵"。在修庙的过程中为了筹集资金，也有变卖寺庙中财产来重修寺庙的例证，一般情况比较多的是变卖寺庙中树木或者田地。官府为维护庙宇的地产，也会干预其土地的买卖，如明代嘉靖年间钦差巡按山西监察御史曾下令"凡天下寺观田地，多被民间豪富侵占、盗卖者，告发送远充军，若僧人售价，一体同罪。"②

府县治所重要的关帝庙一般由官府负责维修和管理，乡村之关帝庙一般由村社组织维修和管理，有时也由信仰者结社进行维修管理。关帝庙的"公共"性质明显，其区别在于是地方官府有组织的管理，还是社会某一群体约定进行管理，无论是哪个级别的管理者，都被认为是在为"公益重要事务"办理，为社会公众在办理，为集体在办理，无疑"关帝信仰"是公共的、大众的信仰，每一个人都可以到庙宇之中祭祀祈拜，而关羽也被认为会护佑每一位崇奉者，其并非某一个人或者群体的专属信仰，因而其大众性、普遍性、亲民性表现得比较明显。

第四节　崇奉关帝的形式和活动

关帝庙的日常活动主要是个人祭祀祈求活动和集体祭祀活动，个人祭祀祈求活动比较随意，根据不同的需求随时祭祀祈求，集体的祭祀活动一般在各种节日

①(民国)穆深远:《创建关岳庙碑记》,《三晋石刻大全·临猗县卷》,三晋出版社,2016年,第252页。
②(明)李从高:《重修敕赐龙泉寺记》,《三晋石刻大全·沁水县卷》,三晋出版社,2012年,第47页。

期间进行。"王庙在解城西郭外，每岁孟夏八日，秦晋汴卫邻省之人，男女走谒，拜于道者蚁相联，固炜华震耀矣。"①如常平关帝庙在嘉靖四十四年（1565）修庙完成之后，民众又商议形成固定的祭祀制度，并上报官府，得到了解州知州胡钥的批准，"本州欲以王之香缙，供王之父母。遇每岁清明节，先期动库贮香钱银十两，领于本村乡老，备猪二口，羊二羱、油果六桌，时果八盘、馒头两桌，香火灯烛俱全。分为二祭，至期州官亲诣行礼。一祀于武安王神位前，一祀于先人墓冢，亦如民间祭扫之仪，于礼似为得宜。再照：崇宁宫道士原系供王香火而设，祭田五顷，皆为佃种。既厚享王利，亦当少竭虔诚，何如每遇清明节令道官率领阖宫道士，俱诣本庙，建设清醮三日，庶见崇报之意。立示定规，永为遵守……礼本情生，法缘义制……盖治民事神，其理则一，事神凡以为民耳，岂谄媚为也？"②这次祭祀主要在常平关帝庙，一者祭祀关帝父母，二者祭祀关帝；州官到场主持祭祀；使用库贮资金；祭品为猪和羊，为少牢规格，古代为祭祀诸侯、亲卿大夫时使用的祭品。民间祭祀关帝礼仪申报官府，一方面说明明朝对民间信仰的控制比较严，另一方面也说明地方政府"神道设教"，通过对关帝的祭祀实施社会教化，教导民众慎终追远。同时，也表明在此之间对于常平关帝庙的祭祀主要由民间主持，仪式和时间都比较随意，但是经过地方官府审核批准之后就形成定制，并勒石公告天下。

明崇祯二年（1629），官府再次对常平关帝庙的祭祀事宜作出规定，"查得解民每岁以四月初八为关圣受封之期，六月念二日为诞辰，五月十三日为忌日，展奠沿为成规，但清明日祭扫纷然，而此独匮祀。于是先期洁拭祖茔，动支租银，预备牲礼、香烛、果品致奠。又各省直地方俱以五月十三赛会，独本地此日寥落。今特以此报答，届期亦之租银，预办牲礼、祭品等项。二祭俱委教官一员以祀先师之礼祀之。"③新的规定增加了清明节祭祀和五月十三祭祀，都由官府主导，并从庙产中支出，所有开销需要造作成账册，一份由管庙之"道童"持有，一份交给官府备查，防止"侵吞贪墨"。

明袾宏《云栖法汇》卷十六亦载："近岁有于云长公诞日，盛陈驺从，广列

---

①（明）徐祚:《解州常平里重修汉义勇武安王庙记》,《三晋石刻大全·运城市盐湖区卷》,三晋出版社,2010年,第109页。

②（明）陈道:《常平村重修关公故里祠墓碑记》,《三晋石刻大全·运城市盐湖区卷》,三晋出版社,2010年,第123页。

③（明）张法孔:《祀田碑记》,《三晋石刻大全·运城市盐湖区卷》,三晋出版社,2010年,第200页。

队仗，八轿舆神，百乐并奏，门皁马兵，旗卒剑手，皆庶人在官者发心当役。路逢神庙，一夫充健步者，办作符官，持帖拜客，彼庙祝者跪禀云：本神出外，失候此犹未甚害事。或一时舁轿人，自谓身不繇己，突入富家，端坐正厅，多人舁不能动，主人再拜许施，种种供养，方可举移。又一隶人许充一役，至期，以病不克赴会，遂出狂言，叩首乞命，人愈神之。嗟乎！云长公草芥曹氏非常之厚赂，而其御下人也又最为有恩。宁肯以区区富室之供养而动心，一夫之失役而深责乎。即有之，则妖邪托名而为祟者也，惑世诬民，渐不可长，今上官知而禁之宜矣。"[①]可见，明代一些地区关帝信仰非常浓厚，在关帝圣诞之日会举行盛大的游街活动，场面宏大，抬轿游街，一些人也借此突入富家，接受供施，借机敛财或者做出一些所谓"神灵附体""代神言说"的不同寻常之事情，妖邪托名，惑世诬民。

明清时代，关帝被广泛祭祀于家宅以及会馆之中，遇到节庆日，即祭祀供奉，如《六道集》卷三载："广州省城濠畔街金衢会馆。康熙九年五月十三日，盛陈品物，奉贺关帝寿毕，众共饮食。有医士张妙，忽见一人执手掣去，行步如风，足不着地。至一处宫殿，甚壮丽。旁有小庙，引入见关帝，绿袍青巾，张即拜跪。帝曰：吾生日在七月，非五月也。世间不宜杀生，所杀猪羊，若非纯白黑者，吾则不能为之超生。今皆养在山中，已后不必杀也。当引此人至山顶，可望天下各省，吏引至顶指曰：'此广东省城也。'张便见其家，吏一推遂醒。"[②]这则故事宣扬目的比较隐晦，实际目的是劝诫"不杀生"，因而反映的情况应该是在关帝诞辰的五月十三日，金衢会馆举行了隆重的祭祀仪式，并且是血食祭祀，祭祀完成后"众共饮食"。《六道集》作为宣传佛教因果报应的佛教典籍自然是站在佛教立场倡导不杀生。这个故事从侧面反映了关帝信仰和祭祀活动的盛行。

康熙二十八年（1689），在官民共同捐资之下，再次重修常平关帝庙祖茔，修建戏台，装饰殿宇，增添门对并演戏酬神。经解州知州万象批准，"常平村乡耆王鸣凤、王国禹、宬发科等，而鸣凤已故，伊子王扬名经管；曲村靳毓琦、耿明等，而毓琦已故，伊子靳清经管；蚕房村张尧、张世兴等经管，随为首人。三村均分，每村八两。在各村中有原使者，或外村之人借使者，嬴息议定于清明前十日，各首人同使银人齐赴庙，本不动，将息银收齐。内动买羊一羫，馒首四

①（明）袾宏：《云栖法汇》卷十六，《嘉兴藏》第33册，第82页。

②（清）弘赞：《六道集》卷三，《卍新纂续藏经》第88册，新文丰出版社，1976年，第146页。

盘，树果四盘，香烛纸锞醑酒，祭扫毕，首事之人公享其胙。如偶尔不在，亦即颁赐戏三台，工银饭食俱出利银……又八月十五日，帝驾回庙，三村猪羊炸盘献戏……恐年久中有经营之人老迈，力不能者，或子弟忠诚可管者接管；如子弟不能，公同村之人，择忠厚年高者接管……恐日久弊生，中有染指侵渔，废弛其事，仍令三村之民，互相稽查，一村有侵，两村举报，两村有侵，一村举报鸣官，本利追还，仍治侵村之罪……仰即再设立印薄三本，开明银数、数株等项，每村各存一本，互相稽查。"①清明节祭祀时，常以歌舞祭祀、血食敬神，伴随有演戏等民俗表演活动。

从嘉靖四十四年（1565）官府规定清明节洒扫祭祀到崇祯二年（1629）官府规定增加清明节和五月十三日祭祀，再到康熙二十八年规定，清明节和八月十五祭祀，期间民间祭祀应该在断断续续地进行，但随着社会环境以及人事的变化，其中的祭祀也多有变化，这也说明民间信仰的多变性和随意性。

再如，霍州东关关帝庙也是在六月二十二日举行祭祀活动，道光六年（1826）《东关村关帝阁布施香火之费碣》载："霍州东关有关圣帝君阁由来久矣。社中人于每岁六月二十二日虔诚设祭，斟酌村事，妥神灵，和乡党，诚胜举也。虽属美事，恐不能传之久远，于以众人公议，欲请一摇会，拨取布施三十千有零，置石家夹口水地六亩，随带夏秋税粮一斗三合，来租钱三千，以备每年六月二十二日香火使用。"②襄汾古城镇京安村《京安村重修关帝庙碣》载："阖社人等，今于六月初二日，正逢圣会之期，共输世诚，每名施银三千兴利，年年献戏三台，祈帝祚以宁谧，保境域而静安，时和岁稔，物阜人丰。"③碑文中提到维那、主持道人都是俗人名姓，可知应是关帝庙的管理者和礼仪的主持者。

在举办祭祀活动的时节，是村落中最为红火的日子，是村落中最重要的公共事务，组织者往往为村社中德高望重者、热心事务者，抑或是大家族辈分高之族长。在祭祀过程中需要到外采买必备货物，增加了对外的经济交流。在祭祀的同时，也一般会演戏，是民众难得的娱乐项目，十里八村的亲戚以及民众都会来看

---

① (清)王为靖：《新立清明节会捐输银碑记》，《三晋石刻大全·运城市盐湖区卷》，三晋出版社，2010年，第243页。

② (清)朱连钧：《东关村关帝阁布施香火之费碣》，《三晋石刻大全·霍州市卷》，三晋出版社，2014年，第221页。

③ (清)张鸿烈：《京安村重修关帝庙碣》，《三晋石刻大全·襄汾县卷》，三晋出版社，2016年，第165页。

戏，村中人会招待亲朋好友，拉近亲情关系。此时村中管事者也会聚集一起讨论村落中公共事务，甚至接待上层以及邻村之朋友。村中公共事务管理得当，寺庙修缮整齐，会被认为该村落比较有气势，民众比较团结，急公好义，会形成良好的名声，从而使得生活在这样村落中的民众感到非常自豪。村落中敬神演戏，无疑可以提高本村在周边村落的地位和影响力、吸引力，尤其在婚嫁方面，可以吸引到更多的女子嫁到本村，无疑是最为现实的有益之处。

第五节　关帝庙庙产及其归属

到明清时期，村社中庙宇归属村社共有，即使是专门的僧侣住持，也只是负责管理，不具有财产的所有权，为当地民众或者居士延请，一旦不适合，就可能被驱离。"所处僧人不事其事，利人之粟。利人之酒。乡老拿住不明之粟八斗，遂逬其僧，共交我村人张群者运用焉。"①

常平关帝庙庙产时有丧失。"日前，本道瞻睹庙貌峨然，叩之瞻田，杳无半亩，诚为缺费。为此，仰州即将本道发去银五十两，置买官田一分，为恪供圣庙香火之资。照乡例，与常平附近人户两平易买前银，共买若干亩。每亩若干价，书券数粮，明载四至，钤以州印。"②根据碑刻资料在嘉靖四十四年（1565）时，常平关帝庙尚有"祭田五顷，皆为佃种。"③隆庆三年（1569）解州知州吕文南主导下购买土地，作为关帝庙之庙产，由管庙人管理，"司庙者无恒产，因无恒心，未免流离。是以王庙修之者方成，而敝之者即继，谁与经厥心哉？本年三月，王庙适清明之会，故典有崇祀之举。知解州事陕进士关中吕公，率陪与祭，为三牲成礼，历相规模。时见砖瓦分裂，堂阶茅塞。询所由，乃知司庙者无专人耳。公叹曰'庙以妥神，非人无以为洒扫补砌之功，人以受庙非食无以为坚志安身之本，此地土为食之所自出者，乌容缓耶？'于是慨然许以买地。"④解州知州吕文南出银，为关帝庙买地二十余亩，并载明土地位置与四至，勒石为证。六十年后之崇祯二年（1629）庙产荡然无存，说明地方上"土地"作为最重要的财产，很

①（清）《罗义三皇庙碑记》，《三晋石刻大全·运城市盐湖区卷》，三晋出版社，2010年，第255页。

②（明）张法孔：《祀田碑记》，《三晋石刻大全·运城市盐湖区卷》，三晋出版社，2010年，第202页。

③（明）陈道：《常平村重修关公故里祠墓碑记》，《三晋石刻大全·运城市盐湖区卷》，三晋出版社，2010年，第123页。

④（明）于天祥：《买地碑记》，《三晋石刻大全·运城市盐湖区卷》，三晋出版社，2010年，第128页。

容易流失。寺庙属于公产，但具体归属又比较模糊，既可以说归常平村，也可以说归周边民众，或者说官府，但实际又并非直接的财产所有性质。因此，随着官府不再重视以及"看庙人"的变换，寺庙资产就很容易流失。再如，崇宁宫是解州关帝庙的香火院，"吾解有崇宁宫，其名则昉于宋，为关帝庙香火之设也。元季修之……甲申鼎革，陵谷变迁，诸羽流窃割廊庑余地，攘为己私。住持而佩累若者，又有所利而为之。阛阓之雄，日相率饮博于中，嫚神亵道，未有过而问之者。"①康熙年间，解州知州陈士性拣选李仁彦为道正掌管庙宇，赎买庙产，恢复旧制。

同治九年（1870）《关帝庙重建春秋楼碑记》载："道光乙酉重修，今阅四十年矣。风雨飘摇，楼将倾圮，久欲修治而邻氛不靖，筹费维艰。咸丰九年，前州牧叶公筱珊，拟将庙中余利归公备工用，积弊深重，未能尽除，每年仅积银贰百金。傅公伯韩署篆请于前道宪杨公铁臣，从盐纲筹银三千两，乃克诹吉修建。而经费不敷尚巨。程公立斋到任，又会同绅耆邀集士庶客商，或计资，或按地，或分铺户，定施助之多寡，共集银一万四千五百余两。始于同治六年，庀材鸠工，经年尚未告成，则以工多费巨，所用犹不给也。煐闻之，窃用慨然。盖帝庙每年房地租银为数略计二千两，何听其悉归乌有？每遇大工，动须国帑民赀，方能举办。"②地方官府对解州关帝庙混乱的资产管理进行了规范。

一些关帝庙成为村中保障，由民人住持，并有地产以及其他财产，如康熙三十年（1691）霍州《东关村重修关帝阁碑记》载："康熙二十七年，本庙用价置到石家夹口水地一亩随带夏秋粮一十三合……三十二年正月十一日置到便门西刘焕水地一亩五分随税粮一斗五升四合。"③住持为刘忠汉。嘉庆十八年（1813）《重修关帝庙记》载："邑城北门内旧有关帝庙，周围四进，有后廊房数十余间，重门严翼，碧瓦翚飞，询足壮观瞻而妥神灵者，昔人诚敬之情义至今不没。第年远日久，颓败隙漏，各处颇有。住持广玉有志修葺而力不逮，缘请绅士刘景魁等广为募化……自殿宇以及前后廊房，次第皆新，又创建马房三间，旗杆一对，锦

---

①（清）侯世汾：《重修崇宁宫三清殿庑碑记》，《三晋石刻大全·运城市盐湖区卷》，三晋出版社，2010年，第227页。

②（清）朱煐：《关帝庙重建春秋楼碑记》，《三晋石刻大全·运城市盐湖区卷》，三晋出版社，2010年，第202页。

③（清）《东关村重修关帝阁碑记》，《三晋石刻大全·霍州市卷》，三晋出版社，2014年，第78页。

袍一身，虎皮一张，职司銮驾统加修整，垣墉粲然，榱桷焕然。"①可见，原来关帝庙规模宏大，财产丰厚，并住持有僧人。

庙产的丰厚与否直接与村社富裕程度相联系，如临猗县岭后村关帝庙"庙右地一亩三分五厘，庙前地二亩四分二厘，西南有羽子池俱属庙内。"②可见，此关帝庙地产只有周边数亩土地，赀材稀少。

"侵吞贪墨庙产"的情况应该是在周而往复地发生，庙产被官府或者民间捐助者购买后，随着时间的流逝，庙产会被逐渐"吞没"而消失，之后在某种机缘重修之时，再次购得庙产，又随着庙宇的破败而再次丧失，由此"周而往复"，庙产也随着庙貌，随着社会的变迁、人事的变化，周而往复，但每一次总能在破败之后，重新修建，并再次受到隆重的祭祀，不同的只是时间问题，以及中间间隔时间的长短。由此可见，关帝信仰在唐宋成熟之后，因其极度符合统治者的政治统治需求，符合儒家的教化理念，也符合民众的心理情感期许，甚至符合最底层民众乃至江湖社会的精神诉求，因而能长久不衰，历久弥新。

作为村社中供奉的关帝庙，无固定神职人员，主要依靠比较踊跃的所谓"善人"来维持，一般的维修由"善人"倡议，平时的维持也由"善人"维护，这类善人出于各种各样非常不确定的思想动机来参与关帝庙事务，身份高低贵贱不一而足，在外人看来这类人的共同特点是"有公心的善人"，这类人在碑文中一般会被赋予"轻财好义""急公好礼"的美名和品德。一些管理者名义上也被称为"住持"，实际是借用佛教之名词，其实就是"看庙人"，或者为村社中兼职管理者，主要负责祭祀、上香、敬神等活动，因此也需要一定的经济支出，故而有的关帝庙也有公共的资产。每年组织民众祭祀上香者为"香首"，可以轮值。同时这类人的出现也没有确定性，因而，实际上在很多情况下，关帝庙处于自存自生状态，所有的民众都是其信徒，但仅仅是祭祀膜拜，具体参与关帝庙的修建、管理等事务人员则非常不确定。官府官员参与关帝庙事务与官员的个人喜好关系密切，并非其必须承担的职责所在，而且官员变换频繁。"有公心的善人"也会因为各种原因而凋零变换，因此导致庙产流失，庙貌破败。

关帝庙之管理者，或者住持既有村社中之一般民众，也有佛教僧人以及道士，如光绪三十年（1904）《重修关帝殿序》载："自道光中叶回禄以来，本宫羽

---

① （清）周之□：《重修关帝庙记》，《三晋石刻大全·洪洞县卷》，三晋出版社，2009年，第445页。

② （清）些东礼：《重修关帝庙碑记》，《三晋石刻大全·临猗县卷》，三晋出版社，2016年，第228页。

士殚精募化，整理一新，盖其千秋不弊，万古不磨，与天地并寿也……本宫道人李羽林立。"①此关帝庙明显是由道士住持，并且在修建过程中发挥了关键作用。

官员对于庙宇的控制和权威也体现在，虽然可能地方官员未参与庙宇的修建，但在立碑传世时还是将官员的名字刻于石碑之上，一方面是修建者借此获得权威支持，扩大影响；另一方面，官员则借此以宣扬政绩，甚至以图"名垂青史"，这也说明官僚政权对于民间庙宇、民间信仰的权威和直接的干涉控制。

官员在关帝庙前借祭祀时宣誓"托古言政""托事言志""借古抒情"，表明其清正廉洁、仁义爱民之心，如崇祯二年（1629）五月十三日在祭祀关帝之祝文中，分守河东道提刑按察司按察使兼布政司右参议张法孔曰："职法孔治行无状，唯神可监。嫚神虐民，明罚阁愆。"②可见，关帝类所谓神明对官吏施政在精神上无形中具有约束力和警示力。

地方官府通过谕令官文形式介入关帝庙的管理和制度规范，如康熙二十八年（1689）管庙道人许礼垣向官府控告有民人侵占关帝庙廊房，抢夺水源，经官府审断，"自康熙二十八年为始，但属庙内廊房、乐楼、午门、碑亭、牌楼、穿廊等处地址，悉归庙内收赁。共贮庙库所收银数，果有若干。亦以康熙二十八年为始，遴选清高有德道人数人，专董其事，据实造册申报，宪台就银数酌定，或公存为香火修理之用，抑或积未五年一小修，十年一大修，着为定例，使神庙永无颓塌渗漏之虞。抑卑职更有请者，席棚铺面虽系庙内地基，每值会场，士人自备芦席、椽木、绳索搭盖，赁典四外客商卖货，此则自出物料人工，会毕即便拆去，较廊房不同。倘尽令道众从事，恐无如许物料人工，若任其空闲，则客商难以露宿，又恐裹足不前，合无仍照往规听其搭盖，止输地租，以供庙用。亦以本年为始，银数多寡，并如册内申报，俟详允之日，勒石遵守。"③可见，每年解州关帝庙举办庙会之时，雾拥云集，商贾齐至，贫富咸聚，娱神欢庆，寺庙则通过出租土地、房舍获得租金，但遭到民间豪强的侵夺，因此需要官府予以审断保护。康熙四十一年（1702）四月初三，解州关帝庙遭遇大火，经李从善募化修葺。康熙四十九年到五十二年解州知州祝增再次对关帝庙进行修缮，并重刻康熙二十八年之规约碑，重申对庙产的保护和监督。期间康熙皇帝曾经亲到解州关帝

---

① (清)吕大化：《重修关帝殿序》，《三晋石刻大全·乡宁县卷》，三晋出版社，2014年，第251页。

② (明)张法孔《祀田碑记》，《三晋石刻大全·运城市盐湖区卷》，三晋出版社，2010年，第200页。

③ (清)《伤永禁霸截山水侵占关庙廊房碑记》，《三晋石刻大全·运城市盐湖区卷》，三晋出版社，2010年，第264页。

庙，并敕意修复，"今上御极四十有一年，岁壬午夏，关夫子庙灾。越次年，癸未冬，皇上圣驾西巡，道幸解，见之怵然，敕加意修复。"①关帝信仰达至极盛。

第六节　关帝信仰之影响与作用

民间修庙的社会意义在于充分利用人性趋利避害的特点，因势利导地将人性引向具有道德价值意义的趋善避恶，将人性导向对真、善、美的追求。一般民众修庙、祭祀都是为祈求福报。祈求福报明显具有趋利的动机，为善则是一种朴素的道德要求，将"为善"与"祈福"确立为因果关系，无疑是中国固有之"积善之家，必有余庆；积不善之家，必有余殃"思想的延续。在此，则将"敬神"引入此因果关系之中，敬神成为"为善"的表现和途径，进而也就成为"祈福"的途径，这一逻辑的信仰根基实际上是儒家之根本社会伦理道德。也就是说，民众进行社会活动的内在驱动力在于"求福"，外在的实现途径是"为善"，并提出"善人"的标准是"心存忠厚，务专本业"，"敬神"是"为善"的途径之一，而非全部社会生活内容，也非最高标准的社会生活内容。"敬神"被置于"为善"之最高社会道德要求和标准之下，也就意味着"人道至上"而非"神道至上"，使宗教信仰始终从属于社会伦理道德，自然而然也从属于政治之下，使中国社会始终保持了世俗道德至上的人文主义传统，体现了中国民间信仰的基本功能和特点。②

从村社的角度，乡绅等特别关注庙宇本身以及修庙集体活动之"神道设教"的社会教化功能。如嘉靖十年（1531）于璞《重修关帝庙记》载："于是庀材佣力，撤久鼎新。中建正殿，殿旧为间者三，今增二为五。殿之前为献亭，亭旧为间者一，今增二为三。亭两旁建回廊十二，东西翼然相向，以共护正殿。亭前十步许为露台，台之上亦建亭为三，岁时栖伶人以供丝竹。台左右南向，各建角门，为瞻拜者出入之路。殿最后则旧集贤厅焉，亦饰陋而华，有事于庙则向惠，暇则延师儒以教乡之子弟。规模制度，无一不备，轮焉奂焉，各臻其极。神像森严，壁绘焕然，远近瞻望，峻宇插空，金碧夺目，信宅神展敬之地，伟然一方之

---

①（清）介孝琛：《重修关夫子庙碑记》，《三晋石刻大全·运城市盐湖区卷》，三晋出版社，2010年，第268页。

②侯慧明：《论密教早期之曼荼罗法》，《世界宗教研究》，2011年第6期。

巨瞻也。"①洪洞之关帝庙不仅规模严整，主要是以大殿为中心呈现中轴线排布，一般为戏台、献殿、廊房、大殿、后殿之布置，大殿之内塑像、绘画齐备，并且作为地方先贤教习子弟之所，充当了文化传播和教育教化的重要功能，对于提高地方人文气息，传播良善民风发挥了重要作用。

顺治十八年（1661）《关帝庙重修碑记》亦载："大城东南隅有关圣帝君庙，昉于唐贞观之元年，明正统广一囗，增一楹为三，正德、嘉靖时，殿楹之外又设左右翼及两庑焉……三国六朝间，帝初不闻为神，隋末始著灵于荆州玉泉寺。宋崇宁时，战败蚩尤盐池复封为崇宁真君，宣和中，李君愍、李若水尉大名之元城，帝曾寓书称李尚书，书中预言靖康祸变，公作诗记之，有'金甲将军传好梦，铁冠卫士寄新书'之句。公后果贵显，卒蹈围城之祸。公子后淳记事勒石。明万历中，鲜州后淳诣州言状，移文腾越察之，称保离伍仅一日而点军簿，后有关圣'免勾卯'字，保遂得免。王氏有诗曰：'信香一粒米，客路万重山，奋然一滴泪，流恨入萧关。'次后，灵迹叠见，不胜枚举。岂帝大发愿力，欲随世救人，故世人待祝之，其应如响，庙貌庄严，享祀鼎盛，殆为是钦？仙门大士，誓度众生，如俭秋败岁，愿以病五谷，病世疫年，愿以为药中。以兹誓愿，未证菩提。帝之今日，得毋类是。惟有愿力弘深，故驱邪扶正，警觉群伦。"②灵验故事一方面宣传关帝灵验，另一方面也发挥了"神秘主义"的教化意义。

乾隆年间安泽县《重修关王庙碑记》，本为修造关王庙而结社，刻碑记事一方面为表彰修建者的善举功劳，名垂青史，另一方面也大量述说善美道德伦理，认为，修庙被民众视为善举，修庙者被认为是善人，善人必遭福报，具体何为善人善事，一是救人危难，济人急需，恤人孤贫，急公好义，行人方便，二拜佛诵经，三周济饥寒，印造经文，广修寺院，施药疗病，施茶解渴，买物放生，莫烧山林，点行灯以照行人，造河船以渡人，勿登山擒鸟，入海捕鱼，勿屠宰耕牛，勿弃字纸，贪人财产，妒人技能，唆人争讼，坏人名利，毁人婚姻，隐恶扬善，修路造桥，诸恶莫作，众善奉行。③关帝庙碑文鼓舞民众向善避恶，扬善戒恶，以彰君子之大德，仁人之盛风，以期形成良善的乡风民风。

又，乾隆四十一年（1776）《创建关帝庙碑记》载："则当庙成，对越瞻帝，

---

①（明）于璞：《重修关帝庙记》，《三晋石刻大全·洪洞县卷》，三晋出版社，2009年，第1023页。

②（清）朱沧起：《关帝庙重修碑记》，《三晋石刻大全·汾阳县卷》，三晋出版社，2017年，第1773页。

③（清）《重修关王庙碑记》，《三晋石刻大全·安泽县卷》，三晋出版社，2011年，第74页。

而思其为社稷，振纲常者，君子将益以触其为善之心，小人亦辑其为恶之念。病疠不作，灾害不生，食旧德而农服先畴，自群然见像修福也。”[①]碑刻中也会刊刻祝福和期盼之美好生活愿望。“先王神道设教，原欲假借神灵以摄人心，使之端志向，正行谊，厚风俗，还淳良也。”[②]民众认为，庙宇的修建也是非常重要的弘扬“公义”，进行道德教化的途径。关帝庙作为公共空间，刊刻劝善文进行社会教化，如沁水西关玉帝庙大殿墙壁上镶嵌关圣帝君劝善文，“关圣帝君，敬天地，礼神明；奉祖先，孝双亲……”[③]其内容为《关圣帝君觉世真经》。嘉庆十三年（1808）《重修关帝庙并建圣母堂财神庙碑记》载：“戊辰春，爰举公直，合峪募化，得百有余金。因而奉请堪舆卜吉择日，自正殿、献殿以及舞楼、门厢皆为鸠工庀材，葺垩丹雘，焕然一新。又左隅之缺补建子孙圣母堂，右隅之缺补建福禄财神庙……使后之人闻风兴起，知有尊君亲上之谊，而纲常名教赖以不坠，则有功于生民者固大也。”[④]关帝为中，配以其他民间神灵，其目的声称是为维护纲常名教。嘉庆十四年（1809）新绛县《重修关帝庙碑记》载：“今蒲城庄重修庙宇，勒石为记，是非欲夸厥善美，第庄耳目之观瞻，盖将以振风俗而励人心也。后之人倘能仰而生畏，望而起敬，触目惊心，共相勉于纲常名教之途而不以俗儒自安焉，是固重修者之所厚望，亦作记者之所深期也夫。”[⑤]这些民间底层文人认为，关帝庙主要发挥“敦孝悌，讲和睦”的社会教化功能，而且强调儒家仁厚信义孝悌良善的伦理，其主导思想仍然是强调道德教化之人文精神，反对媚神之神秘主义、神道主义。

道光四年（1824）《创建关帝庙碑记》载“建庙三楹，塑帝坐像并安行像于其中……兹者，庙建村中，帝像俨然在上，行见庄人瞻拜之余，忠肝义胆必有油然而生者。则斯役也，以为安帝行像，也可即以为宣帝教化也，惟日不可盛哉。”[⑥]道光十一年（1831）《创建关帝庙碑记》“自今以往，庶几拜神像而邪说暴行之事不作，瞻庙貌而正大光明之心顿生。”[⑦]道光二十九年（1849）《重修关帝

①（清）李殿扬：《创建关帝庙碑记》，《三晋石刻大全·绛县卷》，三晋出版社，2014年，第297页。

②（清）樊耀先：《创建舜帝庙记》，《三晋石刻大全·沁水县卷》，三晋出版社，2012年，第253页。

③（清）《关圣帝君》，《三晋石刻大全·沁水县卷》，三晋出版社，2012年，第253页。

④（清）王青梧：《重修关帝庙并建圣母堂财神庙碑记》，《三晋石刻大全·绛县卷》，三晋出版社，2014年，第354页。

⑤（清）郭锡铭：《重修关帝庙碑记》，《三晋石刻大全·新绛县卷》，三晋出版社，2015年，第196页。

⑥（清）吴升堂：《创建关帝庙碑记》，《三晋石刻大全·襄汾县卷》，三晋出版社，2016年，第386页

⑦（清）王殿楹：《创建关帝庙碑记》，《三晋石刻大全·曲沃县卷》，三晋出版社，2011年，第240页。

庙碑记》载："忆关圣帝君庙告成于道光九年十月，后人文蔚起，村势日振，固万世永赖者也……顾余所望于斯乡之人者，非徒贵有敬神之文，而贵有敬神之心。果能诚意正心，修身齐家，则无愧于人者，自无愧于神。盖幽明只此一理，神人原无二道也。夫是以人道克尽，将不必言避祸而祸之消也，有不期然而然者矣；不必言求福而福之降也，有莫之毁而至者矣……主持道人张仁贵，男义善、义文、义魁。"[1]撰碑文者多为有一定学识的儒家学者，其认为，撰碑文一方面是献给所谓"神灵"的表达，对神灵崇敬之文，对神灵的功德予以赞叹和感激，并表以祈求和愿望，祭祀、演戏都是为愉悦神灵而为之，但实际上是人事的体现，"从来歌楼舞台之设，非徒壮大人之观也。春而祈，秋而报，实借以悦神如人耳。"[2]在祭祀的过程众中培育民众知敬畏、明善恶、重和睦、乐施舍、轻财货等美德，通过演戏既可以愉悦精神，丰富生活，也可以买卖货物，交流有无，和谐邻里，亦可以通过感人的戏剧故事获得道德教化。另一方面，他们也认为，文章是针对民众，主要是希冀民众能明白事理，奉行仁义道德，克尽人道，并认为人道做好了自然神道就做好了，体现了中国天人合一、重视现实的思想，具有一定的思想高度。

"盖庙宇者，为报答神圣之安灵暨社会团体之公所，固应整齐华丽，实足以壮观瞻而表□村民富强之精神。考查吾村关帝庙，自与白化分社创修以来，年深日久，经风雨之侵蚀，破坏不堪，屡欲补修，卒因村民户口太少，经济困难，不果所愿。自民初县令各村设立国民学校，吾村因乏力独办，始暂合设在白化大庙。二十二年来，颇觉□□之就学诸多困难甚之，有因之废学者很多。于民国二十二年，村民均感觉到非独立□校不足以救本村教育之落后。到庙提议，不约而同，可知气数之有在也。故于二十三年，即经县教育局核准，独设在案。"[3]民国年间倡办教育，很多乡村学校因地取材占用了寺庙作为学校，实际也是明代以来"废庙兴学"的延续。民国9年（1920）《重修香山寺碑记》载述重修庙宇"不特仅此，而又将左禅院二所，内设国民学校教室、斋舍，大略改建，始得其当。"[4]

关帝庙发挥社会教化功能的同时，也被作为集体议论公共事务的场所，寺庙

①（清）家玉树：《重修关帝庙碑记》，《三晋石刻大全·新绛县卷》，三晋出版社，2015年，第240页。

②（清）苏维清：《创建关帝庙戏楼碑记》，《三晋石刻大全·新绛县卷》，三晋出版社，2015年，第245页。

③（民国）李伟：《补修庙宇学校碑记》，《三晋石刻大全·沁水县卷》，三晋出版社，2012年，第459页。

④（民国）宋生兰：《重修香山寺碑记》，《三晋石刻大全·和顺县卷》，三晋出版社，2012年，第232页。

实现神圣与世俗的转换，成为村社公产和公共活动空间，凡是举行祭祀等公共活动均在庙中举行，同时庙中树立"村约碑"以及官府下达之"公文碑"也能充分证明其公共的性质。如沁水八里村大庙在村中明显是村中的公产和公共活动空间，在村内遇到需要集体讨论或者处置的重要事情都要到庙中集合。当八里村面对赌博之不良风气时，即共同约定"既见之，即至庙鸣钟，惊来社长村老，公为议罚，虽有悔悟，晚矣！乡之人有鉴于此，好闲者易为勤俭。邪行者转为正业，还淳返古，可以丕村风矣。"①沁水长畛村庙宇内北院墙墙壁上，刊道光十八年（1838）《禁止寨内取土碑记》载："吾村寨地原系村之护砂，宜补不宜剥损。村众因系公地，皆来取土，历年已久，日形缺陷。不知村前龙砂之聚散，关乎村内人物之盛衰，是明取一篑之土虽微，暗贻百家之祸非浅。兹因阖村公议，永为禁约。寨前左右地土，毋得妄为搬取。人人有心，莫徒一己之私；处处有土，何妨舍此而取？倘有仍来取土者，许诸人指名，送社议罚。寨内树木许加栽，不许砍伐。设有不遵，砍伐树木，仍送社议罚，决不宽宥。"②长畛村将村中遇到的问题，进行公议，订立公约，并刊刻于庙内，进一步说明庙宇作为村社的公共活动空间的重要性。又如，汾西县云城村佛庙内树立"邑尊黄太老爷严禁陋俗条款"③，对民间过继子女、丧礼、冥婚、同姓结婚、吹鼓手工钱等事项做出了明确的规定。此条款也被立碑于汾西县府底村祖师庙内。④咸丰元年（1851）此条款被再次刊碑竖立于汾西县东原村观音庙、里庄村佛庙内。⑤咸丰二年（1852）汾西前王堤村在佛庙内重新树立"邑尊黄太老爷严禁陋俗条款"⑥。再如，汾西石家店观音堂在重修之际树立碑刻，除载述重建庙宇之过程以及功德主外，还订立民约刻于碑后，"风俗之盛也，盛于良民之多，风俗之败也，败于匪徒之众。夫匪徒不一，而危害最盛者莫过去开场窝赌，则良民受其引诱，酗酒打架，则良民受其欺辱。至若茔墓，祖宗安息之所；五谷，万民养生之资。牧羊放牲者挖伐树木，游方乞食者，窃盗放火。种种恶俗实堪痛恨，论之再三，毫不加意。为此，阖社公议，刻石严禁，以图永远。一经社人捉拿，严行重罚，不遵者送官究

①（清）张勤：《禁毒碑记》，《三晋石刻大全·沁水县卷》，三晋出版社，2012年，第329页。
②（清）《禁止寨内取土碑记》，《三晋石刻大全·沁水县卷》，三晋出版社，2012年，第243页。
③（清）《邑尊黄太老爷严禁陋俗条款》，《三晋石刻大全·汾西县卷》，三晋出版社，2019年，第240页。
④（清）《邑尊黄太老爷严禁陋俗条款》，《三晋石刻大全·汾西县卷》，三晋出版社，2019年，第245页。
⑤（清）《邑尊黄太老爷严禁陋俗条款》，《三晋石刻大全·汾西县卷》，三晋出版社，2019年，第256页。
⑥（清）《邑尊黄太老爷严禁陋俗条款》，《三晋石刻大全·汾西县卷》，三晋出版社，2019年，第267页。

治，绝不宽恕，慎之！慎之！"①规约立于庙宇之中，对于民众既具有一般的告知性约束力，也具有以神灵所谓"神圣性"警示威吓的作用。

民众在庙中议事共同订立村规民约，规范与庙宇相关的事务和一些涉及民众共同利益的村社公共事务，如订立公约禁止民人赌博、禁止马牛羊践踏桑麦，保护庙宇公产等。一些条款被反复重刊，如对于丧葬和吹鼓手工钱进行限制性规约。这说明地方上此类问题纷争比较多，官方的规约仍然是处理问题的最权威规定，且在民众生活中发挥了实际的作用，因此，即使虽然时过境迁，甚至县域官员早已经更迭轮换，物是人非，但形成的具有实际作用的规约仍然得到认可和遵循。这也说明在古代交通通信不便的情况下，自上而下的国家政策和规约，通过布告和立碑的形式保持了信息畅通和政令的施行，同时也解决了民众生活中的纷争，倡导了良好社会风气。同时这种规约也具有持续的效力，对民众社会生活和道德约束、习俗养成也发挥了重要的作用。

关帝庙类庙宇在明清时代被作为村社公产和公共空间，因此一些关乎公共之事务在庙中公议，村社公议达成之村规民约亦刊立于庙中，乃至一些民间争诉判定之案文等也刊碑立于庙宇之中，如浑源县道光元年（1821）《善施碑记》载"西坊城之村以名，即有官滩草厂之界……其村中户口纷纷，彼也掘泥土、此也牧牲畜，其彰名较著，自古为昭矣。□□村人辛居正，时当束手，为势所迫，未审在己之据，突起出售之情，于嘉庆二十四年，遂将此滩出卖于杨姓父子名下。今村人刍牧无地，泥土无资，出入无间，□□□尤过其地，无不触目伤心，思其情，无不此嗟彼怨。由是，于廿五年村人公议共择领袖为辩曲之人，各出资财为盘用之费，并将辛居正于廿一年所卖之讲道渠同词并控，由州及府、由府至院，原案仍归州衙判断，莫逃公□。蒙州王孙太爷官印大山公爱民之情。谋无讼之渐，虽讲道渠同属公产，发买主□□不妨从权姑缓，惟草厂逼近村庄因地居其要，先为遵宪追还。自是而□□□□□其物仍沾乎其泽，名则一村争夺之力，实则三官庇覆之灵也。"②村民为争取到公共用地和水渠，上诉至官府，官府将草滩之地以及水渠断为公有，村民立碑以保存证据，以垂后世。

关隘险要之处修建关帝庙，既发挥了关隘防卫之实际作用，又借关帝忠义勇武之寓意，树立榜样，鼓舞了士气。"乡宁东北境有镇，曰官水，右则高山雄峙，

---

①（清）王荣梅：《重修观音堂碑记》，《三晋石刻大全·汾西县卷》，三晋出版社，2019年，第321页。
②（清）丁郁文：《善施碑记》，《三晋石刻大全·浑源县卷》，三晋出版社，2013年，第156页。

左则峪涧环绕，东连平阳，西通陕右，实为要路，故设关以察非常，列市以通货币。先是耆宿会议，南建门楼以壮观瞻。工甫必，复议于北地建庙，以祀关王之神，其工则安培龄之所督也。先建正殿三楹，厥右旁启三楹，以备公馆驻节，稍南东序西向两楹，西序东向三楹，以为有事风雨之备。栋宇森严，堂阶整洁，皆负山险，面带石桥，屹然北门锁钥也……使瞻庙貌者致如在之诚，承祀者起肃将之敬，感威灵者震恐惧之念，则足以鼓人之忠肝义胆，足以助人之刚勇正气，足以启人之仁孝诚敬，足以慑人之奸党邪媚，为一方御灾悍患而祐人文之盛者端有赖焉。"①

为补风水而修建关帝庙，如道光十年（1830）《重建关帝殿庙门并创建享亭碑亭塔马房修诸神祠舞楼城垣记》载："庄父老思立享亭，以崇祈报。修诸祠以凭降临，善哉斯举……爰举募疏，博彩众美。自本庄而他乡而异省，约布金数千，于是财用足而土木遂兴……向者演戏，优人则就宫殿为寝宿，何亵如之？此庙门、马房，所由覆棚于其上也。至若严捍卫，补风脉，则城与塔最焉。"②民众建立关帝庙春秋季祭祀，目的为求得护佑，祈福报本报恩，体现了敬畏、感恩的思想，通过举行仪式使所有的民众均受到一次隆重的道德洗礼，可谓是乡村社会进行社会伦理教化最为有效和成功的地方。同时，民众也认为修建庙宇可以补足风水，这与中国传统的地理风水学说密切相关，实际也是中国传统天人合一观念，天地人如何和谐相处，人如何在尊重天地的同时，如何发挥一定主动性，求得平衡和圆满，以求为民众带来福祉。

关帝庙周围会有经商者，"……若约维王庙祠镇乎阛阓，吾民之贸易于斯，诚者、狡者、屈者、直者、是者、非者，与夫作伪而受欺者，举于是乎！监之有赫其临，而祸福加焉，福祸而善者，劝恶者惩，则王之著灵显验，其功岂小小哉！"③关帝发挥"无形监督"和"时刻监督"的作用，使经商者和一般人时刻有敬畏之心，去恶向善，公平交易。又如《创建石井沟庙碑记》："从来地以神灵，斯庙以人建。即如石井沟，居碥岩荆棘之中，豺狼虎豹藉集其间，人伏莫敢巢居者。自余公顺号、永盛、三和、协盛四家业铸冶于斯，匠工广聚，以光照天，鸟

---

① （明）安邻：《创建关王庙记》，《三晋石刻大全·乡宁县卷》，三晋出版社，2014年，第48页。

② （清）王自奋：《重建关帝殿庙门并创建享亭碑亭塔马房修诸神祠舞楼城垣记》，《三晋石刻大全·绛县卷》，三晋出版社，2014年，第395页。

③ （明）张淳甫：《重修义勇武安王庙记》，《三晋石刻大全·运城市盐湖区卷》，三晋出版社，2010年，第94页。

兽之客以消，而业财之事起。金曰：'人力系神之惠爱，私幣之金，更勒木铎之化营。'乃于山中建庙三间，以太上老君尊神居于其上，关帝、玄坛神居于正中，山神、土地二神，则一左一右。厥士漳间，厥位面阳夕，展力越三月以，而宫殿巍峨□然于中林蓬蒿之间傍。"①关帝神像被树立来保护商业，似乎又赋予关帝财神的意义。

关帝的功能扩展，与其他神灵进行组合，崇祯元年（1628）《关帝庙寝宫增建白衣眼藏二圣祀记》："有客自梓里抵燕，而以孤庄关庙记请者，余问曰：'有何增建？'客曰：'于寝之左右各楦砖窑三空，一塑白衣大士，一塑眼藏菩萨。仍环立宫垣，前界门墙，中修通路。庙后接转扇卷棚一间，西廊三厦。庙前卷棚穿廊，庙左无梁窑一空。诸凡坏者整之，关者补之。'余姑为之诘曰：'诸凡补葺是矣。然孤庄，帝之专祠也，今于帝宫之中又设白衣、眼藏，于义何居？'客无以应。余于是从容语曰：'无伤也。帝当日力匡汉鼎，倡启左袒之义，卯金刀续，则帝之心何尝不欲人有后？帝当日藐视孙曹，独识中山之主，眼界光大，则帝之心何尝不欲人明？目二祠之设，或者体帝之心而因以广帝之惠乎？'客悦曰：'于我心有戚戚焉。'须臾客去。余共史职位之暇，抒诚搦管，以详巅末。今而后有谒白衣大士而赫厥灵者，亦帝之所予也。有谒眼光菩萨而锡其光者，亦帝之所予也。何也？帝乾象也。得乾之初，爻而生男，其象为震。得乾之中，虚而生女，其象为离。则白衣、眼藏信不独尸其功矣，观者当以意通之。"②著碑文者自我解释神灵组合之意义，及各自神灵之所谓的职能，反映了一般的知识阶层依托自我的知识和认知背景来理解和解释，体现其随意性。民众"根据自己对人性的认识来理解神的行为。中国民间宗教这种简易性，给了信徒与宗教人士充分的主观发挥余地：不管是谁，只要能够提出令人信服的解释，就可以说服别人信奉他所崇祀的神的威力。这一灵活性意味着民间宗教对于信徒生活中出现的变化尤其敏感。"③

关帝庙修庙之组织者、出资者、参与者一般均会被刻碑留名纪念，同时其修庙行为也被作为现实品评人物的标准之一，也作为标示民众在村社中身份地位的标准之一。众多的修庙参与者均会被留名纪念，并称赞其乐善好施之美德，"流

①（清）尚凌九：《创建石井沟庙碑记》，《三晋石刻大全·沁水县卷》，三晋出版社，2012年，第589页。

②（明）《关帝庙寝宫增建白衣眼藏二圣祀记》，《三晋石刻大全·汾阳县卷》，三晋出版社，2017年，第1745页。

③［美］韩森著，包伟民译，《变迁之神——南宋时期的民间信仰》，中西书局，2016年，第76页。

芳百世"成为民众积极参与修庙事务之社会驱动力。关帝庙在村社中确实发挥了团结邻里、和睦族群、教化人心、安定村社的积极作用。如汾阳唐家堡将庙宇作为村民春祀秋报之地，作为聚会议事的公共场所，作为子弟学习育才的场所，这三种功能都具有"公义"性质，无疑可以发挥凝聚民心，鼓舞公义的作用。

民众捐资，施茶为善，如夏县一些关帝崇奉者在解州关帝庙施茶十余年，"夏县朱昌里信女刘门张氏等从万历三十九年起，每年四月初八日关老爷圣会施茶结缘祈保阖家平安吉庆"①，其中有不少是妇女。往往不论贫富，不计多寡，喜欢舍赀材，被视为是善良的美德，进而形成良善美好的社会风气。

晚清民国更有仁人志士提出修建寺庙亦有弘扬爱国精神之说，民国10年（1921）《重建关圣帝君庙碑》载："盖闻立庙崇奉之意，岂徒祈风顺雨调，年谷丰登，以庇一方矣哉？将以期后之人有怀才抱奇者，于谒庙拜瞻之际，得天地之正气，感发其忠上爱国之心，而闻风兴起也。故无论大都名区，即小而山村僻隅，莫不皆有主祀而为一方之保障焉……秉烛达旦有千秋不夜之心；挂印封金具万古长存之节。磊落光明，其才识忠武直上伊尹周公之心传，而下启汾阳、武穆之忠烈，宜其立庙崇奉，享生民之祀于无穷也。故村人集议创建关圣帝君庙于离方，复配享以福禄财神医圣药王诸神。"②国家在民族危亡之际，全体中国民众为振兴中华，复兴民族、国家自强、人民幸福而发自肺腑之言，体现了时代的主题和担当。

另一方面，修庙也会无形中增加民众的经济负担，"里之有社，本古人蜡飨遗意。后世踵事增华，相沿成例，陈锦铺，设珍玩，穷水陆，徘优伎。预其事者，中人之产，鲜不因以破家，虽输公之息，无以逾此，识者忧之。惜民贤令维风乡献，未尝不时一念及，及其如习俗移人，未能尽革。间或雨旸愆时，旱潦一见，愚夫妇咸致咎于祈报未诚，飨赛有缺，井里皆然，坚不可破。士大夫谓帝以六事责躬桑林，遗泽千百年，犹在人耳目间，崇报之恩，何可旷也？曷思帝之泽在民昧，其为泽者适以病民，民其思在帝侈，其为报者殊难格帝。惟度力而行，量能而止，无忝帝德，无滋民累，庶不失歌豳击壤之庥。是在留心风教者，有因时维救之思焉。"③有识之士也认识到修庙以及各种敬神活动耗费民财，增加民众

①（明）《关老爷圣会施茶碑》，《三晋石刻大全·运城市盐湖区卷》，三晋出版社，2010年，第196页。
②（民国）孙克忠：《重建关圣帝君庙碑》，《三晋石刻大全·曲沃卷》，三晋出版社2011年，第334页。
③（清）田六善：《成汤庙化源里增修什物碑记》，《三晋石刻大全·阳城县卷》，三晋出版社，2012年，第172页。

负担，但民众一旦遇到水旱灾害又会归因于未能虔诚敬神，这种思想根深蒂固，使得民众捐资敬神乐此不疲。民间有识之士希望民众"度力而行，量能而止"，不应敬神而严重影响现实生活。

民间庙宇林立，导致社费浩繁，民众负担沉重，"社费浩繁，重为整饬，正月火星会献羊，成规不改。三月十五玄坛神戏，十儿高禖神戏，照家出钱报数。即送所有神猪，春祈生献，秋报熟陈，两次分肉，现钱不易。又及四月贺雨，六月祀三峻神猪，七月祀左例神羊，一并裁去，敬神之时止修刀首三勖。七月二十七祀风王神羊，遵照古规，秋赛去蜜殿献油席。"[1]这种祭祀在民间非常普遍，有的村落祭祀非常频繁。如，沁水南瑶村道光十二年（1832）《南沟社祭诸神条规碑》载："三月十五日致祭山神圣诞，猪一口，依烟户摊钱；三月二十日致祭高禖神母圣诞，猪一口，依人口摊钱；四月初三日致祭玉皇大帝圣诞，戏三台，猪一口，依地亩摊钱；四月十五日致祭白龙尊神圣诞，猪一口，依随神摊钱，又刀首一斤，水官办理；五月初一日，致祭龙王尊神圣诞，猪一口，依随神摊钱；五月初五致祭五瘟尊神圣诞，猪一口，依人口摊钱；六月二十四日致祭河伯尊神圣诞，羊一只，依随神摊钱；七月初三日致祭玉皇大帝圣诞，戏三台、猪一口，依地亩摊钱；七月初七致祭马王、牛王尊神圣诞，猪一口，依随神之家，每一家一分摊钱，每一牲口一分摊钱；七月二十日致祭风王尊神圣诞，戏三台、猪一口，依烟户摊钱，又面一斤，□□开水官出钱；九月十三日致祭关圣帝君圣诞，猪一口，依烟户摊钱。水官经手致祭，依随神出钱；三月初三日致祭三蚕圣母，刀首一斤；五月十三日致祭关圣帝君，刀首一斤；五月十九日致祭龙王尊神，刀首一斤；六月初一日致祭山神、土地尊神，刀首一斤；六月十九日致祭玉皇大帝，刀首一斤。"[2]

一些地方因为祭祀频繁增加了民众的负担，因此也遭到了部分民众的反对，进而拒绝"出资"。村社庙宇的祭祀以及维修等活动属于民间自发活动，因而基本秉持"自愿"的原则，在形式上除了主动捐资外，也会按人、按地亩等均摊，虽然有社首、管事人等倡导、组织，但一旦有民众不愿意捐资，就需要去做游说工作，而不能强求，还有可能请"说和人"去做工作，"南沟大社，昔年玉皇尊

①（清）陈升堂:《贾寨村禁土补煞重整社费碑记》,《三晋石刻大全·沁水县卷》,三晋出版社,2012年,第256页。
②（清）《南沟社祭诸神条规碑》,《三晋石刻大全·沁水县卷》,三晋出版社,2012年,第337页。

神旧有春祈秋报之祭也，古来每年致祭，献猪演戏。大小祭祀，大社分摊，东、中、西三社以□□之□，每逢祭祀之钱，按依地亩以均摊。屡年社中公举社首、水管，各圪塔公举社□□水管一人，三圪塔公举三人为□□□，社首祭□三戏，水管轮流连转。大社诸神，每遇大小祭祀之期、朔望之日，社首水管进庙，衣冠整齐，焚香□□□祈神□□佑也，神功助力也。有光绪二十一年，大社公举社首，东、中、西公举三个为首，东、中圪塔公举社首□定。而西圪塔公举社首，在西圪塔谭福林名下，谭姓他人直意不愿，抗□不从，违抗社首，不□搅扰，水管未有。因此将大社之规搅散。不然他人搅乱社规之□□，且将庙宇自贴□神不随之帖，才将西圪塔众社友难以进庙敬神。一无社首，二无水管，□能供养神灵之香烟？东、中圪塔众社友无奈商议，东、中二圪塔公举社首二人，才入社酬献神灵，虽不能大祭，但能小祭也。迄今四载，西圪塔并无入社，一无祭祀，二无□社。止光绪二十五年，裴王两庄众神分，无奈，与大社众社友商议，暂为回社，同炉焚香神灵，独有西坡庄谭福禄并于永盛、李锁柱三家心中不□，将以前□行之三家□永无回社之意。虽无回社之心，大社祭祀均摊地亩之钱，所出不过数年，将大社祭祀均摊地亩之钱并社钱，一概违抗不出。社中处于无奈，才□□□□家到社同人说合，再三劝化，几次大社化钱二千九百七十文正，他人并□转意。止光绪二十七年，又到□城按班同人说合一次，大社又化钱若干，他人□不从社中。到光绪二十八年，众社友又与西坡庄谭、李三家到在本城城隍庙同总说一次，谭、李三家心中不□，大社又化钱若干，以上大社屡次共化钱七千一百七十文正。外欠大社地亩人口之钱，屡年共钱七千一百二十八文正。社中再三□□小次谭福禄、谭永盛、李银柱三家永无□心之意，并无敬神之心，大社众无奈，□□社中，将谭、李三家革□社入，免于他人□和生事，因此大社勒诸片石，以记之不忘云尔。所有官钱，西坡昭以八派均摊。"①南沟大社由东圪塔、中圪塔、西圪塔三社联合组成，每年致祭，献猪演戏，大小祭祀之钱，按地亩均摊，每个小社公推社首、水管，到光绪二十一年（1905）西圪塔社由于谭福禄、谭永盛、李银柱三家不愿意接受摊派，因此大社三次派人说合，均无结果，最终大社将三家除名社外，似乎这三家也不能到庙中祭祀神灵，进而被刻上"石碑"。这应该是"大社"对其三家的一种名誉性的"惩罚"措施。这三家的行为被认为不"敬神"，没有公心，这三家在民间熟人社会会受到比较多的指责，其名声、地位在

①（清）《南沟大社社事碑记》，《三晋石刻大全·沁水县卷》，三晋出版社，2012年，第414页。

村落中也极度降低。从中可见这种民间会社虽然没有强制力，但拥有话语权甚至是神权，对于民间社会的社会秩序构建和民间生活产生了重要的影响，甚至可以说，一定程度上借助神权掌握者民规民约订立、精神伦理补充的重要权力和民间精神建构和社会伦理评判的权力，而这种权力是历史约定形成的。

参考文献

一、基本文献

【1】（西晋）陈寿：《三国志》，中华书局1982年。

【2】《全唐诗》，中华书局1960年。

【3】（元）脱脱：《宋史》，中华书局1985年。

【4】《三国志平话》，古典文学出版社1955年。

【5】（元）无名氏撰：《也是园书目》，国家图书馆出版社2014年。

【6】（清）兰第锡纂，陈廖安主编：《关帝圣迹图志全集》，新文丰出版社2001年影印本。

【7】（清）张镇著，宋万忠、武建华标点注释：《解梁关帝志》，山西人民出版社1992年。

【8】（清）孙承泽：《天府广记》，北京古籍出版社1984年。

【9】光绪《顺天府志》，北京古籍出版社2001年。

【10】成化《山西通志》，中华书局2012年。

【11】雍正《山西通志》，中华书局2005年

【12】光绪《山西通志》，中华书局1990年。

【13】（清）胡聘之辑：《山右石刻丛编》，山西人民出版社1988年。

【14】乾隆《闻喜县志》，凤凰出版社2005年影印本。

【15】乾隆《解州安邑县志》，凤凰出版社2005年影印本。

【16】乾隆《临晋县志》，凤凰出版社2005年影印本。

【17】乾隆《蒲县志》，凤凰出版社2005年影印本。

【18】雍正《猗氏县志》，凤凰出版社2005年影印本。

【19】道光《赵城县志》，凤凰出版社2005年影印本。

【20】道光《太平县志》，凤凰出版社2005年影印本。

【21】同治《稷山县志》，凤凰出版社2005年影印本。

【22】光绪《汾西县志》，凤凰出版社2005年影印本。

【23】光绪《曲沃县志》，凤凰出版社2005年影印本。

【24】光绪《直隶霍州志》，凤凰出版社2005年影印本。

【25】光绪《续修隰州志》，凤凰出版社2005年影印本。

【26】光绪《垣曲县志》，凤凰出版社2005年影印本。

【27】光绪《吉县志》，凤凰出版社2005年影印本。

【28】光绪《荣河县志》，凤凰出版社2005年影印本。

【29】民国《平陆县志》，成文出版社1976年影印本。

【30】民国《新绛县志》，成文出版社1976年影印本。

【31】民国《万泉县志》，成文出版社1976年影印本。

【32】康熙《隰州志》，成文出版社1976年影印本。

【33】民国《襄陵县志》，成文出版社1976年影印本。

【34】民国《翼城县志》，成文出版社1976年影印本。

【35】民国《永和县志》，成文出版社1976年影印本。

【36】民国《浮山县志》，成文出版社1976年影印本。

【37】民国《蒲县志》，成文出版社1976年影印本。

【38】民国《吉县志》，成文出版社1976年影印本。

【39】民国《荣河县志》，成文出版社1976年影印本。

【40】民国《临晋县志》，成文出版社1976年影印本。

【41】民国《稷山县志》，成文出版社1976年影印本。

【42】民国《解州安邑县志》，成文出版社1976年影印本。

【43】民国《闻喜县志》，成文出版社1968年影印本。

【44】民国《乡宁县志》，成文出版社1968年影印本。

【45】民国《岳阳县志》，成文出版社1968年影印本。

【46】民国《安泽县志》，成文出版社1968年影印本。

【47】民国《芮城县志》，成文出版社1968年影印本。

【48】民国《虞乡县新志》，成文出版社1968年影印本。

【49】民国《洪洞县志》，成文出版社1968年影印本。

【50】民国《解县志》，成文出版社1968年影印本。

【51】汪学文主编：《三晋石刻大全》（洪洞县卷），三晋出版社2009年。

【52】王天然主编：《三晋石刻大全》（尧都区卷），三晋出版社2011年。

【53】雷涛主编：《三晋石刻大全》（曲沃县卷），三晋出版社2011年。

【54】高青山主编：《三晋石刻大全》（侯马卷），三晋出版社2011年。

【55】高剑锋主编：《三晋石刻大全》（安泽卷），三晋出版社2011年。

【56】曹廷元主编：《三晋石刻大全》（古县卷），三晋出版社2012年。

【57】邢爱勤、姚锦玉等主编：《三晋石刻大全》（浮山卷），三晋出版社2012年。

【58】王东全主编：《三晋石刻大全》（蒲县卷），三晋出版社2013年。

【59】李宁莲主编：《三晋石刻大全》（大宁卷），三晋出版社2014年。

【60】杜银安主编：《三晋石刻大全》（乡宁卷），三晋出版社2014年。

【61】段新莲主编：《三晋石刻大全》（霍州卷），三晋出版社2014年。

【62】柴广胜主编：《三晋石刻大全》（绛县卷），三晋出版社2014年。

【63】王国杰主编：《三晋石刻大全》（新绛卷），三晋出版社2015年。

【64】文红武主编：《三晋石刻大全》，（临猗卷），三晋出版社2016年。

【65】张培莲主编：《三晋石刻大全》（盐湖区卷），三晋出版社2016年。

【66】高建录主编：《三晋石刻大全》（襄汾卷），三晋出版社2016年。

【67】冯吉平主编：《三晋石刻大全》（吉县卷），三晋出版社2017年。

二、学术专著

【1】古熙：《关公故里》，山西人民出版社2016年。

【2】胡小伟：《中国文化史研究：关公信仰研究系列》，科华图书出版公司2005年。

【3】胡小伟：《关公崇拜溯源》，北岳文艺出版社2009年。

【4】刘海燕：《从民间到经典——关羽形象与关羽崇拜的生成演变史论》，上海三联书店2004年。

【5】皮庆生：《宋代民众祠神信仰研究》，上海古籍出版社2008年。

【6】钱南扬：《宋元戏文辑佚》，古典文学出版社1956年。

【7】沈伯俊、谭良啸：《三国演义大辞典》，中华书局2007年。

【8】谭运长：《说关公》，上海文化出版社2010年。

【9】田福生：《关羽传》，中国文史出版社2007年。

【10】乌丙安：《中国民间信仰》，长春出版社2014年版。

【11】闫爱萍：《关公信仰与地方社会生活——以山西解州为中心的个案研究》，山西人民出版社2012年。

【12】阎国庆：《临汾文物》，临汾市文物局2006年。

【13】朱一玄、刘毓忱：《三国演义资料汇编》，南开大学出版社2012年。

【14】赵世瑜：《狂欢与日常——明清以来的庙会与民间社会》，三联书店2002年。

【15】郑土有：《关公信仰》，学苑出版社1995年版。

【16】山西旅游景区志丛书编委会编：《关公文化旅游志》，山西人民出版社2006年。

【17】山西翼城县委员会编著：《翼城古建图鉴》，2010年。

三、论文

【1】安英新：《祖国最西端的"关帝庙"》，《西部揽胜》2000年第6期。

【2】包诗卿：《明代关羽信仰及其地域分布研究》，河南大学2005年硕士论文。

【3】段毅强：《山西晋南寺观壁画中的音乐史料研究》，山西大学2012年硕士论文。

【4】谷东方：《山西高平西郭庄关帝庙壁画考察》，《山西档案》2016年第3期。

【5】郝建斌、赵善君：《蔚县古堡中民间建筑壁画的设计与保护》，《旅游纵览》2015第2期。

【6】郝建文、王文丽：《河北省民间寺庙壁画挖掘与保护研究——以崇礼关帝庙为例》，《中国文化遗产》2015年第3期。

【7】金晨：《关公信仰研究——以关公楹联解读为例》，南京师范大学2017年硕士论文。

【8】李小芳：《明清时期陕西关公信仰研究》，陕西师范大学2014年硕士论

文。

【9】李鑫：《洛阳关林景区新增大型壁画的历史文化内涵》，《洛阳大学学报》2006 年第 4 期。

【10】李祖基：《论〈三国演义〉与关帝信仰的形成》，《厦门大学学报》（哲学版）1998 年第 4 期。

【11】李希凡：《略论〈三国演义〉中的关羽形象》，《文艺报》1959 年第 17 期。

【12】牛晓云：《张家口市崇礼县清代关帝庙壁画中国画元素的研究》，河北师范大学 2016 年硕士论文。

【13】秦利国、李荣：《明清时期关帝信仰在晋南社会中的建构》，《长治学院学报》2016 年第 6 期。

【14】任义国：《关公故里的关公信仰研究》，山西师范大学 2010 年硕士论文。

【15】沈伯俊：《〈三国志〉与〈三国演义〉关系三论》，《福州大学学报》2003 年第 3 期。

【16】王锋旗：《关羽形象：从历史到艺术演变的研究》，南昌大学 2008 年硕士论文。

【17】王文丽：《清末关帝庙壁画技法分析——以崇礼县上窝村为例》，《大众文艺》2015 年第 6 期。

【18】王玉玺：《从〈三国志〉到〈三国演义〉——三国历史知识传播过程研究》，河北大学 2017 年硕士论文。

【19】赵凤燕、冯健、孙满利、吴晨、郭瑞：《西安周至胡家堡关帝庙壁画颜料分析研究》，《文博》2017 年第 8 期。

【20】张强：《关帝庙建筑的布局及其空间形态分析》，太原理工大学 2012 年硕士论文。